JA VADER, NEE VADER

ANNIE ROMEIN-VERSCHOOR

JA VADER, NEE VADER

OVER DE AFBRAAK VAN HET PATRIARCHAAL GEZAG

EN OVER WAT ER VOOR IN DE PLAATS KWAM

AMSTERDAM · UITGEVERIJ DE ARBEIDERSPERS

ISBN 90 295 3597 0

INLEIDING

De uitspraak 'dat kan (dat begrijp) jij *nog niet*' kan onderdruk-
kend en stimulerend werken. Een slagzinnetje eeuwenlang gebruikt om de jeugd op zijn plaats te houden en waarvoor de
jeugd eeuwenlang boog, zelfs als het niet werd uitgesproken.
Izaäk vroeg alleen maar aan zijn vader waar het offerdier was.
Maar het stimuleert ook tot verzet: 'Ik zal eens laten zien, dat
ik wél . . .'

'Dat kan (dat begrijp) jij *niet meer*' is alleen maar een dood-
doener. De oude mens tot wie het gericht wordt, wordt als uitgeschakeld gezien en aan alle stimulering voorbij.

Die gevarieerde slagzin markeert de basis van wat wij de generatiekloof zijn gaan noemen. Daarmee is niet bedoeld het tot
op onze dierlijke voorouders teruggaande conflict tussen een
gezaghebbende volwassen generatie en een opdringende volgende, maar het verschijnsel dat zich omtrent de achttiende
eeuw begint af te tekenen: de jeugd die zich als een sociale
groep opstelt en erkend wil worden. Het is een verschijnsel dat
op de duur moest voortvloeien uit de versnelde groei van onze
technische en geestelijke cultuur en uit een daarmee samenhangende verschuiving die na de middeleeuwen begint door te
breken: wanneer de deductieve, uit oude kennis afgeleide wetenschap begint te wijken voor de inductieve, op onderzoek
berustende. Daardoor immers werden inzichten aanvaardbaar
die niet op de kennis der Ouden teruggingen.

In de laatste twee eeuwen is er met hoogtepunten en inzin-
kingen een taaie strijd gevoerd tussen de ouderen die de langzame afbrokkeling trachtten af te remmen van het patriarchaal

gezag dat het karakter van de statische maatschappij bepaald had, en de jeugd die de versnellende veranderlijkheid vertegenwoordigde van de dynamische wereld waarin we nu leven. Het was – en is – een strijd waarin aan weerskanten veel persoonlijke goede wil werd afgewezen en veel verbittering gekweekt en die alleen vanuit een gesublimeerde verbittering beschreven kan worden.

Maar in onze dagen begint die strijd een merkwaardig paradoxaal aspect te krijgen. Er is nog altijd een duidelijk waarneembare neiging de ouderdom (vroeger) uit te schakelen: wanneer wordt de vijfenzestig-lijn naar zestig verschoven? De jeugd eist op een nog altijd groeiend terrein inspraak, tot in de kleuterschool toe, en beheerst steeds overwegender het terrein van het openbare leven. En dat wordt door de ouderen soms mokkend, maar ook steeds meer als een natuurlijke ontwikkelingstrend aanvaard en aangemoedigd. Heel wat ouderen leggen de pretentie de wijsheid in pacht te hebben af, erkennen deemoedig dat ze er tot nu toe niet veel van gemaakt hebben en leggen als de wijze goeroe Margaret Mead het gezag voor de toekomst in handen van de enige groep die begrip kan hebben voor de aanstormende toekomst: de 'prefiguratief denkende' jeugd.

Maar wat we in die ontwikkeling steeds meer gaan missen is het triomfgeschal van de overwinnaars. Het jeugdverzet wordt niet minder nu langzamerhand in onze hele produktie van verbruiksartikelen de wensen van de jeugd voorrang hebben en ouders wedijveren in toegevendheid om aan die wensen te voldoen. Het lijkt wel of ze steeds harder gaan schoppen tegen hun wanbegrip, hun onderdrukking, hun verstard conservatisme. Aan het slot van dit boekje ging zich de vraag opdringen of zij niet schoppen tegen een stootkussen. En of dat altijd nog maar doordrammend verzet van de jeugd zich niet, nog maar voor een (te) klein deel bewust, over het hoofd van een uitgehold gezag, richt tegen de naakte Macht die de versiering van het gezag niet meer nodig heeft. De vraag of het afgebrokkeld patriarchaal gezag in plaats van door het triomfante jeugdgezag misschien is afgelost door de Macht van Big Brother.

Een enkel woord van dank mag hier niet ontbreken aan mijn twee even onvermoeibare als intelligente meehelpsters in het aanslepen en doornemen van materiaal: Wim Hora Adema en Tonne Götte.

Annie Romein-Verschoor

De voorpagina van een krant vertoonde onlangs een foto van een scholierendemonstratie in Londen tegen twee nog altijd niet geheel vermolmde instellingen van het Verenigd Koninkrijk: de schooluniform en de pedagogische lijfstraf: 'No to the cane' stond er op een spandoek dat twee lieve meisjes omhoog hielden. Het rietje, de roede of ieder stuk hout dat hetzelfde doel kon dienen, was sinds vele eeuwen het duurzaam embleem van de patriarchale opvoeding. Dat wil zeggen in de eerste plaats voor jongens, meisjes werden niet opgevoed: zij komen in de oudste opvoedkundige geschriften maar zelden voor. Door de eeuwen heen wordt het kind als 'hij' aangeduid.

Vrouwen bleven immers nog lang binnen de 'beschaafde wereld' voortleven in wat van voor mensenheugenis het algemeen-menselijke maatschappelijk patroon geweest was, een vrijwel statisch patroon dat zich nog lang bij 'achtergebleven volken' zou handhaven – en de vrouwen vormden in zekere zin een achtergebleven volk. In een zo statisch patroon bestaat nog geen behoefte aan opvoeding, dat wil zeggen aan een doelbewuste keuze van wat men het opgroeiende kind wil bijbrengen: het paste zich vanzelf aan bij de onwrikbare bestaande orde, en geen dwang weegt zwaarder dan die van de algemene verwachting. Zo gezien is de zachtzinnigheid begrijpelijk die culturele antropologen vaak bij 'natuurvolken' tegenover hun kinderen opmerken: zij zijn aan de noodzaak van het kastijden nog niet toe. Bleek in wat op de duur in onze beschaving toch zo iets als een meisjesopvoeding werd de druk der traditie niet voldoende, dan leerden ook de meisjes wel de losse hand van hun moeder, van de armenhuisbestuurders of het kamertje van moeder-overste in het pensionaat kennen.

De bijbel zag alleen de zoon als voorwerp van opvoeding: 'Wie de roede spaart, haat zijn zoon, maar wie hem liefheeft, zoekt hem met tuchtiging op' staat er niet zonder sadisme in Spreuken 13. 24. Er zijn heel wat afbeeldingen bewaard gebleven van eerbiedwaardige middeleeuwse kloosterlingen die hardleerse scholieren met de roede tuchtigen; de roede bleef met plak, duif en veren pen eeuwenlang het gereedschap van de schoolmeester, en eeuwenlang ondergingen vele jongens wekelijks, naast het bad ter zuivering van het lichaam en de biecht ter zuivering van hun zieltje, het gereglementeerde pak rammel dat verondersteld werd so wie so de moraal te verhogen De samenleving veranderde langzaam, zo langzaam dat hij lang roerloos en statisch leek, tot in datzelfde trage tempo het bewustzijn doordrong: 'en toch beweegt ze!', zoals Galilei van de aarde zei. In die statische, patriarchale maatschappij liep een strakke scheidingslijn tussen volwassen en onvolwassen, mondig en onmondig, en het keerpunt dat samenviel met de geslachtsrijpheid werd met beproevende en feestelijke initiatieriten gevierd. In onze westerse, steeds dynamischer wordende samenleving slijt de scherpe markering van die overgang uit, is zij ook niet meer vastgelegd op een bepaalde leeftijd, maar resten van initiatie-riten handhaven zich in de vorm van ridderslag, toetreden tot een gilde of kerkelijk genootschap, in allerlei vormen van ontgroenen, in de overgang van kinder- naar volwassenenkleding die in de periode van de 'ontdekking van het kind' extra geaccentueerd werd en weer wegzakt sinds de volwassenen tot in hun nadagen 'de jongenskiel om de schouders glijdt'. Het zuiverst gehandhaafd blijft de initiatierite in het joodse barmitswo, ook al wordt de joodse schooljongen na die plechtigheid niet als volwassene gezien.

Het proces van kiemen, bloeien, rijpen en verouderen is als een grondwet van de levende natuur en de denkende mens ziet zijn eigen groei in eindeloze herhaling erin weerspiegeld. Maar zijn leven voltrekt zich niet in het ritme der seizoenen: de menselijke samenleving omvat individuen in elk stadium van ontwikkeling. Bovendien beschikt de mens over een geheugen en zelfs over een gemeenschappelijk geheugen: zijn cultuur. Opeenvolgende culturen liggen over elkaar geschoven op de bodem van onze samenleving als de sedimenten in de aardkorst. Nog gecompliceerder wordt die menselijke samenleving, doordat in de traag vloeiende stroom der beschaving achtergebleven gebieden onberoerd liggen, eilanden van verstarde tradities in het land waarin wij leven, binnen de menselijke groeperingen, ja, binnen de individuele persoonlijkheid. Macht en angst remmen de groei af, machtsbegeerte en kennisdorst kunnen hem versnellen, magische, religieuze en emotionele bindingen wortelen diep in de traditie, wat in een sociaaleconomische stroomversnelling tot een ingrijpende geestelijke crisis kan voeren.

In een samenleving die we tot ver in de middeleeuwen wel statisch mogen noemen, was de traditie de enige waarderingsnorm: goed was, zoals de vaderen het altijd gedaan hadden, zij hadden de wijsheid in pacht als overdragers van kennis en inzicht die bij een nog overwegend mondelinge traditie zonder hen verloren zouden gaan. De eerbied voor de vader groeide met zijn jaren, te meer omdat men bij de lage gemiddelde leeftijd voorlopig zich geen zorg hoefde te maken voor een woekering van overtollige grijsaards.

Onder het gezag van het patriarchaat vielen vanouds twee groepen: de vrouwen en de jeugd. Zonder de helft van de mensheid te willen verwaarlozen houden we ons hier om binnen ons thema te blijven vrijwel uitsluitend met de laatste op.

De christelijke kerk had het joodse patriarchaat onaangetast in zijn leer opgenomen: binnen de familie vertegenwoordigde de Vader het absoluut gezag: het offer van Abraham en de geschiedenis van Jephta en zijn dochter handhaven zich eeuwenlang als motief in kunst en literatuur en alle gezag neemt een vader-imago aan: de wrekende God van Israël wordt God-de-Vader; de paus, de kerkvaders, zelfs iedere priester (pater) voert de vadernaam, en het spreekt vanzelf dat de vorst de vader van zijn volk is. Maar in het patriarchaal patroon vloeiden de figuren van de God der Wrake en God-de-Vader ineen, en dat zou nog eeuwen lang zo blijven. Ja, volgens een doorgewinterd rationalist als Simon Stevin die zo onverschillig stond tegenover iedere kerkleer, dat we volkomen in het duister tasten over de kerkelijke gezindheid van de grote medewerker van prins Maurits, was dit een morele noodzaak. Immers men kon geen kinderen opvoeden tot 'vrome (d.i. eerzame) burgers' zonder hen dit beeld in te prenten, zodat 'daer wortelt in haer een heftige vreese ten eender, ende een hoope ter ander syde, die als een swepe hen met gewelt van de boosheyt jaecht ende tot de deught stout.'

Alles wat zich in de volstrekt patriarchale samenleving als nieuw aankondigde, was als zodanig verdacht, en ieder verzet tegen gezag of (kerk)leer was ketterij. Niet voor niets ontstond de term leergezag. De nieuwsgierigheid (voor ons in de eerste plaats een positieve eigenschap als basis van alle kennis) ontging maar net een plaatsje in de rij van de zeven hoofdzonden, maar de bijbel kent een paar zwaar gestrafte en eindeloos bekommentarieerde gevallen ervan: Evan, die *begeerlijk om verstand te krijgen* in de appel bijt, en de vrouw van Lot. Toevallig allebei vrouwen? Was Adam niet begeerlijk om verstand te krijgen en geloofde Lot wel wat er met zijn stadgenoten gebeurde?

Het gebruik van het woord nieuw in positieve zin wijst op een begin van bewustwording van de beschavingsdynamiek. Op het eind van de middeleeuwen komen we het sporadisch tegen: Dante sprak van de poëzie van zijn tijd, de dertiende eeuw, als die van de Dolce Stil Nuovo; de Broeders des gemenen levens in de IJsselsteden in de veertiende eeuw spraken van

hun Devotio Moderna. Zulke termen markeren een voortgang, zo geen vooruitgang: een vernieuwing die zich verbreedt, wordt op de duur gewoon en zelfs verouderd, een ketterij die zich verbreedt, heft zichzelf als zodanig op en wordt
een in het totaal opgenomen geestelijke stroming, al weer iets
beweeglijks. Wel doet in deze en nog vele vernieuwingen van
latere eeuwen het gezag der vaderen zich altijd nog hieruit
duidelijk kennen, dat de vernieuwers zich tegen de 'vaders'
afzetten door een beroep op de 'grootvaders': Dante, Petrarca
en de hele Renaissance op de Romeins-Griekse oudheid, de
Broeders op een oorspronkelijk, evangelisch christendom, altijd weer het voorbeeld voor iedere kerkelijke vernieuwing
of afdwaling, dé Hervorming inbegrepen. De citoyen van de
Franse revolutie verschaft zich een status tegenover de adel
door een beroep op het voorbeeld van de civis Romanus. Nog
een stap verder en de eis op het recht van de eigen ketterij
wordt een erkenning van de afwijking in het algemeen: de on-
verdraagzaamheid die een deugd was van de ketterjager werd
een ondeugd in de ogen van in hun eigen tijd dan ook nog wel
zwaar omstreden figuren als Erasmus en Coornhert.

Bij het omvangrijke werk van Erasmus is een klein boekje
dat evenals veel van zijn andere werk hevig werd aangevallen
en op de Index kwam, maar niettemin 130 herdrukken en vele
vertalingen beleefde: de *Colloquia* (samenspraken) van 1522.
Dat is niet onbegrijpelijk, omdat de banbliksem van Rome zich
uitsluitend richtte tegen een paar dogmatische vrijmoedigheden
in het boekje, maar het tegelijkertijd overal aanvaard werd als
het aangewezen middel om leerlingen van de Latijnse school
goed Latijn te leren en vooral ook een levensopvoeding te
geven.

De *Colloquia* zijn daardoor een ware bron van kennis omtrent de generatieverhoudingen in de zestiende eeuw geworden. Daarbij springt een ding naar voren. Erasmus en zijn tijdgenoten kenden wel een duidelijk verschil in houding over en

weer van oud en jong, maar voor hen bestond er geen scheiding tussen de wereld waarin volwassenen en jongeren leefden, en met name werden jonge mensen niet buiten de sfeer van het seksuele gehouden. En het seksuele leven was vanouds in het familiale en zelfs in het maatschappelijk leven geïntegreerd. Ook waar het ruimtegebrek der armoede daar niet tot dwong woonden, aten, sliepen en feestten oud en jong in dezelfde vertrekken, en ook in het verkeer buitenshuis kwam er weinig gêne of prenez garde aux enfants aan te pas. De meidekes van plezier en hun huizen hadden hun plaats in het stadsbeeld, men liep naakt over straat naar en van de badhuizen, blijde incomsten werden opgesierd met (zo goed als) naakte godinnen, soms door deernen, maar ook wel door burgerdochters voorgesteld, en we kunnen wel achterhalen dat de meisjes Roemer Visscher bij hun buiten aan de Amstel gingen zwemmen, maar niet of ze daarbij iets aan hadden en wat.

Erasmus' gesprekken waren bedoeld om de leerlingen op een anekdotische, weinig moraliserende toon in te lichten over alle mogelijke zaken die aan de praktijk des levens te pas kwamen en dus ook over het seksuele, maar dat was iets fundamenteel anders dan de seksuele voorlichting die pas in de achttiende eeuw een probleem wordt. Er is een gesprek tussen een verliefde jongeling en een meisje dat door de nazaten als veel te open verworpen zou worden, maar toen als even normaal gezien werd als nog een eeuw later afbeeldingen van familiefeesten door Steen of Brouwer, waar kinderen over de grond kropen tussen zogende moeders en (half-)dronken vrijende paren door. Er was een gesprek met een mannen hatende maagd, van een jongeling met een deerne, waarin tegen venerische ziekten wordt gewaarschuwd, over een ongelijk huwelijk, een kraamvrouw en al wat er aan een geboorte te pas komt, doorspekt met Erasmus' gebruikelijke schimpscheuten op ontucht in de kloosters en overschatting van de maagdelijkheid. Hij toont zich ook helemaal geen aanhanger van de nu rotsvaste pauselijke leer, dat seksuele gemeenschap alleen binnen het huwelijk geoorloofd en op kinderzegen gericht dient te zijn en keert zich tegen die 'droevige en fantastycke koppen ... den welcken oneerlijck [oneerbaar] dunckt al wat vriendelelyc en lieffelyc is.' Zijn taal is nergens aanduidend of verhullend: hij noemt een kat een kat, wat latere pedagogen scherp zullen afkeuren, en hij ziet geen enkele reden om op dit riskante terrein niet in zijn gebruikelijke humoristische toespelingen of grapjes te vervallen. De ernst, het mysterie, de verschrikking voor Rousseau en zijn tijdgenoten verbonden aan wat toen inderdaad als seksuele voorlichting van de jeugd bedoeld was, blijven hem volslagen vreemd.

Dr. Jos van Ussel, aan wiens verhelderend boek over de burgerlijke seksuele moraal een en ander van het voorafgaande ontleend is, heeft overtuigend aangetoond, hoe in de burgerlijke moraal van de zestiende tot achttiende eeuw het kind langzaam verbannen wordt uit de wereld der volwassenen. Het is een ontwikkeling die zich heel geleidelijk voltrekt. Nog in het midden van de zeventiende eeuw schrijft de kinderlievende Constantijn Huygens in een soort handleiding voor de opvoeding van het zesjarige Oranje-prinsje (Willem III), dat het kind gewapend moet worden tegen de verleiding van het spel, de wijn en de vrouwen. De uiterst langzame verschuiving naar nieuwe inzichten manifesteert zich in wat men het kind als lectuur voorzet. Tot in de achttiende eeuw handhaaft zich Erasmus' boekje als schoollectuur, naast trouwens de *Ars Amandi* van Ovidius, maar intussen was men ook begonnen de als inwijding in dé beschaving toch verplichte klassieke schrijvers 'ad usum delphini' te bewerken. Op het eind van de eeuw begint de kritiek los te komen op de onkinderlijkheid van Erasmus' onderwerpen, en in het midden van de negentiende eeuw zal een Duitse pedagoog schrijven: 'Erasmus malt die Wohllust aufs gemeinste.'

Vernieuwing pleegt bij de opkomende generatie naar voren

te komen, maar van een eigenlijk jeugdverzet, een jeugd-
ketterij zou men moeten zeggen, is geen sprake, zolang de
patriarchale samenleving in de kern onaangetast blijft, en zolang het tempo van de vooruitgang zo traag is, dat een vernieuwing zich niet binnen één generatie voltrekt. Het is niet
toevallig, dat Erasmus een van de eerste, zo niet de eerste is bij
wie wel niet dat verzet, maar terugblikkend op zijn jeugd toch
een woord van protest opkomt tegen de harde en slonzige
wijze (Erasmus hing erg aan properheid), waarop hij in zijn
jeugd in kloosterscholen gemanipuleerd is.

De verschijning van de renaissancemens, de homo pro se,
de individualist die zich eigen normen stelt, beïnvloedt tot op
zekere hoogte de patriarchale verhouding. Niet meer dan tot
op zekere hoogte, doordat de renaissancecultuur een typische
hof- en elitecultuur was en doordat het patriarchale kerkelijke
gezag – evenals trouwens het vorstelijke – zich na de eerste
schokken handhaaft, zij het voortaan in twee tegenover elkaar
opgestelde machten: die van de Kerk van Rome en die van de
Hervorming. Die tegenstelling komt duidelijk in twee verschillen naar voren: de hervormde kerken kennen niet als de
katholieke een patriarchale hiërarchie, dat wil zeggen geen
bovennationaal gezagsapparaat als pausdom en curie, en principieel kent de hervormde gelovige geen bemiddeling tussen
zijn eigen geweten en zijn God. Het is geen toeval, dat deze
verzwakking van het kerkelijk patriarchaat zich voordoet in de
landen waar ook de kiemen van de democratie liggen, in de
landen van de afzwering van Philips, de terechtstelling van
Karel I en de Glorious Revolution, en dat de Duitse (Lutherse)
Kerk een hiërarchische opbouw behoudt. De schok die de
splijting van de Kerk in beide kampen veroorzaakte, werkte
door in opvoeding en onderwijs. In een verdeelde wereld immers kon men niet vroeg genoeg beginnen de jeugd te indoc-
trineren tegen de invloed van het andere, het regelrecht als het
domein des duivels beschouwde kamp. De jezuïeten-orde, in

1534 gesticht en al in 1540 door de paus erkend en onderkend als het verdedigings- en propagandawerktuig van de Contrareformatie, toonde een scherp inzicht in de ondeelbare samenhang van het gezins-, het kerkelijk en het staatkundig aspect van het patriarchaat. Vandaar de dubbele doelstelling van wat men wel de strategie van de ex-militair Ignatius de Loyola mag noemen: als geleerde en werelds deskundige biechtvaders was het de taak der jezuïeten het staatkundig patriarchaat te steunen, als niet minder geleerde pedagogen de voor hogere functies bestemde elitejeugd in de gewenste vorm te kneden.

In het andere kamp drong zich dezelfde gedachte op van de noodzaak de jeugd te beïnvloeden, maar de democratische inslag van de Hervorming gaf er een andere richting aan. 'De jeugd goed opvoeden,' zei Melanchton, 'zou meer zijn dan Troje veroveren.' In de praktijk van het onderwijs, zoals zich dat bij voorbeeld in de Republiek onder controle van de Kerk ontwikkelde, maar ook in de theoretische opbouw daarvan, zoals die het meest doordacht door Comenius onder woorden werd gebracht, tekent zich die andere richting duidelijk af, hoe gebrekkig de opzet zich voorlopig ook zal verwezenlijken. Doel van alle opvoeding is volgens Comenius op de basis van grondige bijbelstudie 'de gemoederen in de ware kennis van God en zijn menigvuldig wezen in te leiden'. En dat dat niet een voorrecht is van enkele uitverkorenen, maar van alle kinderen Gods is voor Comenius het zwaarste motief tot het schrijven van zijn *Grote Onderwijsleer*, immers 'de meeste ouders beschikken niet over de kennis en de tijd om hun kinderen op dit pad der deugd te leiden.' 'Ook zijn er weinig onderwijzers,' zo gaat hij voort, 'die in staat zijn de jeugd het goede bij te brengen. Wanneer er evenwel ergens zo iemand is, dan neemt de een of andere machtige hem voor zich in beslag om hem uitsluitend voor zich zelf te laten werken, en het volk heeft er niet veel baat bij.' Comenius stond met zijn werk het machtige doel voor ogen door een zeer systematische scholing een leger van onderwijzers op te leiden dat de volksjeugd via de nodige basiskennis vertrouwd moest maken met het evangelie en een daar op steunende moraal. Hij heeft waarschijnlijk ook het eerst de gedachte geformuleerd, dat het onderwijs aangepast moet zijn aan de leeftijd van de leerling: hij onderscheidde daarom die van de zuigeling (volgens hem niet voor onderricht vatbaar), naast een kinderlijke, jongelings- en manlijke leeftijd.

Comenius had meer dan de meeste van zijn tijdgenoten oog voor de rechten van het kind: hij verbood lichaamsstraffen, pleitte voor sport, spel en schouwburgbezoek voor kinderen, voor een beperkt aantal lesuren per dag en voor vrije dagen en vakanties. Maar doordat hij een groot deel van zijn leven in ballingschap rondzwierf en niet de kans kreeg zijn ideeën in zijn door Oostenrijk onderworpen Tsjechische vaderland in praktijk te brengen, schoten die in zijn tijd weinig wortel.

Voorlopig veranderden zijn opvattingen dan ook niets aan de strakke indeling van het menselijk bestaan in een wereld van volwassenen naast onmondigen. De humanisten hielden in hun beschouwelijke geschriften vast aan de meer gedifferentieerde levenstijdperken zoals de oudheid die had opgesteld en die uiteraard al weer alleen met de man rekenden: pueritia (0–15), adolescentia (15–25), iuventus (25–40), virilitas (40–55), praesenium (55–65) en senium (65–). Deze indeling heeft zich, en men mag wel aannemen zinrijk, tot voor kort in de psychologie gehandhaafd (zie Rümke: *Levenstijdperken van de man*), maar we blijven in het onzekere in hoeverre die indeling voor de vrouw kan worden aangepast en in hoeverre hij van waarde is ter beoordeling van de sociologische leeftijdsgroepen die wij nu kennen en bij een generatieopbouw waarin de hogere leeftijdsgroepen zoveel breder zijn geworden.

In de burgerlijke, vroeg-kapitalistische maatschappij, zoals die zich na de middeleeuwen ontwikkelt, drukt het gezag van het patriarchaat eer zwaarder dan lichter: de eisen van de burgerlijke moraal waarin de jeugd wordt opgevoed: spaarzaamheid en arbeidzaamheid vloeien samen met de traditionele uit de feodale periode: onderwerping, dapperheid, vroomheid en gehoorzaamheid. En daarmee wordt de opvoeding er niet zachtzinniger op; het zoete kindeke Jezus uit de middeleeuwse liederen blijft in de sfeer van kleuters en vrouwen, maar de opvoeding zowel van de Reformatie als van de Contrareformatie richtte zich niet op de zachte krachten. Iedere complicatie is natuurlijk bestaanbaar in menselijke verhoudingen: de vader- of pedagoog-met-het-rietje kon een oprechte en bewogen liefde voor het kind hebben. Er waren uitzonderingen van een vriendschappelijke en zachtaardige verhouding, zoals we die uit de dagboekaantekeningen van de zeventiende-eeuwer Constantijn Huygens over zijn kinderen kunnen aflezen, maar die tastten het patroon niet aan.

De menselijke samenleving heeft altijd een tegenstelling jeugd-ouderdom gekend: de Oedipus-verhouding, maar de spanningen en uitbarstingen ervan bleven in het individuele vlak: de zoon in opstand tegen de vader. De dochter zweeg dociel of mokkend, verdween in een klooster, werd een gevallen of zonderlinge vrouw, dan wel een heks. Naarmate de samenleving zich in standen en klassen differentieerde, onderging de verhouding der generaties daar de invloed van en werd in hoge mate bepaald door rang en stand en door de basis daarvan: bezit. Voor de bezitloze valt de drempel der volwassenheid ten naaste bij samen met het kostwinnerschap, voor de vrouw met het huwelijk, al blijft ook dat voor haar een vorm van voogdij.

In de feodale wereld bleef het patriarchaal gezag op grond van geheiligde traditie en familiebezit onaantastbaar. Maar de huwbare leeftijd lag vaak laag ter wille van manipulaties met erfdochters, en de huwende zoon verwierf een zekere zelfstandigheid, doordat hij als basis van zijn materieel bestaan het beheer van een stuk grondbezit toegewezen kreeg. De prille leeftijd van Romeo en Julia is niet van invloed op het tragisch verloop van hun liefde, zij gaan te gronde aan hun mondig verzet tegen de familiemaatschappij.

In de laat-middeleeuwse burgerlijke wereld is het familievermogen nog veel meer basis van een hechte eenheid dan in de feodale versnippering. Daardoor én binnen de nieuwe ethiek van spaarzaamheid en arbeidzaamheid, bij de langduriger scholing ook die een positie-in-de-maatschappij eiste, bleef de zoon langer afhankelijk van de vader: als student of als volontair in een bevriend buitenlands handelshuis, het type dat we nog als Ernest Stern uit de *Max Havelaar* kennen. Maar daarbij kreeg hij dan ook een stuk jeugd cadeau: hij trok als een vrije vogel of onder verantwoordelijkheid van een gouverneur op de 'grand tour,' hij genoot het studentenbestaan dat hem een merkwaardige status van volwassen onverantwoordelijkheid verleende, een periode waarin hem alle onmaatschappelijk gedrag en straatschenderij vergeven werden die zijn minder bevoorrechte leeftijdgenoten een slechte naam en zelfs rechtsvervolging bezorgden. Een uitgespaard *buiten*maatschappelijk bestaan, via een denkbeeldige stamboom verbonden met de middeleeuwse bedelstudenten die tot de *on*maatschappelijke groep der varende lieden hadden behoord en waarvan ze de liederen 'Gaudeamus' en 'Mihi est prepositum' tot hun geestelijke erfenis maakten. Maar zo weinig was dit onmaatschappelijk intermezzo werkelijkheid voor hen geweest, dat de een na de ander zonder schokken of 'frustraties' overstapte in het geordend bestaan van koopman of regent, arts of ambtenaar, jurist of predikant. Velen van de laatsten overigens hadden in hun studentenjaren niets anders gekend dan het harde regime van het Statencollege, het theologisch-bursalenbestaan.

De Renaissance is, gelijk al gezegd, altijd het grote voorbeeld geweest van een vernieuwing die in het verzet tegen de 'vaders' (de middeleeuwen) zich op de 'grootvaders' (de klassieke oudheid) beriep. Vandaar het woord renaissance (*wedergeboorte*). In de kunst betekende dat, dat de Griekse en Romeinse schrijvers en kunstenaars tot de grote voorbeelden en hun esthetische normen absoluut bindend verklaard werden. In de verstarring van die normen is bij voorbeeld Shakespeare die zich daar niet naar richtte, eeuwenlang als 'barbaars' onderschat.

In de wetenschap won de vernieuwing het veel sneller van de navolging. De middeleeuwse wetenschap was overwegend statisch en deductief geweest: nieuwe waarheden werden alleen erkend als afleidingen van gewaarmerkte oudere; in de medicijnen ging alles terug op: Galenus dixit. (G. heeft het gezegd.) Nu men teruggreep op de inductieve methode van waarneming en onderzoek waarmee de Grieken al een begin gemaakt hadden, schiep men zich wat Bacon het novum organon scientiarum (nieuwe werktuig der wetenschappen) noemde dat het hele wereldbeeld op zijn kop zette en de Grieken snel voorbijstreefde.

Dat voorbijstreven van het voorbeeld der Ouden breekt pas veel later, tegen het einde der zeventiende eeuw, door op het terrein van de letteren dat toen veel meer dan in onze technische eeuw het eigenlijke forum der beschaving was. De strijd over de superioriteit van het klassieke voorbeeld barstte los in de zogenaamde 'Querelle des anciens et des modernes,' een felle woordenstrijd tussen twee groepen Franse literaten. Merkwaardig is, dat bij de zes gronden, door de Modernen voor hun voorrang aangevoerd, allereerst het feit genoemd wordt, dat zij de laatstgekomenen zijn. Het is het volgroeide tegenstuk van het oude dogma, dat alleen waarde toekent aan wat beproefd en belegen is, een nieuw dogma dat in de mode en niet alleen daar tot het absurde gevoerd zal worden.

De Franse cultuurhistoricus Paul Hazard heeft in zijn *Crise de la conscience européenne* (1935) met een overvloed van voorbeelden aangetoond hoe diep ingrijpend de omslag is die zich in de

Europese cultuur omstreeks 1700 voltrekt en die de hele achttiende eeuw beheerst. Hij spreekt van een overgang van een wereld van plichten naar een van rechten. Hij had er aan toe kunnen voegen: en een van verantwoordelijkheid. Want naarmate de mens zich bewust gaat worden van de groei van de samenleving, van zijn veranderbaarheid, moet hij ook zijn eigen mogelijkheden onderkennen om die groei te beïnvloeden, te stimuleren of af te remmen en daarmee ook zijn maatschappelijk verantwoordelijkheidsgevoel, waarvoor immers in de onveranderlijke, statische wereld geen plaats was geweest, of hoogstens als onderwerping aan een niet rationeel waardeerbare opdracht van metafysische machten: van geesten, goden, van God-de-Vader.

Het was onvermijdelijk, dat de omwenteling in de menselijke verhoudingen die zich in een aaneenschakeling van grote en kleine schokken hoofdzakelijk binnen de achttiende eeuw voltrok, van diep ingrijpende invloed moest zijn op de verhouding der generaties. Waar lag het begin? Panta rhei (alles vloeit) had Heraclitus al gezegd, en dat brengt mee, dat we niet zonder willekeur de vinger bij een bepaald punt kunnen leggen. Toch is het niet zonder zin, wanneer we zo ver teruggaan als de datum 27 juli 1656, de dag waarop de joodse gemeente in Amsterdam de drieëntwintigjarige Baruch de Espinoza uit hun gemeenschap 'bande, verstootte, verwenste en vervloekte met alle vervloekingen die in het Boek der Wet beschreven staan'. Want hoewel noch die ban noch Spinoza's verweerschrift bewaard gebleven is, mogen we wel aannemen, dat het toen al ging om de gedachten die we nader uitgewerkt in zijn *Godgeleerd-staatkundig-Vertoog* van 1670 terugvinden, waar hij in de weloverwogen termen van de evenwichtige filosoof die hij was, het gezag der Vaderen verwerpt, zoals dat in het gezag van 'Gods Woord' was vastgelegd. Onmiskenbaar was er iets aan het veranderen in de verhouding der generaties in een wereld waarin een drieëntwintigjarige jongeman, 'de blijde Bood schapper van een mondige wereld', zoals Van Vloten hem later noemde, zo'n aanval op het meest geheiligd gezag kon doen, zonder dat dat tot zijn fysieke vernietiging voerde. Integendeel, hij heeft in zijn korte leven altijd vrienden en bewonderaars om zich heen gehad, onder anderen de toch werkelijk niet revolutionaire Jan de Witt, die zijn sober en rustig bestaan veilig stelden. Nog principiëler wordt die overgang gemarkeerd waar de filosoof John Locke in zijn beschouwingen over het menselijk contact en over de opvoeding het verkeer tussen de generaties ter sprake brengt. Locke, in Oxford opgeleid, had zijn levenstaak gevonden in een aantal academische en diplomatieke functies, maar vooral in de scholing van de zoons van het adellijke geslacht Shaftsbury. Locke's opvoedkunde was geen recept om een als zodanig onvolmaakt kind zo vlug mogelijk om te kneden in een als zodanig volmaakte volwassene, maar eerder een handleiding voor de onderlinge verhouding, voor een onderwijs dat met de aangeboren vermogens van het kind rekent en met wat Montessori een paar eeuwen later de 'gevoelige leeftijd' zal noemen, zo min mogelijk op dwang en zo veel mogelijk op belangstelling wekken gericht is. We zagen dat ook Comenius al zo iets voorzweefde, maar die had *het* kind voor ogen gehad en al gewaarschuwd tegen wat Locke, als alle pedagogen van zijn tijd, deed: zijn gaven alleen besteden aan de kinderen van een elite die hem daartoe in dienst nam. Vandaar Locke's afkeer van de public school, de kostschool waar de zoons van adel en voorname burgerij met het rietje de Griekse en Latijnse grammatica, de christelijke moraal en de 'goede manieren' ingeranseld kregen, 'een anarchie gedempt door despotisme'. Zijn ideaal was de humane gouverneur die zijn wereld kende en die zijn pupillen vóór alles wat hij 'breeding' noemde kon bijbrengen.

Centraal in Locke's filosofie van de menselijke relaties staat het begrip 'uneasiness'. Wie het woord met 'onrust' vertaalt associeert het op verhelderende wijze met een andere betekenis ervan die Christiaan Huygens in diezelfde tijd eraan gaf: de onrust van zijn uurwerk. Meer dan de aanwezigheid van onze deugden ziet Locke de onrust om het gemis van wat er niet is als de wekker van onze verlangens en daarmee van ons gedragspatroon en de hele menselijke activiteit, en daarom is het bij de opvoeding van het grootste belang die innerlijke stimulans van het kind, hoe sterk of hoe zwak ook, ruimte en zo nodig steun en leiding te geven, maar hun niet als een zware last een uniform scholingspatroon op te leggen.

Maar Locke leefde in een eeuw waarin het patriarchaal gezag in de ruimste zin nog ongeschokt was, ja, een nieuw hoogtepunt beleefde: het gezag van de absolute vorst, het door de Contrareformatie herstelde kerkelijke gezag en het vaderlijke gezag als onaantastbare afspiegeling van die beiden. Onder dat licht moeten we trachten te begrijpen wat ons als een schrille ongerijmdheid in Locke's opvattingen aandoet: zijn achttiende-eeuwse zachtzinnigheid en toegeeflijkheid tegenover het speelse en ondoordachte kind en daarnaast zijn vaste overtuiging, dat bij het nog zeer jonge en voor geen rede toegankelijke kind ieder verzet tegen het vaderlijk gezag krachtdadig onderdrukt en – hoezeer hij ook, vooral tegenover iets ouderen, lijfstraffen verafschuwde – de vreze voor dat gezag letterlijk ingehamerd moet worden, 'al moest u,' voegt hij er letterlijk aan toe, 'uw kind acht keer op een ochtend een pak slaag toedienen of laten toedienen door een "discrete" bediende, tot zijn wil gebroken is.'

Nog krasser vertolkt hij het onwrikbaar geloof van zijn tijd in de heiligheid van het patriarchaal gezag, waar dat op grond van de armoede van de ouders aan de staat vervallen is. Want Locke vormt geen uitzondering op de regel dat vóór en nog in de negentiende eeuw het verantwoordelijkheidsbesef van de bezittende klasse voor de 'opvoeding' van de kinderen der 'armen', dat wil zeggen álle proletariërs, niet verder gaat dan wat voor rust en orde nodig geoordeeld wordt. Vandaar het 'saneringsrapport' van Locke, in zijn tijd nog een utopie, met het voorstel 'the children of the laboring people, an ordinary burden to the parish' van hun derde tot hun veertiende jaar (waarna ze in dienstbaarheid aan heren kunnen worden toegewezen), onder te brengen in 'werkscholen', waar ze met breien, spinnen en andere nuttige arbeid op voldoende water en brood worden beziggehouden. Kinderen van die leeftijd die bedelend worden aangetroffen, dienen na een duchtig pak met de roede in zo'n school te worden ondergebracht. Opvoeding was voor Locke – evenals voor zijn grote achttiende-eeuwse opvolger Rousseau – de taak van de 'ideale' gouverneur, volksopvoeding in de zin die Comenius eraan gegeven had, lag buiten zijn gezichtsveld. Hij zag die alleen als een vorm van liefdadigheid die als alle filantropie in de burgerlijke maatschappij allereerst ten doel had de veiligheid van het bezit te beschermen tegen 'het grauw'.

Spinoza's uitgesproken twijfel aan het gezag van Gods Woord is, in zijn eeuw en al eerder, een van de aankondigingen van de 'Verlichting', dat veelomvattende achttiende-eeuwse gedachtencomplex waarvan de basis zich kort laat omschrijven als 'de overtuiging, dat het mensenverstand, uit eigen kracht en zonder bovennatuurlijke hulp, in staat is om de samenhang van de wereld te begrijpen en dat dit begrip kan leiden tot een nieuwe wijze om die samenhang te beïnvloeden.' De 'Verlichting' moest geleidelijk de generatieverhoudingen tot in de diepte aantasten, omdat ze immers al het overgeleverde de vraag voorlegde naar de rechtmatigheid van zijn bestaan in het licht van de menselijke rede. Al het overgeleverde, dat wil zeggen in beginsel iedere norm, iedere traditie, ieder geloof.

Het gaat om een omslag die een grote mate van onbevangenheid veronderstelt bij de jonge generatie. Het kan geen toeval zijn, dat we die onbevangenheid in zijn meest overtuigende vorm tegenkomen bij vrouwen die immers 'van nature' buitenstaanders waren in het socio-cultureel bestel en er dus inderdaad van buiten af tegenaan keken, vrouwen als Betje Wolff en Isabelle van Zuylen, niet belast met een wetenschappelijke scholing en academische vorming, met het jargon van geleerdheid en waardigheid, dat bond aan het overleefde. Zonder dat zij veel aan de filosofie van de Verlichting hebben bijgedragen krioelt het werk van allebei van de regelrechte en speels-speldeprikkerige vragen naar de geloofsbrieven van het gezag, het gezag des mans voorop.

In de Verlichting wordt de verhouding der generaties dynamisch: het gaat er niet langer om een gesloten brok beschaving over te dragen, maar de jeugd aan te moedigen het in het eigen begrip op te nemen, het daaraan te toetsen en verder uit te bouwen. De achttiende-eeuwse pedagogiek krijgt daardoor een wat sentimenteel besef van roeping; het kind dat niet langer als voor alles in zonde geboren wordt gezien, maar integendeel als de stralende hope der toekomst, tot zijn taak voor te bereiden, en tot in onze tijd handhaaft zich bij vele ouders en opvoeders de voorstelling van de onschuldige jeugd, niet door de smetten van al onze voorafgaande mislukkingen geïnfecteerd.

Maar de achttiende-eeuwse jeugd antwoordt daar weinig dankbaar op door afstand te nemen tegenover de ouderen, door een deellijn te trekken tussen het heden-dat-toekomst-is (zij zelf) en het heden-dat-al-verleden-is (de ouderen). Wat in de Duitse geestesgeschiedenis als Sturm und Drang wordt aangeduid is het begin van dat conflict. Bij de jonge romantici van die jaren (Herder) duikt het woord 'vergrijzing' op. Zij voelen zich bij uitstek de dragers van de menselijke verantwoordelijkheid die uit de afwijzing van een goddelijk-patriarchale voogdij volgt en die zij met zeer verwarde gevoelens, van enthousiast tot overweldigd, aanvaarden.

Een stroom van geschriften markeert de groei van het verantwoordelijkheidsgevoel, van de wil tot ingrijpen en bijsturen in de ontwikkeling van de samenleving tot die, voorlopig, uitmondt in de Grote Revolutie. Was het vooral de druk van deze verantwoordelijkheid die aan de andere kant bij een toenemend aantal mensen een nostalgie wekte naar een gedroomd verleden, dat een veel grotere gemoedsrust en geborgenheid scheen te verschaffen? Een 'gulden tijd', een pastorale wereld van fluitspelende herders en minzieke herderinnetjes of een geidealiseerd beeld van de middeleeuwse standenmaatschappij waar elk zijn vaste plaats had, een veilig leven aan vaders hand? Tegen de drift naar vernieuwing in begon een onderstroom van behoudzucht door te breken. In 1790 hield Edmund Burke in het Engelse parlement een vloekrede tegen de Revolutie van een jaar tevoren die wel 'het historisch manifest van het conservatisme' is genoemd. Een nieuw woord voor een nieuw begrip? Maar had de mens dan tot voor kort niet geheel uit de traditie, d.w.z. uit het behoud geleefd? Ja, maar zolang het traditionalisme een algemeen patroon was, werd het niet als zodanig onderkend; pas toen het zich tegen een drang naar vernieuwing afzette, werd het een bewust gericht conservatisme. Sinds de achttiende eeuw hebben we in de menselijke samenleving, in de filosofie, in het levensbeschouwelijke, in de politiek altijd weer met twee min of meer bewuste stromingen te doen: vooruitstrevend (waarheen dan ook) en conservatief. Natuurlijk kunnen we terugblikkend vanuit onze huidige begrippen Plato een aristocratisch-conservatief noemen, wat ook wel gebeurd is, of de denktrant van Hugo de Groot scholastiek-conservatief, maar dat wordt zo iets als Christus de eerste socialist noemen. Het gaat immers in al die gevallen niet om een bewuste, gerichte overtuiging.

In de toenemende dynamiek van de samenleving loopt de materiële vernieuwing altijd voorop: een nieuw werktuig, een nieuw gerief vinden eerder ingang dan een nieuwe bouwstijl, een nieuwe bouwstijl eerder dan een nieuwe ethiek die aan de fundamentele zekerheid van de mens rammelt. Geen wonder, dat pedagogische vernieuwers die de jeugd, waarvoor de ouderen de verantwoordelijkheid droegen, aan een ethisch experiment onderwierpen, altijd op hevige tegenstand stuitten en dat de praktijk van het onderwijs altijd ver achterblijft bij de pioniers. Maar ook in zich zelf handhaafden de vernieuwers vaak een stuk conservatisme. We zien dat bij Locke even goed als bij de meest aan hem verwante opvolger: Rousseau. Beiden kunnen geen afstand doen van de voorstelling van de volmaakte pupil als hun schepping, en daarmee van de macht van het patriarchaat.

Het patriarchaal machtsbesef, in de roede gesymboliseerd, van de Kerk die ketters verbrandde, van de vorst die verzet smoorde, van de vader die het rietje hanteerde, borg, als alle macht, de trekken in zich die het behoud stimuleerden: zelfverdediging tegen de dreiging van de toekomst, vrees, afgunst en sadisme. Was het – individuele – jong-zijn niet altijd verheerlijkt, gerekt, desnoods in schijn, en benijd? Was in beeldspraak en kunst de adolescentie niet altijd uitverkoren om alles te symboliseren wat schoon-en-goed was?

Maar tegenover die verheerlijkte abstractie stond in de werkelijkheid een jeugd die geen eigen status had; klei in de handen van de volwassenen. De voorzichtige veranderingen van de pedagogische vernieuwers waren ook in die zin weinig revolutionair, dat ze zich op dezelfde kleine groep richten waar de opvoedkunde zich bijna altijd mee beziggehouden had. Tegenover de 'children of the laboring people' schaarden ze zich als van nature aan de zijde van het behoud, overtuigd, dat iedere verandering hier orde-verstorend zou werken. En tegenover de vrouwelijke jeugd heerste dezelfde behoudzucht, ja, misschien had het groeiend besef van de beweeglijkheid der samenleving het verlangen nog versterkt, dat de vrouw onveranderlijk 'der ruhende Pohl in der Erscheinungen Flucht' zou blijven en de opvoeding van de vrouwelijke jeugd zich daarop zou richten.

De achttiende eeuw geldt als de eeuw van de ontdekking van het kind en de namen van Rousseau en Pestalozzi zijn er om dat te bewijzen. Maar wat betekende die ontdekking eigenlijk? Volgens Van Ussel, dat men het kind, tot zijn eigen heil natuurlijk, buiten de volwassen samenleving plaatste, of wel, dat hier het begin ligt van de victorian age. De geleidelijke verpreutsing van de burgerij in de voorafgaande eeuwen verdroeg niet, dat het kind werd blootgesteld aan een confrontatie met de nieuwe waarheden van de Verlichting. Het kind moest zo lang mogelijk rein blijven, dat wil zeggen onmondig, blank papier, een onbedorven zieltje, dat, van geen erfzonde bewust, heel voorzichtig en zonder schokken en goed gepantserd tegen het Kwaad, moest worden binnen geleid in een schuldige wereld. Geen dreigen met hel en verdoemenis meer, maar het kind leren bidden met Van Alphen: 'Ik ben een kind / van God bemind / en tot geluk geschapen.'

Het werd een soort schrikreactie bij de pedagogen. Tegenover het schuldloze kind kwam men voor de moeizame taak van de seksuele voorlichting te staan. Van Ussel laat duidelijk zien, dat het daarbij slechts in schijn ging om het verstrekken van de noodzakelijke kennis die het kind niet meer 'van zelf', in de familiale samenleving of op straat, opstak, maar eerder om het onthouden van kennis, dan wel het allernoodzakelijkste over te brengen als een inwijding in een mysterie, in verhullende, symbolische taal vervat. Onnodig te zeggen, dat de 'onschuld' tamelijk fictief was en hoogstens neerkwam op onwetendheid, met name bij meisjes. In de geschriften van de achttiende-eeuwse pedagogen duiken de gruwelsprookjes omtrent masturbatie en dergelijke op. De jeugd wordt naar geslacht streng gescheiden opgevoed, alleen op het platteland bleven uit achterlijkheid en armoede de gemengde schooltjes gehandhaafd.

Met de ontdekking hoe verderfelijk de lectuur der volwassenen voor het kind was, rees de vraag naar het 'kinderlijke' boek. Hiëronymus van Alphen, procureur-generaal van het Hof van Utrecht en thesaurier-generaal van de Unie, was met zijn 'Zie hier lieve wichtjes / een bundel gedichtjes' de grote baanbreker. Schijnbaar had hij een voorganger gehad in Hugo de Groot die op Loevesteyn voor zijn dochtertje Cornelia een voor het kind verstaanbare catechismus op rijm schreef. Maar dat het hier meer om verstaanbaarheid dan om kinderlijkheid ging, blijkt uit het feit, dat het boekje later werd omgewerkt tot het *Bewijs van de ware Godsdienst* ten behoeve van zeelieden en mogelijk ook van bekeringsbereide heidenen die ze op hun reizen zouden ontmoeten. Het werd in ieder geval in vele, ook de meest exotische talen vertaald.

Het achttiende-eeuwse kinderboek – en dat zou de hele negentiende eeuw zo blijven – moest het tegenstuk worden van heel die openhartige literatuur die was losgebroken, nadat de 'modernes' het van de 'anciens' gewonnen hadden en daarmee de plicht was opgegeven tot vasthouden aan wat men zo lang bewonderend de 'hoogdravende' moraal der klassieken had genoemd. Je kon een kind toch niet zulke ontluisterende literatuur als Fielding, Swift of Defoe in handen geven. Pas later in de negentiende eeuw zou men op de gedachte komen het avontuurlijke van deze boeken, minus hun moraal, voor kinderen te bewerken. Voorlopig bleef het model van het kinderboek de in zoetigheid gedoopte les in een zeer 'kinderlijke' ethiek, waarin de deugd beloond, de ondeugd bestraft werd en de armen en bloc beklaagd, maar in het persoonlijk verkeer gemeden moesten worden, omdat ze dan vaak 'slecht' bleken te zijn. Tot in onze eeuw zou de stroom van brave Hendrikken, vlijtige Liesjes en Bloempjes der Deugd voor de lieve Jeugd door blijven vloeien.

Het valt buiten ons perspectief, maar het zou belangwekkend zijn na te gaan of en hoe er in diezelfde periode niet een dergelijke welwillend-hypocriete indoctrinatie van een andere onmondige groep begint met de *Economische Liedjes* van Wolff en

Deken en die hele stroom van vooral van kerkelijke zijde uit-
gedeelde boterhammen-met-tevredenheid-lectuur.

Zoals iedere revolutionaire verschuiving zou ook die in de
verhouding der generaties zich niet voltrokken hebben, als niet
de achtergestelde groep zelf in beweging was gekomen, om
een veel dieper ingrijpende verandering door te voeren dan
goedwillende pedagogen aannemelijk konden maken: de achttiende-eeuwse oudere jeugd, de adolescent die zich bewust
wordt van de plaats waar hij staat, ontdekt zijn jong-zijn als een
kwaliteit en het (zo lang mogelijk) jong willen zijn als een
emotioneel-principiële keuze. Om met Locke te spreken: als
een gevolg van zijn onrust. Wat was de Duitse Sturm und
Drang anders dan een opdringen van de door zijn onrust voortgedreven jeugd *als zodanig*?

Na het opstandige drama *Götz von Berlichingen* schreef de
vijfentwintigjarige Goethe in 1774 zijn *Die Leiden des jungen
Werthers* (dat 'jung' stond er niet voor niets). Een boek dat nu
nog bijna uitsluitend als opgelegde schoollectuur gelezen wordt
en als een langgerekte en sentimentele liefdesgeschiedenis be-
oordeeld. Maar hoe kon het dan in zijn tijd met één slag een
wereldreputatie veroveren? En let wel: een *gespleten* reputatie.
Bij een overwegend jeugdig publiek wekte het boek een golf
van enthousiasme en Werther's voorbeeld, naar men zegt, een
zelfmoord-epidemie; ouderen en wijzeren hadden alleen maar
oog voor de rampzalige invloed van de 'ziekelijke geest' die
eruit sprak. De betekenis van Werther voor Goethes tijd is me
pas duidelijk geworden, toen ik ergens las, dat in de jaren '20
van onze eeuw de jonge Chinese officieren van het revolutio-
nair-nationale leger sneuvelden met een exemplaar van Werther in hun zak. Voor hen was het namelijk nog een onthulling,
dat een jonge man als een onafhankelijk individu zich aan de
emoties van een ongelukkige liefde kon overgeven en met een
beschikken over het eigen leven tot in de zelfmoord toe –

toen toch nog altijd een doodzonde, zij het met verzachtende omstandigheden – bevestigen, dat hij de patriarchale verplichting, een schakel in de familie te zijn, afwees.

In 1781 komt de tweeëntwintigjarige student van een militaire artsenschool in Stuttgart Friedrich von Schiller voor het voetlicht met *Die Räuber*. Geen wonder, dat hij voor de toorn van de hertog van Württemberg moet uitwijken. Want hier worden de opstandige en de traditionele jeugd duidelijk naast elkaar gezet en de schrijver laat geen twijfel over zijn keus: vóór de tragische held van zijn drama, de nobele, tot een asociaal roversbestaan gedreven opstandige, tégen zijn berekenende, laffe, zich aan het vaderlijk gezag onderwerpende broer.

Wie om zich heen kijkt in die tweede helft van de achttiende eeuw – en het zou zeker de moeite lonen dat systematischer te doen dan tijd en ruimte hier toelaten – naar symptomen van het afbrokkelen van het gezag (der ouderen) en het mondig worden van de jongere generatie, treft die zowel in de werkelijkheid als in de literatuur aan. In de Franse revolutie behoren een aantal zeer jeugdige leiders, Desmoulins, Saint Just, tot de meest populaire figuren. Daendels was vijfentwintig toen hij in 1787 aan het hoofd van zijn patriottenleger naar Amsterdam oprukte, en de student Quint Ondaetje zesentwintig toen hij de leiding van de patriottenbeweging in Utrecht op zich nam. Laat Fieldings *Tom Jones*, al van 1754, zich niet beschrijven als een voortdurende persiflage op het (ouderlijk) gezag en we vermeldden al hoe Betje Wolff en Isabelle van Zuylen in haar geschriften – zij het dan met de terughoudendheid die een vrouw en zeker een domineesjuffrouw paste – het gezag des mans lieten delen in haar aanvallen op de heerszucht van de ouderen?

Zij waren niet de enige – en niet de meest radicale van die jonge achttiende-eeuwse vrouwen die zich niet meer alleen in het persoonlijk vlak van met deuren slaan en met aardewerk gooien, maar principieel tegen het patriarchaal gezag des mans verzetten. Daar was Germaine de Staël, Olympe de Gouges en

Mary Wollstonecraft, Etta Palm en Theronge de Merincourt en de Amerikaanse vrouwen die bij de Declaration of Rights – zij het tevergeefs – het burgerrecht opeisten.

Maar met de stroom wast de tegenstroom. We zagen hoe tegenstrijdige reacties Werther opriep, we zagen Burke de stellingen van het conservatisme opbouwen tegen de Franse revolutie, en van de veelomvattende cultuurbeweging die de hele eeuw tussen omstreeks 1750 en 1850 omspant, de romantiek, is tegenstrijdigheid de meest opvallende karaktertrek.

Binnen de romantiek krijgt een reeks culturele impulsen vorm die alle één ding gemeen hebben: een grote bewogenheid. De aanstormende, omverwerpende bewogenheid die wij graag met de jeugd identificeren en de nostalgie naar het veilig verleden die 'ouder' aandoet, maar dat is toch een versimpeling van de realiteit. Onze voorstelling van de romantiek is sterk beïnvloed door het verdere verloop van de sociale en culturele geschiedenis en met name door de restauratie die erachter opdrong en er een andere kleur aan gaf. In de negentiende eeuw werd de romantiek meer als 'romantisch' gezien, dat wil zeggen nostalgisch, naar het verleden gericht illusionistisch, maar ook conservatief-gedesillusioneerd, bont en kleurrijk als een historische optocht, gevoelsdoezelig en ook biedermeier. Wat erin verdrongen werd was het realistische element dat zich had afgezet tegen het classicisme, dat de 'lelijkheid', het onharmonische en tegenstrijdige als voorwerp van bezinning en kunst ontdekt had en een aantal nieuwe, tot nu toe verzwegen waarheden had geformuleerd: Goya, Em. Brönte, Dickens, Hugo, Heine en anderen.

Het 'schwärmerische' van de romantiek had een voorwaartsstormend en een nostalgisch, een terugverlangend aspect, maar die twee vielen niet geheel samen met jong en oud, er was ook een conservatieve jeugd en een dynamische oudere generatie in een Europa dat na de val van Napoleon verwarder en tegenstrijdiger dan ooit 'herrees'. De Restauratie was een schrikreactie op die ineenstorting, op het 'illegale intermezzo' en op de 'chaos van de Revolutie' die eraan vooraf was gegaan. Restauratie, dat is herstel van wat men graag de legitimiteit noemde, het behoud van de oude zekerheden uit een paniekachtige vrees voor iedere verandering die de last van de maatschappelijke verantwoordelijkheid kon verzwaren. Was dat verantwoordelijkheidsbesef niet geboren uit het achttiende-eeuwse deïsme en atheïsme? Ongeloof was onveilig leven, was leven zonder Vader. Vrees voor verantwoordelijkheid is een kinderlijke eigenschap die in een wankel evenwicht staat met de drang naar zelfstandigheid. Onder dezelfde achttiende-eeuwse jeugd die op de Revolutie aangestormd was, was levensangst en levensmoeheid een cultuurverschijnsel geworden.

Ging het 'aangeboren' conservatisme van een Bilderdijk niet terug op de angst de hand van God-de-Vader los te laten?

Ik smeek om niets, hoe kwijnend, hoe bedroefd,
Gij ziet me een prooi van mijn bedwelmde zinnen:
Gij weet alleen hetgeen uw kind behoeft
En mint het meer dan 't ooit zichzelf kan minnen.

En moest hij met een geloof dat als het ware berustte op een kinderlijk vrome ridderee aan God-de-Vader niet de inspirator worden van het Reveil, waarin de nog altijd leidende kringen de geseculariseerde maatschappelijke verantwoording van de 'revolutie' afwezen door de 'onrust' die ook in hen woelde de verzoening te bieden van een weer binnen de religieuze sfeer getrokken, een alleen aan God verantwoordelijk vernieuwd en verinnigd patriarchaat tegenover de 'misdeelden'?

Zolang de negentiende eeuw in Nederland zijn gezapige aard behoudt, komen het karakter van dit vernieuwde patriarchaat in het geestelijk leven en de weerslag daarvan in de literatuur niet ver boven het peil der watersnoodpoëten, en de jeugd speelt er een vrij schamele en in hoofdzaak studentikoze rol in.

Maar in de literatuur van Frankrijk, Duitsland en Engeland botsen stroom en tegenstroom van de Restauratie, in beide is de jeugd sterk betrokken en in beide verzeilt een groot deel van de jeugd in een stemming van vereenzaming, verlatenheid en onzekerheid die uiteindelijk soms weer naar de zekerheid van het geloof terugvoert.

De grote voorganger van een paar generaties van door eenzaamheid en vervreemding gekwelde Franse dichters was F. A. de Chateaubriand die nu toch wel zo duidelijk tot de Literatuur hoort, dat hij vrijwel niet meer gelezen wordt. Maar bij hem stuiten we op diezelfde term die zo centraal stond in de eigentijdse karakteristiek van Locke: 'Les anciens ont peu connu cette inquiétude secrète' schreef hij. Voor George Sand, Theophile Gautier, Sainte-Beuve en voor al die schrijvers van 'romans de l'individu' die wegzinken in persoonlijke zieleroerselen, is hij de incarnatie van de romantische jonge dichter die 'la melancholie et la passion moderne' heeft uitgevonden. Zijn jeugdwerk *René* is het droomverhaal van de jonge man die de verantwoordelijkheid en gespletenheid van zijn eigen wereld ontvlucht en veiligheid zoekt bij de 'nobele wilden' waar zijn ziel 'vrij is van de strijd der sociale hartstochten'.

Maar wanneer Chateaubriand, zijn jeugdjaren te boven, innerlijke zekerheid zoekt in een terugkeer tot het Vaderhuis neemt hij in zijn *Génie du christianisme ou beautés de la religion chrétienne* (1802) de geschiedenis van René op 'als afschrikwekkend voorbeeld voor jonge mensen die overgeleverd aan nutteloze dromerijen zich misdadig aan de plichten van de samenleving (d.i. van de legitimiteit) onttrekken.' Hij ziet, wat de Duitsers Weltflucht zouden gaan noemen als een typische jeugdkwaal, een kinderziekte: geen kind van zestien of hij heeft het leven tot op de bodem geproefd, of hij voelt zich gekweld door zijn genie, overgeleverd aan de 'vague des passions'.

De Restauratie was (schijnbaar) een periode van windstilte en verstarring, maar tegenover de consolidatie van het conservatisme staat die van het liberalisme met zijn uit de industriële revolutie voortvloeiende gedachten. In hetzelfde jaar (1832) vormen zich in Engeland de conservatieve en de liberale partij. Die tegenstelling valt nergens samen met die van de generaties, het was ruw genomen een tegenstelling van behouders en verwervers van bezit, stand, rang en aanzien, van een elite van het behoud en een opkomende nieuwe elite van de vooruitgang. Lag het niet voor de hand, dat de 'Oxbridge'-student uit grondbezitters- of industriëlenfamilie, voorbestemd om zijn vader in dit alles op te volgen, zich naar diens voorbeeld bij de ene of bij de andere partij aansloot? Pas in het perspectief van een eeuw gezien wordt het duidelijk, dat de grote tegenstellingen niet die van de parlementsdebatten tussen liberalen en conservatieven waren en zelfs niet die aan weerskanten van de barricades in de Juli- en Februari-revolutie, waar het door de vrijheidsleuze gegrepen volk de kastanjes uit het vuur haalde voor de liberalen. Het zou meer en meer gaan om de tegenstelling tussen de 'haves' en de 'have-nots', en het jeugdverzet, voorzover het gegrepen werd door solidariteit met de rechtelozen, raakte in een nauwelijks getolereerde en onderdrukte onderstroom van illegale politieke genootschappen en opstandige poëzie die vaak op ballingschap uitliep: de als atheïst uit Oxford verdreven Shelley die in zijn *Mask of anarchy* met de onbevangen scherpzinnigheid en de poëtische verbeelding van een geniaal jeugdverzet aantoonde, hoe het tot anarchie verwilderend kapitalisme zich in de mantel van de patriarch hult: 'I am God, and King and Law.' Byron die niet alleen van zijn vaderland afscheid nam, toen hij schreef: 'Adieu, adieu my native shore' en naar Griekenland trok om er de vrijheid te verdedigen, Heine die de ballingschap in Parijs koos te midden van de politiek-verdrevenen en als Shelley zich ervan bewust toonde, dat het jeugdverzet moest samenvallen met dat van alles wat in de vaderhand het werktuig van de onderdrukking had leren zien.

Opmerkelijk is ook, dat het nationaal verzet, zoals dat over heel Europa de vorming van nationale staten nastreeft, meer of minder democratisch liberaal en vaak ook met een rechtuit conservatief-chauvinistische inslag, zich 'jong' noemt: das junge Deutschland, de jong-Tsjechen, jong-Turken. Mazzini, teleurgesteld in de resultaten van de Juli-revolutie, niet alleen voor de Italiaanse nationale eenwording, sticht naast zijn Jong Italië (1831) in 1834 ook een Jong Europa.

Als het ware een contrapunt in de Restauratie-wereld vormt de bohème, een groep van kunstenaars en hun aanhang die, gedesoriënteerd in de zich verwerkelijkende maatschappelijke mondigheid van de mens, en de verantwoordelijkheid voor de wereld zoals hij was niet willende aanvaarden, zich terugtrok in een blijvende verzetshouding (zij speelden een rol in alle negentiende-eeuwse revolutionaire acties) of in een opzettelijk 'jeugdige' onmaatschappelijkheid, waarbij ze, zoals de studenten dat al in een meer speelse vorm hadden gedaan, zich spiegelden aan wat vanouds asociaal was geweest: 'varende luden' en zigeuners.

Is het gezichtsbedrog of neemt tijdens de Restauratie de bemoeienis van de oudere generatie met de jeugd werkelijk toe naarmate de jeugd als zodanig zich minder actief toont? De jeugd, dat wil zeggen de elite-jeugd van de heersende klasse die vrede kon hebben met de situatie zoals die was. Maar de jonge arbeiders van de grote steden wierpen de barricaden op van de Juli- en Februari-revolutie (waarvan overigens niet zij, maar de liberale bourgeoisie de oogst zou binnenhalen) en de uit het reactionaire Pruisen verbannen of uitgeweken jonge handwerkers, journalisten, schrijvers (waaronder Marx en Heine) zouden de fundamenten leggen voor de Eerste Internationale. Het 'spook van de revolutie' kon de heersende klasse er alleen maar toe drijven al wat voor de barricade dreigde op te groeien in het gareel te houden. Het is dan ook overduidelijk dat, ondanks het werk van radicale voortrekkers als Fröbel en Pestalozzi, van wie met name de laatste naar de oude gedachte van Comenius: een algemene, een volksopvoeding teruggreep, de praktische pedagogiek zich richtte naar het behoud van oude normen en naar de nieuwe eisen van de industriële maatschappij. Het in de fabriek misbruikte 'volkskind' kreeg in de charitatief-conservatieve zondagscholen onderricht in het minimum aan alphabetisme en het maximum aan vrome onderwerping die het tot een bruikbare loonslaaf zouden maken. Voor de 'betere kringen' bloeiden in Frankrijk de jezuïetenscholen en pensionaten, in Duitsland en de omringende, overwegend reformatorische kleinere landen het openbaar gymnasium, dat nog christelijk genoeg van inslag was om geen behoefte aan confessioneel onderwijs op te roepen. In Engeland begon de public school aan een nieuwe glansperiode, dezelfde public school waarover Locke in 1693 al zijn vonnis geveld had. Van het hele idealistische bouwsel van zijn pedagogie verwezenlijkte zich in de praktijk voorlopig alleen de 'werkschool' voor de 'kinderen der armen', waarmee in 1774 de Duitse 'filantropijnen' nog weer eens als een gloednieuw idee kwamen aandragen, een instelling niet bedoeld om Locke's stimulerende 'onrust' aan te wakkeren, maar eerder om die te onderdrukken.

De gespleten negentiende eeuw vertoont een uiterst tegenstrijdige bemoeiing van de oudere generatie met de jeugd die tot een woekerend ondergronds en op de duur uitbarstend verzet moest voeren: de idealistische pedagogen – en hun afstammingslijn loopt door tot op Montessori en haar opvolgers in onze tijd – blijven een randverschijnsel. Het blijft bij experimenten die nooit als fundament van het massa-onderwijs aanvaard worden. De school voert praktische vernieuwingen in: hoe honderd dociele kinderen tegelijk het abc te leren, hoe voor de elite van toekomstige leiders van de maatschappij een systeem te ontwerpen waarin de status van de klassieke vorming en de verchristelijkte stalen ethiek der Romeinen (Mu-

cius Scaevola, Horatius Cocles, het stoïcisme van Seneca en zo)
werden aangelengd met de eisen waaraan in een modern-
kapitalistische maatschappij een staatsman, grootindustrieel of
hoge ambtenaar moest voldoen. Langs die weg werd het Duitse
gymnasium een drilschool-met-het-rietje en een sterk militair-
nationalistische inslag. In Engeland was de benoeming van de
befaamde dr. Thomas Arnold tot headmaster van Rugby bedoeld om daar het verouderde onderricht aan te passen aan het
utilitarisme van de eeuw en het morele peil te verheffen van het
systeem van 'anarchie getemperd door despotisme'. Ondanks
Arnolds ernstig voornemen 'gentlemen en christenen' groot te
brengen, ondanks zijn roem als baanbreker wordt in de kritische autobiografieën van omtrent het eind der eeuw het public
school system beschreven als nog altijd een leeuwenkuil, waarin een paar honderd jonge heren zich uitleefden in onderlinge,
al of niet 'sportieve' strijd, in homofiele relaties, waar het contact met meisjes ontbrak, en in het onderdrukken van zwakke-
ren en nonconformisten, waartegenover de leraren, die zich
vaak maatschappelijk hun minderen voelden, over geen ander
correctiemiddel en steun voor hun zelfbesef beschikten dan vrome lessen en . . . het rietje. Dat rietje zou, zoals we al eerder vermeldden, ondanks bijna drie eeuwen protest tot in onze tijd toe,
zijn erkende pedagogische waarde behouden, zoals de public
school, samen met Oxford en Cambridge, gewaardeerd zou
blijven als ideale vorming zoal niet voor christenen dan toch
nog wel voor gentlemen. In het Frankrijk van de Restauratie
duiken de gedachten van Rousseau als het ware onder op het
smalle terrein van de opvoeding van gebrekkigen: doven en
blinden. In de jezuïetenscholen, in het uiterst sobere, overwegend kerkelijke volksonderwijs, in de regelrecht gruwelijke
dwangopvoeding en in het gezin blijft het rietje embleem en
werktuig van het patriarchaal gezag, erger nog: tot op het einde
van de eeuw behoudt de vader het recht zijn weerspannig kind
gedurende een aantal dagen in een staatsgevangenis te plaatsen.

De inzichten omtrent de seksuele opvoeding, zoals die in de achttiende eeuw gangbaar werden, hadden in de volgende eeuw veel ingrijpender gevolgen voor het vrouwelijke kind en het jonge *meisje* dan voor de jonge *man* die haar tegenbeeld was. Het generatiebegrip begon ook voor haar een inhoud te krijgen, zij het voorlopig een vrij negatieve. Haar jeugd was, veel meer dan die van haar broers die op een leven buiten het gezin werden voorbereid, een doorlopend voorspel en begin van haar latere rol in het gezinsleven: zij groeide van vrouwtje en moedertje naar vrouw en moeder en haar spel was vrouwtje en moedertje spelen. Wanneer in de negentiende eeuw ook voor het meisje van goede huize de kostschoolopvoeding gebruikelijk wordt, dan was dat om haar ongerepter te houden dan in een min of meer 'werelds' levend gezin mogelijk was: zij werd op het leven, op de wereld voorbereid door haar daar buiten te houden. In de kloosterlijke sfeer van pensionaat of kostschool, een sfeer van kleine plichten, sentimentele en formele devotie, dwepende vriendschappen en vereringen, werd zij veilig geacht voor contact met de feiten des levens en opgeleid tot wat haar de hoogste waarde op de huwelijksmarkt moest verschaffen: goede manieren, een schijn-naïveteit en een vernisje van cultuur; niet te veel, want dan werd het blauwkousig en gevaarlijk: nog in onze eeuw leerden Engelse kostschoolmeisjes, voor wie de 'realistische' Shakespeare verboden lectuur was, de plots van zijn drama's uit Lambs *Tales* ter wille van de conversatie. Hun zieltjes werden even stijf ingezwachteld als de voetjes van hun Chinese zustertjes.

Het is moeilijk te achterhalen waarom de verhouding der generaties en daarmee het patroon van de opvoeding in het negentiende-eeuwse Nederland een wat gemoedelijker karakter had dan elders. (Een opvoedingspatroon, een stelsel, bestond uiteraard al weer alleen voor de maatschappelijke bovenlaag.) Van belang moet geweest zijn, dat twee generaties langer onder één dak leefden dan elders: de kostschool en de daaraan verbonden groepsdiscipline bleven vrijwel tot de schaarse elite van het katholieke zuiden beperkt; de kleine stedelijke gymnasia hadden een gemoedelijker karakter, waar de lijfstraffen geen erkend instituut waren; en al werd er in het gezin wel eens een pak slaag uitgedeeld, het rietje was er geen onmisbaar gebruiksvoorwerp.

Terwijl gedurende de hele negentiende eeuw het maatschappelijk verantwoordelijkheidsgevoel én zelfbewustzijn (emancipatiebewegingen van joden, arbeiders, vrouwen, katholieken en 'kleine luiden') groeit, blijft de studentenwereld een achtergebleven gebied van eigengereide onmondigheid. Nog altijd stapt na zijn laatste examen de wilde student van gisteren over de muurvaste drempel der volwassenheid de maatschappij binnen en verwisselt zijn studentenpet en knuppel voor stok en hoge hoed. En hij doet dat nog altijd zonder grote frustraties. Hoe vrij van iedere wrok is de vriendelijke kritiek van de student Beets in zijn *Camera* die voor de gemiddelde Nederlander wel een eeuw lang het-boek-van-de-eeuw kon blijven, op de oudere generatie die niettemin toch nog danig ontsteld was over de vrijmoedigheid van de jonge theoloog, en hoe repte hij zich, eenmaal over de drempel van het ambt, om de korte episode van zijn verheerlijking van de rebelse Byron als zijn 'zwarte tijd' te verloochenen. Het is waar, de negentiende-eeuwse student sprak al wel van de wereld achter de drempel als 'de kille', en tegenover de wat viervoetige dichter Beets staat de melancholicus Haverschmidt die niet los kon komen van de dromen van Piet Paaltjens. Het type Haverschmidt dat we ook uit andere westerse landen in de negentiende eeuw kennen, vormt de verbinding tussen de achttiende-eeuwse Weltschmerz en wat Freud als het 'onbehagen in de cultuur' zou aanduiden. Het was een verschijnsel dat zich niet tot de jeugd beperkte, maar wel in hoofdzaak tot mensen die er een tegenzin in hadden volwassen te worden – en ook vaak niet oud werden.

41

In de economische opbloei van de negentiende eeuw, het opkomend industrieel kapitalisme, domineert de gezeten burger;
zijn patriarchale positie handhaaft zich nog in zijn gezin, maar
niet minder op grond van zijn rol in staat en maatschappij.
Hij vertegenwoordigt de 'haves' tegenover de 'have nots', het
verpauperd fabrieksproletariaat dat in de 'vooruitgang' (het
wachtwoord van de negentiende eeuw) eer achter- dan vooruit
was gegaan. Patriarchaal stond de burger tegenover alles wat
hem ondergeschikt, erger: alles wat als gebrek lijdend van hem
afhankelijk was. De bourgeoisie, steeds meer vermengd met de
verburgerlijkte adel, kon politiek verdeeld zijn als conservatieve
behouders en liberale verwervers, de fundamentele belangen
van beide groepen vielen over elkaar: behoud en aanwas van
het familiebezit, al was daarmee in de moderne staat niet meer
de macht van het grondbezit verbonden.

Maar al sinds het begin van de negentiende eeuw ontwikkelt
zich een nieuw, gelijk dat van de feodale wereld meer dan het
eigen gezin, hele families omvattend patriarchaat, dat we het
economisch patriarchaat zouden kunnen noemen. Vaak groeit
het op de bodem van de gezinssamenhang van de ambitieuze
kleinburgerlijke familie. De Rothschilds zijn er het eerste voorbeeld van, al hadden ze wel reeds in bij voorbeeld de Fuggers
een soort voorlopers gehad. De Krupps, de Rockefellers, de
Vanderbilts namen dezelfde dynastieke allures aan, en anderen
zouden volgen, tot op bij ons de Philipsen en de Brennink-
meijers, die als een adellijk geslacht de voorletters van hun
marskramende voorvaders in hun wapen voeren. Met vriendelijk gebaar naar de 'democratische' maatschappij lieten de
Krupps hun 'stamslot', het oude smederijtje van Friedrich
Krupp, te midden van hun daverend bedrijf staan. Verderop
komen we nog op een ander aspect van het economisch
patriarchaat.

En wat te denken van het tegenstuk van het patriarchale
grootbedrijf: de causa nostra: een grof middeleeuws boeren-

patriarchaat, overgeplant in de anarchie van de grootkapitalistische wereld, dat in tegenstelling tot zijn medeconcerns ook formeel niet binnen de wet blijft in de strategie van geweld en afpersing. De macht van de maffia imponeert en wekt afgrijzen, maar de patriarchale beslotenheid van 'de familie' wekt ook een zekere nostalgie, en de nostalgie naar een gedroomd verleden is een beproefde basis voor bestsellers. Vandaar het succes van een middelmatige gangsterfilm met Robin Hood-allure en de op die nostalgie speculerende titel: *The Godfather*.

De achttiende eeuw had de vooruitgang juichend ingehaald, de negentiende begon er wat schichtig voor te worden: was het 'stalen ros' in bedwang te houden, dat mogelijk, zoals een dichter-dominee voorzag 'aan het communisme wieken zou geven'. De ethiek kon niet meekomen met een ontwikkeling waarin traditie en werkelijkheid steeds verder uit elkaar weken, en zette zich schrap: nooit werd de moraal nadrukkelijker gepredikt dan toen hij begon te wankelen, nooit maakte men zich zoveel zorg over de handhaving van het gezag van de overheid, de werkgever, de man, de vader, als toen de aantasting ervan in openlijk verzet en revoluties, maar ook in ondergrondse, binnenskamers gesmoorde rebellie, begon door te breken: de negentiende eeuw, een gespleten tijd van laaiend vooruitgangsoptimisme en streng en piëtistisch conservatisme, zou bij uitstek de eeuw van de hypocrisie gaan heten. Hypocrisie is het overeind houden van een ondergraven moraal ter wille van de macht die op die moraal berust. De macht van de vader tegenover de zoon moest gehandhaafd worden door een lippendienst aan een traditie waaraan de zoon al weer minder geloofde dan de vader, maar die nog een reeks van generaties standhield, omdat de zoon de maatschappelijke konsequenties van de rebellie niet aandurfde en zich troostte met de uitlaat: zijn opvoeding op die van zijn zoon te wreken.

Voor de arbeider hing de moraal al te nauw samen met de

macht van zijn werkgever om hoog in de waardering te staan
bij een machteloos en verpauperd proletariaat. Ook 'fatsoenlijk leven' was een soort luxe die voor het volk niet was weg-
gelegd, en daarom maakte men zich in die kringen minder
druk over een onwettig huwelijk, een 'motje' of een dochter
die de breewijd opging, en buiten de dronkemansroes deed de
proletarische vader zijn machteloze autoriteit weinig gelden,
zolang zijn uitzichtloos bestaan hem van iedere kleinburgerlijke
illusie van vooruitkomen deed afzien. Die illusie was het die
juist het kleinburgerlijke gezin in de verering van het patriarchaat, voor het gezag in het algemeen: van de baas, de dominee, de schoolmeester, de huis*heer*, gevangen hield. Nergens
is dat beter vastgelegd dan in de onsterfelijke *Woutertje Pieterse*.

De negentiende eeuw kenmerkt zich door een groeiende,
aanvankelijk gesmoorde onvrede tegenover de bestaande orde
bij een reeks maatschappelijke groepen: de achtergestelde joden
en katholieken, de kleine burgerij die zich verdrukt voelt door
het grootbedrijf, de arbeiders waaronder naar nu eigenlijk voor
het eerst ook een eigen rode vlaggen zwaaiende jeugd blijkt
te leven, de vrouwen die naar het openbare leven dringen
en er ook door nieuwe economische en sociale verhoudingen
ingetrokken worden. De jeugd, dat wil zeggen het kind, blijft
daarbij nog object, niet subject in het streven naar verandering:
in 'de eeuw van het kind' worden, niet zonder enige exaltatie
soms, zijn rechten verdedigd, de welwillende pedagogen werken niet meer uitsluitend voor de elite, maar gaan zich ook
met de 'volksschool' bezighouden, er komen verboden van
kinderarbeid los, leerplichtwetten, kinderbescherming, waarbij ook, bij ons in 1921 een kinderrechter zal worden ingeschakeld. Jeugdzorg en onderwijs ontwikkelen zich in het
tegenstrijdig klimaat van ieder-kind-de-beste-kans-geven en het
opleiden – of niet opleiden – van werkkrachten voor een opti-
maal economisch resultaat.

Aan een drietal emancipatorische bewegingen waarvan het

begin al een eind in de negentiende eeuw teruggaat kan men niet louter het karakter van generatieconflicten toekennen, hoewel een persoonlijke breuk tussen ouders en kinderen er vaak een tragisch aspect aan gaf: het georganiseerd atheïsme, de vrouwenemancipatie en wat we later de eerste seksuele revolutie zijn gaan noemen. Eigenlijk werd de vrouw, die tot dan toe blijvend tot de onmondigen had behoord, pas door de emancipatie in de wisseling der generaties opgenomen. Eeuwenlang was haar deugd en haar roem geweest van generatie op generatie het blijvende te vertegenwoordigen en had zij het generatieconflict alleen ervaren in de traditionele vorm van een persoonlijke botsing met vaderlijk gezag of moederlijk conformisme. In de restauratie-periode was de eerste aarzelende aanloop tot haar vrijwording afgeknapt en nergens had de vrees het oude patroon los te laten zich zo duidelijk gemanifesteerd als in de rol die de vrouw in de victorian age werd opgelegd. Nooit was de vrouw, de moeder, maar vooral de 'ongerepte' jonge vrouw meer vereerd, maar onder een stolp vereerd, dan in die periode.

De grote gangmakers van de seksuele revolutie waren de eerste, niet meer zo jeugdige seksuologen: Havelock Ellis, Forel en Hirschfeld. Hun werk vloog van de pers in tientallen oplagen en vertalingen, en bij de jeugd die het bij deze scherpe ideologische wending blijkbaar toch nog niet zonder voorgangers kon stellen, gingen hun beschouwingen erin als Gods woord in een ouderling. In de komende decenniën zou de seksuele bevrijding een van de belangrijkste uitgangspunten voor het groeiende isolationalisme van de jeugd worden.

De vraag dringt zich op of de onmiskenbare verscherping van de generatietegenstelling in de negentiende eeuw niet beïnvloed is door het groeiend maatschappelijk – en daarmee ook persoonlijk – verantwoordelijkheidsbesef in een steeds meer als veranderbaar onderkende wereld. De jonge generatie, telkens opnieuw geconfronteerd met die verantwoordelijkheid, schoof zijn schuldgevoelens tegenover een onmetelijke taak af op zijn voorgangers. Hoe gretig grijpen literatuur en populaire beschouwing naar het thema van de erfelijkheid, minder om het tot op de bodem uit te diepen of zelfs maar om de ontoereikendheid van onze kennis erover aan te tonen dan als een definitief wapen. En bij volgende generaties gebeurt dat – met evenveel recht en onrecht tegelijk – met de altijd op rekening van de vorige generatie, ouders en leermeesters, afgeschreven ongelukkige jeugd.

Niet minder dan over het patriarchaat willens nillens ondergravende bewegingen als vrouwen-emancipatie en seksuele revolutie hadden de conservatieve beschermers van de jeugd reden zich bezorgd te maken over de literatuur van het einde van de eeuw waarin de tegenstelling der generaties en het jeugdverzet veel feller en bitterder dan in de organisatorische vormen was losgebarsten. Al van 1861 was Toergenjew's *Vaders en zonen*, nog mild van toon, maar ondanks 'schrijvers leeftijd (drieënveertig jaar) duidelijk partij kiezend voor de jeugd. Dezelfde geest bezielt het gelijktijdig werk van de tien jaar jongere Ibsen, en dan volgen de aanklachtboeken elkaar op als Sam Butler's *Way of all flesh* met zijn honende afbraak van het traditioneel harmonische gezin, Thomas Mann's *Buddenbrooks*, Wedekind's drama *Frühlingserwachen* met zijn verbitterde aanval op de mythe van de kinderlijke onschuld, Hermann Hesse's *Unterm Rad* en nog een hele reeks min of meer autobiografische jeugdverhalen.

En in Nederland? De beweging van Tachtig had het typisch karakter van jeugdverzet: het omschoppen van heilige huisjes, aanvallen op de autoriteit van gevestigde kopstukken, scheldsonnetten. Maar het literair verzet bleef literatuur, en het was maar een smal stroompje ervan dat met het sociaal verzet samenvloeide. Thematisch is het jeugdverzet niet sterk bij de Tachtigers en na-Tachtigers. Wel toont zich in werk als

Van Eedens *Kleine Johannes* of Van Looy's *Jaapje* de neiging
het kind als een autonoom wezen te zien. Veel meer dan de
Tachtigers heeft een in leeftijd een generatie oudere, Douwes
Dekker, ruim baan gemaakt voor de jeugd in een brede laag
van ons volk door zijn voortdurend onbevangen vragen naar de
geloofsbrieven van alle gezag. Hij was al veertig, toen hij dat
deed in zijn *Max Havelaar*, het eerste stuk Nederlandse literatuur
dat ook door het proletariaat gelezen én gekocht werd. Hij deed
dat vooral ook in zijn *Ideeën*, maar hij was dan ook in die zin
een nieuwe verschijning, dat hij tot de nog zeldzame negen-
tiende-eeuwers behoorde die niet naar de volwassenheid streefden. Het jeugdkarakter van de Tachtigers komt eigenlijk het
duidelijkst naar voren in de afwijzing van hun werk en program door de oudere, gezeten poëten én door de doorsnee
lezer, voor wie 'Tachtig' decenniën lang een voorwerp van
spot en van aanstoot bleef, te zamen met de Kollewijnse spel-
ling, met name bij de meerderheid van de docenten in Nederlandse letterkunde en zeker bij de confessionelen onder hen.
Vergeet niet, dat er in het werk van de Tachtigers overwegend
een ontkerstende toon heerste, ook bij katholieke auteurs als
Van Deyssel. Zij werden nog lang geweerd uit de school-
boeken, en zelfs Kalff bleef in zijn voor studenten bedoelde *Geschiedenis van de Nederlandsche letterkunde* (1912) vóór Tachtig
staan, omdat die periode nog niet 'historisch' zou zijn.

In de literatuur, maar vooral in de beeldende kunst, wordt
de versnelling van de generatiewisseling het eerst merkbaar.
Met het impressionisme begint de laatste stijl (de romantiek)
te wijken voor stromingen, richtingen, bewegingen, die elkaar
in een versneld tempo verdringen en steeds meer het karakter
hebben van een rebellerende, het voorafgaande afbrekende
jeugdgolf; een sprekend voorbeeld is het manifest der futuris-
ten. De als 'achterlijk' bestempelde vorige generatie ziet zijn
gezag telkens na een korte bloei inkrimpen, de rijkere en dus
oudere kunstbeschermers van het establishment hebben moeite

om de vaart bij te houden. Op de wereldtentoonstelling van 1900 in Parijs konden de kunstbeschermers – en de kunsthandel – de impressionisten nog onder een trap wegduwen, in de nieuwe eeuw zou de jacht op en de speculatie in de allerjongste artistieke prestaties absurde vormen aannemen. En in onze tijd kan een kunstrecensent op de instemming van zijn lezers rekenen, wanneer hij schrijft: 'Het museum mikt op de jeugd,' alsof dat er niet voor alle mensen was.

In de literatuurgeschiedenis was vanouds de eeuw in drie generaties verdeeld, waarbij dan wel voortdurend de term 'overgangsfiguur' gehanteerd moest worden. In de twintigste eeuw beginnen we met decenniën te rekenen: de twintigers, de dertigers, en Ter Braak zou een bundel beschouwingen over maar iets oudere tijdgenoten *De Vorigen* noemen.

In 1900 verscheen Freuds *Traumdeutung* met als één van de kardinale gedachten het Oedipuscomplex. Er is niet meer nodig om te bewijzen dat Freud niet alleen een groot arts, maar ook een groot schrijver was dan het feit dat hij de duurzame geldigheid van die gedachte weergaf door hem in een eeuwenoude mythe in te bouwen. Maar al mag Freud zich weinig beziggehouden hebben met de sociale implicaties van zijn theorieën – hij had al zo veel te doen! –, in de loop van onze eeuw is het wel duidelijk geworden dat de overgang van die gedachte van mythe naar wetenschap pas mogelijk werd, toen de generatieverhouding van een persoonlijk tot een sociaal probleem was geworden, toen de recalcitrante zoon opgenomen werd in de opstandige jeugd.

De verhouding der generaties kent in leven en literatuur drie – al of niet symbolische – moorden: de kindermoord, de vadermoord en het met meer of minder geweld uitschakelen van afgeleefden. Het doden van kinderen en afgeleefden kwam voor rekening van de tweede generatie, alleen de vadermoord, na het tijdperk van de horde in de regel slechts symbolisch, voor die van de eerste. Historisch gezien doodde de tweede generatie uit noodzaak het (zeer jonge of zeer oude) leven, dat binnen de omstandigheden van schaarste, honger en dergelijke als overtollig, ja, als schadelijk gezien werd, maar de vadermoord was een daad van verzet. De spil waar het al om draaide, was de macht van de tweede generatie die daardoor in een primitieve samenleving duizenden jaren lang ongestraft kon blijven voor zijn 'misdrijf', totdat een zeker niveau van stabiele welvaart het uitschakelen van leven overbodig maakte en zich daarmee ook een ethiek ontwikkelde die strafbaarstelling eiste. Die straf trof – we spreken hier natuurlijk niet van de 'gewone' moord, waarvan ook kinderen of vaders het slachtoffer kunnen zijn – sinds eeuwen vrijwel uitsluitend de 'ontaarde' (ongehuwde) moeder, die echter haar misdrijf niet uit macht, maar uit onmacht beging. Zij is, met wie schuldig staat aan abortus, het slachtoffer van de wraak van een maatschappij die niet gestoord wil worden in het weelderig bezit van een levensparende ethiek.

De generatieverhouding was van een persoonlijk-familiaal een sociaal probleem geworden, en dat bracht mee dat de jeugd als zodanig tot organisatie kwam. Wat overigens niet betekent, dat die in die tijd geheel ontbrak. Binnen de aloude studentencorpora leefde een sterk generatiebewustzijn, maar daarbij ging het, zeker bij de Nederlandse – en de Engelse – student, minder om een sociaal probleem dan om een asociale houding of beter een buitensociale opstelling die werd opgegeven bij de 'intrede in de maatschappij'.

In de negentiende-eeuwse Restauratie-periode was er minder sociale bezorgdheid onder de optimistische vooruitgangs-aanbidders, de gemakkelijk rationalistische liberalen, dan bij de conservatieven. Dickens was een van die bezorgde conservatieven die wel nog altijd, vol afschuw van de 'gruwelen van de Revolutie', iedere radicale maatschappelijke omslag afwezen, maar vaak meer gegrepen waren door wat we het best kunnen aangeven met Locke's 'uneasiness', de 'inquiétude' van

Chateaubriand. Die uneasiness was, zoals al eerder gezegd, de wortel van het Reveil, de protestantse bloem van de romantiek, een christelijk gemoedsverzet tegen de harde zakelijkheid van het liberalisme, dat in zijn oprechte, vrome zelfinkeer maatschappelijk toch niet verder kon reiken dan de charitas die, conservatief of liberaal, onvermijdelijk aan de schijnheiligheid is vastgebakken. De uneasiness sprak ook in een groep jonge mensen die in 1853, daartoe geïnspireerd door de voormannen van het Reveil en op Engels voorbeeld, het Christelijk Jongelingen Verbond oprichtten met het doel christelijke jonge mannen uit de werkmansstand te betrekken bij de evangelisatie onder hun soortgenoten die in de wanstaltig uitgroeiende industriesteden lichamelijk, maar vooral geestelijk dreigden onder te gaan. De jongelingsverenigingen misten uiteraard ieder radicaliserend karakter en aanvaardden als natuurlijk de leiding van plaatselijke predikanten en hulpvaardige notabelen. Leiding, niet alleen omdat de ouderen meenden de jeugd tegen zijn vanzelfsprekende onbezonnenheid te moeten beschermen. Met de voortschrijdende democratisering en de daarmee samengaande groei van het kiezerskorps konden de ouderen moeilijk hun taak over het hoofd zien de jeugd tot staatsburgers – uiteraard in hún geest – op te voeden. Ook de latere 'vrije jeugdbeweging' kreeg daardoor een gecompliceerd en vaak zelfs tegenstrijdig karakter. Het is duidelijk, dat de 'vaders' regulerend ingrijpen, zodra ze rebellie ruiken, of nog voor dat die dreigt, de noodzaak zien hun kudde bijeen te houden. Van vele jeugdorganisaties is dan ook moeilijk uit te maken in hoeverre ze uit rebellie, regulatie of zelfs bezwerend initiatief van boven af zijn voortgekomen of wel erdoor worden omgebogen. Nog daargelaten een zekere traagheid van een 'vergrijzend' bestuur een goed functionerende organisatie over te leveren aan onervaren melkmuiltjes.

Van een heel ander karakter was de in 1888 opgerichte Bond van Jongelings Verenigingen op gereformeerde grondslag, die aanspraak kan maken op de naam van emancipatiebeweging. Zij zagen hun taak niet als redden (evangeliseren), al waren ze daar niet afkerig van, maar als 'voorbereiden en bekwamen' van de leden zelf, met andere woorden hun activiteit kwam voort uit dezelfde bezieling die Kuyper in zijn 'kleine luiden' had aangeblazen om hen tot een zelfstandige sociaal-politieke houding aan te vuren. Door deze doelstelling waren de gereformeerde groeperingen sociaal verscheidener: vooral op de dorpen waren ook de zoons van gereformeerde notabelen er lid van, en op de bondsdagen verschenen antirevolutionaire ministers en hielden professoren van de VU voordrachten. Meisjes verschenen er als gasten, wat de bondsdag tot een soort discrete huwelijksmarkt maakte. Overigens waren ze een verwaarloosde groep: op een christelijk-sociaal congres van 1891 werd ernstig geprotesteerd tegen aanstelling van meisjes bij PTT, op kantoren en zelfs bij het onderwijs. Verder kwamen ze op naai- en breikransjes onder leiding van de dominees-vrouw bijeen, tot er in 1918 ook een bond van meisjes op gereformeerde grondslag gesticht werd, gevolgd door meisjes-(bijbel)-studieverenigingen.

Naast de christelijke jongemannenorganisaties staat sinds 1896 een Nederlandse Christelijke Studenten Vereniging, in een internationale federatie opgenomen en sterk op het zendingswerk gericht, en sinds 1915 een Vrijzinnig Christelijke Studenten Bond (VCSB). De christelijke studentenverenigingen vertoonden als zodanig een tegenstrijdig karakter, dat aan het Reveil doet denken: ze vormden een elite in een Kerk die in beginsel geen elite kende. Hun christelijke solidariteit richtte zich meer op de medechristenen in de zendingsgebieden dan op die van de eigen samenleving. Integendeel, er was een neiging tot eclecticisme die tekenend was voor een Kerk in het defensief: wie zich tussen het kerkvolk niet meer thuisvoelde, kon bij een min of meer sophisticated studentenpreek terecht. De katholieke Kerk, vanouds strakker in zijn dogmatiek en aangepaster in de praktijk, had allang begrepen, dat het wenselijk was retraite-gezelschappen niet alleen naar leeftijd, maar ook standsgewijs te organiseren. De kerkelijke studenten zochten hun werfkracht ook duidelijk in een accentuering van hun *jeugdig* karakter en in distanciëring van de 'saaie' kerkelijkheid: het vrolijke – en toch zo ernstige – christendom van de studentenkampen.

Uit verstrooide gegevens weten we, dat omstreeks 1885 in verscheidene plaatsen in Nederland socialistische jeugdorganisaties werden opgericht, hetzij op eigen initiatief, hetzij onder leiding van ouderen. In '88 vloeiden die samen in de Sociaal Democratische Jongelieden Bond, gericht op antimilitarisme, verbetering van arbeidsvoorwaarden, gemeenschappelijke ontwikkeling en dergelijke. Het romantische idealisme, de Sturm-und-Drang-geest en de anarchistische ideeën die de bond bezielden, vonden weinig weerklank bij de inmiddels tot een gedegen organisatie geworden SDAP, wat samen met interne verdeeldheid tot het verval van de bond in de nieuwe eeuw leidde. Meer op grond van internationale congresbesluiten dan uit eigen behoefte richt de SDAP in 1901 een eigen Jeugdbond de Zaaier op. Dat die niet als stoottroep, maar als scholingsinstituut bedoeld was blijkt wel uit een soort clublied:

> *Waar ter wereld wordt gestreden*
> *Gaan de ouderen ons voor.*
> *Wij, wij hebben slechts te treden*
> *In 't door hen gebaande spoor.*

Maar wanneer de Zaaier in 1909 dat gebaande spoor verlaat om dat van de afgestoten SDP (de latere CP) te volgen, beraden de vaderen van de SDAP zich twee jaar lang voor ze het opnieuw met een jeugdorganisatie onder deugdelijk toezicht wagen, die de AJC zou worden.

Het begin van de werkelijk vrije jeugdbeweging lag niet bij de rode, noch bij de christelijke, maar bij de blauwe jeugd, in de Kwekelingen Geheelonthouders Bond (1906). Ger Harmsen maakt in zijn *Rode en Blauwe Jeugd* overtuigend duidelijk, waarom de kweekschool de ideale bakermat voor de wijjongeren-mythe was. De veertienjarige kwekeling, bijna nog een kind, in een vaak onverschillig kosthuis ondergebracht, op zich zelf aangewezen en tegelijk als bursaal onder de strenge tucht van de school geplaatst, moest wel tot rebellie, geestelijke zelfverzorging en onderlinge aaneensluiting neigen. Naar zijn afkomst uit een cultuurloos, kleinburgerlijk milieu, soms een arbeidersmilieu, naar zijn toekomstverwachting bestemd voor een leidende rol als opvoeder, moest hij zijn groep als een sterk idealistische elite zien die de toegang tot de beschaving forceerde en tot verbazing van leermeesters en ouders de Tachtigers van buiten leerde. Het was in onze burgerlijke maatschappij wel onvermijdelijk, dat dit elitebesef bij een groep die in die maatschappij lang met het etiket halfintellect behept bleef, samenging met een zeker standsbesef en dat er dan ook pas een algemene Jongelieden Geheelonthoudersbond tot stand kwam, nadat een aantal aanloopjes om tezamen met studenten en m.o.-leerlingen een bond van 'studerenden' te vormen mislukt was. De jeugd-geheelonthoudersbonden omvatten veel meer dan dat éne negatieve ideaal: hoog de blauwe vaan! Men kan zeggen dat de Nederlandse schoolmeester binnen de KGOB onderwijzer is geworden en dat een belangrijke groep uit de kleinburger- en arbeidersjeugd er de saamhorigheid, de vriendschappen-voor-het-leven, het contact met de cultuur en met de natuur (Heimans en Thijsse) en vooral het zelfbesef als jeugd, als mens en als een soort elite leerde kennen dat voordien het voorrecht van de studentenwereld was geweest.

In het begin van de eeuw waren opnieuw een paar hoekstenen losgewrikt uit de burcht van het patriarchaat. Nadat in het laatste kwart van de negentiende eeuw de opstandige jeugd op de drempel van de volwassenheid zijn requisitoir tegen de vader in de literatuur had ondergebracht, kwam nu het kind, zij het dan nog vertegenwoordigd door ouderen, aan het woord. In 1904 begon het succes van Barries eindeloos gespeeld en toegejuichte stuk *Peter Pan*, met de uitdagende ondertitel: 'the boy that would not grow up' en de regieaanwijzing: 'Alle medespelenden, volwassenen zowel als kinderen, moeten de kijk van een kind op het leven hebben als enig sieraad.' Het speelse beeldje van Peter Pan siert nog altijd Kensington Gardens. Het kinderboek begon ook bij ons de pedagogische allure af te leggen en werd vanuit het jeugdaspect geschreven: Kieviet, Top Naeff. En zelfs het schoolleesboek verloor zijn belerend aspect: *Ot en Sien*.

De tweede hoeksteen: in diezelfde jaren begon een groep scholieren van een Berlijns gymnasium een soort terug-naar-de-natuur-actie onder leiding van een jonge student, die tot de 'Wandervogel' zou uitgroeien. Om kritiek, zoal geen verbod van de schooldirectie te voorkomen bleek het noodzakelijk een beroep te doen op een stel voor iets nieuws toegankelijke 'ouderen en wijzeren' die als een nominaal bestuur optraden. Dat er wel iets in de lucht zat dat de vaders tot verweer maande, bewijst het ongeveer gelijktijdig ontstaan van de padvinderij in Engeland, aan de Wandervogel verwant in zijn anti-intellectualistische doe-het-zelf- en terug-tot-de-natuur-houding, maar totaal anders in zijn oorsprong en organisatievorm.

Baden Powell had in de Boerenoorlog een grote bewondering opgedaan voor de geharde 'jonge verkenners van Christiaan de Wet' die een geducht scherpschutterhulpkorps van zijn aanvankelijk verachte tegenstanders vormden. Naar dat voorbeeld wilde hij een jeugdorganisatie opzetten. Deze oorsprong van zijn schepping: de padvinderij is later wat verdonkeremaand, toen er een wereldorganisatie van flinke jongens, stoere knapen uit gegroeid was met een zachtzinnige militaire, nationalistische en religieuze inslag.

Een diepe voor tussen jeugd en ouderen trok de Eerste Wereldoorlog. Zelden is zo hard en bitter door de jeugd over de voorafgaanden gesproken en geschreven als door de zich verbroederende jongens-in-de-loopgraven over de zich veilig stellende gebalkte en gestreepte meerderen en de hoge heren van het 'thuisfront'.

In een reeks naoorlogse boeken is de bittere haat tegen de ouderen die 'an allem Schuld' waren, uitgeraasd. Opmerkelijk is, dat de schrijvers van die oorlogsromans, toen hun boeken uitkwamen toch al bij of over de dertig, zich volkomen identificeren met de 'jongens' die buiten hun verantwoording een rol in het gruwelijk drama gespeeld hadden. Zij haastten zich niet over de drempel te stappen, maar bleven aan 'deze kant' staan. Het generatieconflict dat hier doorbrak is wel het scherpst verbeeld in Louis Guilloux' *Le sang noir*, dat zich niet alleen tegen de oorlogsleiders keert, maar vooral ook tegen de veilig achter het front van vaderlandsliefde delirerende ouders, gloriënd in de vermeende heldendaden van hun zoons (die zelf de misère van het heldendom al lang doorhadden) of vol schaamte wegduikend over de 'schande' om de enkele werkelijke held onder de offers van hun trots die de moed had zijn leven te verspelen in het verzet tegen de zinloze slachting.

Een Duits jeugdmanifest van 1919 begon als volgt: 'Kameraden! Wij zijn één in onze haat tegen de instellingen van dit leven en van deze tijd. Wij vragen ons af: wie draagt de schuld van dit leven, van deze instellingen, van deze cultuur? Wie hebben deze staten, deze scholen, deze kerken, deze politiek, deze pers op hun geweten? De volwassenen!'

Nederland bleef buiten de oorlog, en waar zou dat duidelijker blijken dan onder de eerste generatie die er elders zo zwaar door getroffen werd? Het was al te gemakkelijk de neutraliteit die in wezen toch een troef in het spel der mogendheden was – zoals die van Zwitserland in de Tweede Wereldoorlog – als een nationale deugd uit te spelen.

Sluik- en zwarte handel leverden genoeg op om de tevredenen tevreden te laten. Aardappelrelletjes groeiden niet tot politiek verzet uit dat stimulerend had kunnen werken op een radicale jeugd die gedesillusioneerd was door het bankroet van de Tweede Internationale. Voor zover de jeugd onder de wapenen was, versufte ze in vier jaar uitgesteld heldendom, en het was maar een smalle groep, zowel onder de arbeiders als onder de intellectuele jeugd die op de revolutiegolf van '17-'18 reageerde. Uit de studentenbladen van de oorlogsjaren valt nauwelijks af te lezen dát, laat staan wát voor een pandemonium er over Europa woedde. Er werd gestudeerd, aan sport gedaan, op een materieel iets lager niveau van de goede dingen des levens genoten en veel gesproken en 'bomen opgezet' bij dag en bij nacht over ethische, literaire, geestelijke (dat was meestal religieuze) en, ja, ook wel over sociale vraagstukken.

Zijn de 'gay and roaring twenties' inderdaad zo gay and roaring geweest, als men ons nu wil doen geloven, al was het alleen maar om er een flinke schep tv.-nostalgie uit te putten? Was het niet meer een vrij schamele music-hall-pret en hysterische, vreugdeloze danswoede, een periode waarin de illusies die de Wereldoorlog ons nog gelaten had, een voor een werden afgebroken: de stormachtige van de wereldrevolutie die vervluchtigde in de inzinking van de Duitse radenregeringen en de voorlopige stabilisatie in het Oosten, de bedaarde van de Volkenbond die in het oude diplomatieke vaarwater raakte en de te weinig strijdbare van het gebroken geweertje?

Was het 'gay and roaring'-karakter van de jaren twintig niet terug te voeren op het groeiend (zelf-)bewustzijn van de jeugd als een voorrangsgroep en kweekte dat niet een algemeen

sociaal patroon van (immers jeugdige) opgewektheid en dans-
lust. Hetzelfde zie-dat-je-er-bij-komt-streven dat we van de
sociale geledingen kennen, vertoonde zich in de leeftijdsgele-
dingen. Het verlangen jong te blijven was natuurlijk zo oud als
het menselijk bewustzijn en had zich verwezenlijkt in mythische wensdromen en schijnverjonging, met name bij de vrouw,
voor wie de jeugd een maatschappelijke, om niet te zeggen een
marktwaarde had. Maar nu zette het heimwee naar de 'gelukkige' jeugd zich om in een streven de grenzen der generaties
te verdoezelen door jeugdig voorkomen en gedrag. De scheids-
lijnen van de generatiekleding verdwijnen, zoals die van de
standskleding, mede onder de druk van de confectie-industrie,
verdwenen waren: de modeontwerpers kunnen nog zoveel
'jeugdige' modellen lanceren, morgen komen ze er een grijze
golfer in tegen of een nog slanke en vieve, of eventueel ook een
dikke grootmoeder. De modellen voor de 'middelbare leeftijd'
(ouder zijn er niet) of 'volslanken' zijn voor cent-kilo's bedoeld.

De grote desillusie van na de Tweede Wereldoorlog was, dat
van het aangekondigde 'herstel en vernieuwing' alleen het
herstel aan de orde kwam. Maar voor wie nu van ons standpunt in de eeuw terugblikt, wordt het duidelijk, dat dat herstel,
dat de tweede restauratie omstreeks '20, in ons land al met de
'vergissing van Troelstra' inzette. De golf van chauvinisme
die daarop losbarstte, bracht geen gezond klimaat voor jeugdactiviteiten. Chauvinisme is als zodanig patriarchaal, al loopt
de jeugd gemakkelijk achter de vaandels de straat op.

In West-Europa smoorde de grote crisis die op het eind van
de jaren twintig losbrak alle jeugdrebellie: de jonge arbeiders
niet alleen, maar ook de onderwijzers, lang – voor een deel
althans – een radicale, 'rode' groep, en de academici die ooit
aan de slag hoopten te komen, dienden zich koest te houden.
De 'revolutionaire' intellectuelen- en studentengroepen van

omstreeks 1920 waren in de wind verstoven, en de oud-leden ervan zeiden 'weet je nog wel', als ze elkaar tegenkwamen. De universitaire naoorlogse jeugd was misschien nog meer bevreesd zich te compromitteren dan de met werkeloosheid bedreigde arbeidersjeugd. De student 'deed niet aan politiek', het waren maar kleine groepjes die zich op de uiterste vleugels, en dan uiteraard zeer actief, weerden: fascisten van het verbeten-rancuneuze of opportunistische type tegenover felle anti's. De studentenwereld van de jaren dertig toonde typische restauratietrekken: een schrale maatschappelijke en politieke belangstelling, een conformistische behoudzucht ten aanzien van academische tradities en ook intern een ontbreken van iedere neiging tot vernieuwend ingrijpen. Het corps handhaafde ongestoord zijn status, zij het dat het aantal leden tegen het oplopen van het aantal studenten in zakte. Maar het imago van de student bleef de een tikje arrogante, de wie-doet-me-wat corpsstudent, en de 'arme' student streefde ernaar niet als zodanig kenbaar te zijn.

Een antifeministische golf kwam omhoog, niet in organisatorische vorm, maar in de pers en in brochures, in de (dames-) roman vooral die op een bedenkelijke wijze ons literair proza ging overheersen. Vrouwenrecht en -onrecht kwamen daarin weinig ter sprake, het kiesrecht en de veroverde betere werkkansen voor de geschoolde vrouw werden als de grote desillusies afgedaan. Het ging erom vooral de jónge vrouw te overtuigen, dat ze haar bekoorlijkheid (sex appeal zei men toen nog niet), haar 'vrouwelijk' wezen en 'charme' en vooral haar 'geluk' verspeelde, dat voor haar voor het grijpen lag in een beschermd bestaan in de armen van een goed gesitueerde manlijke man, ter wille van een schotel emancipatielinzen. Het 'geluk' was een veel voorkomend woord in de roman dier dagen.

Er was minder dan ooit sprake van die zusterlijke gemeenschap van alle vrouwen die nooit anders dan een droom geweest was. Ook in socialistische kringen sprak het in de crisisperiode vanzelf dat de vrouw op de ingekrompen arbeidsmarkt de man voorrang liet en zich beperkte tot slecht betaald huishoudelijk werk en dito zwarte thuisarbeid in de confectie-industrie. En even 'natuurlijk' was het dat de vrouwelijke arbeidersjeugd nog minder scholing kreeg dan de manlijke.

De maatschappelijke houding van West-Europa in het algemeen in het tweede kwart van de eeuw laat zich het best omschrijven als angst: angst voor een uit de hand gelopen economie, angst voor de Tweede Wereldoorlog als een niet te keren dreigend natuurverschijnsel, angst voor 'de Rus' die men hier en ook bij voorbeeld in Engeland als een veel reëler gevaar zag dan Hitler. De Führer meende men al te lang als een lachertje te kunnen afdoen of wel als een tegenwicht, dat men listig zou kunnen uitspelen tegen 'de Rus'. Angst voor de 'opstandige, de losgeslagen' jeugd bij de ouderen, angst uit onzekerheid bij de jeugd zelf. Is het niet al te begrijpelijk, dat velen weer tasten naar de vaderhand?

Niet minder duidelijk is, dat dit tot een terugslag moest leiden in de verhouding der generaties die zich, zoals we zagen, sinds omtrent het begin van de eeuw niet langer als een persoonlijk-familiaal, maar als een sociaal probleem voordeed in de naar zelfstandigheid strevende organisatie van de half-volwassen jeugd. 'De geschiedenis herhaalt zich.' Ja, maar dan toch op zijn best in verre gelijkenissen die ons begrip wat kunnen verhelderen, maar zelden een richting wijzen. Wij waren voor we het wisten in de loop van de jaren twintig in een tweede restauratie-periode geraakt, en wie omstreeks '25 daartegen begon te sputteren – en meer dan sputteren werd het nauwelijks in de kleine kring van nog onderling verdeelde links radicalen – had er geen voorstelling van, dat we tot de jaren zestig daarin zouden wegzakken.

Van het hele complex van oorzaken dat in die jaren op het verbijsterend verschijnsel van het fascisme uitliep, valt er hier maar één binnen ons gezichtsveld: datzelfde uit angst en onzekerheid geboren verlangen naar de vaderhand dat in de eerste restauratie tot een opbloei van het godsdienstig leven had geleid. Maar de Kerk van begin '20 was niet die van begin negentiende eeuw, en God-de-Vader was niet de enige vader meer. Het verschijnsel dat hele volkeren zich lieten verblinden door het fascisme is nog in de verte niet aan een restloze verklaring toe, maar het is er nog altijd en we kunnen dus voortgaan met het te bestuderen. Het meest doorzichtig is wel, dat de nog zo jeugdige oud-soldaten van het verslagen Duitse leger, al of niet invalide, werkeloze arbeiders, in de knel geraakte kleine boeren en middenstanders, teleurgestelden in wat de opmars van de sociaal-democratie had geschenen en in een Kerk waarin alle 'onrust' verstard was, als een verdoold kind op een donkere weg de hand van de Führer hadden gegrepen. Ook niet onbegrijpelijk is, dat toen de beweging eenmaal op gang kwam, een aantal streberische en in hun eerzucht teleurgestelde intellectuelen zich gingen afvragen of met het nieuwe klimaat geen gunstige wind in hun zeiltjes zou kunnen blazen. Het moeilijkst te begrijpen zijn zij – en het waren hoofdzakelijk jonge intellectuelen – die in de jaren twintig en dertig uit 'idealisme' meer de idee van het fascisme dan de wat rumoerige figuur van Mussolini, meer de idee van het nationaal-socialisme dan de – wat kleinburgerlijke – figuur van de Führer aanhingen.

Liever dan dat zweverige woord 'idealisme' te gebruiken (waar we nog op terugkomen), spreken we van de heilige 'onrust' die zich ook binnen de behoudende wereld manifesteert in een groep jonge literaten van katholieken en gereformeerden huize in de jaren twintig.

In de bloeitijd van het liberalisme was een invloedrijke intellectuele groep buiten de Kerk komen te staan en de kerkelijke massa's waren vastgelopen in een verstarde dogmatiek, een strenge isolatie die zich voordeed als een knusse beslotenheid in een kleinburgerlijk leefpatroon dat de jeugd ver hield van sport en alles wat met frisse lucht en water te maken had en waarbinnen een kwijnende kunstzin zich moest uitleven aan devotie-galanterieën, geborduurde spreuken en een waters- en zielenood-lectuur die bewust afstand hield van de literatuur, sinds Tachtig immers een overwegend areligieuze, nonconformistische en antipatriarchale aangelegenheid.

In de Europese literatuur van na 1900 herstellen een aantal begaafde dichters, merkwaardigerwijs vaak bekeerlingen en typische restauratie-figuren wat men het confessioneel gezag in de literatuur zou kunnen noemen: Claudel, Julien Green, T. S. Eliot en anderen. Min of meer door hen geïnspireerd stellen zich bij ons in de jaren twintig een aantal katholieke en 'christelijke' schrijvers op, nog wel onderling waterdicht gescheiden in hun bladen: *Roeping*, *De Gemeenschap* en *Opwaartse Wegen*. Zij strijden naar twee kanten: enerzijds tegen het kerkelijk patriarchaat dat in feite als een censuur werkt: bij de katholieken als een erkend instituut, bij de protestanten door de dwang van het 'menselijk opzicht'. Aan de andere kant tegen de kleinburgerlijke smakeloosheid, waarvoor alle kunst een verdachte zaak was en tegen een door de Kerk gewaarmerkte zedelijkheid die vooral een zaak van roklengte en de badnummers van *Het Leven* leek te zijn, tegen een door dominee en pastoor beredderd geestelijk leven, waaraan meer gelovigheid dan geloof en meer ootmoed dan denkmoed te pas kwam.

Hun tragiek, als we dat zware woord mogen gebruiken voor een soort anachronisme van de historie zelf, was dat ze te vroeg en te laat kwamen. Te laat om een revival van het christelijk geloof in de literatuur te wekken: Gossaert was geen Bilderdijk, en de profetische allure stond Da Costa beter dan Van Duinkerken. Te vroeg, omdat de tijd én de Kerk in de hele westerse wereld nog niet rijp was voor een doorbraak van het verstarde geloofsleven naar het vlak van de maatschappelijke onrust. Zo kon hun met jeugdige uitdagendheid ingezet elan niet langer duren dan de eigen jeugd. Ze bereikten hoogstens – wat altijd nog de moeite waard was – een soort literaire emancipatie van de kleine luiden, naast de politieke die Kuyper en Schaepman tot stand hadden gebracht en die parallel liep aan de – voorzichtige en afgeremde – beeldenstorm van enkele jonge beeldende kunstenaars tegen de kerk-'versiering'.

Na de Eerste Wereldoorlog en de revoluties in Rusland, Hongarije en Duitsland die erop volgden, maakten de ouderen in de westerse wereld zich ernstige zorgen over de jeugd. Die zorgen waren zowel ethisch-religieus als politiek van aard en veel meer gericht op dé jeugd als geheel en niet uitsluitend op de verwaarloosde, de misdeelde, enzovoort jeugd, op wat men in de negentiende eeuw de kinderen der armen had genoemd.

De jeugd in de oorlogvoerende landen voelde zich verraden en verkocht door de 'vaders', de familiebanden waren verslapt: opmerkelijk was, dat het rouw dragen, tijdens de oorlog door gebrek aan materiaal teruggedrongen, daarna plotseling ondanks zoveel smartelijke verliezen uit de tijd bleek te zijn. Er werd uitvoerig geschreven en gesproken over de losgeslagen, de verwilderde jeugd, en het merkteken van de verwildering was de danswoede. 'Waar schuiven we heen? Een ernstig woord aan ouders en opvoeders,' schreef in een veelverbreide brochure een lyceumrector die kennelijk op een schoolbal onthutst de passen van een turkey trot had gevolgd. Waarom juist de dans? Vroeger had men in de eerste plaats de 'arme' jeugd voor twee verleidingen moeten behoeden: drankzucht en oneerlijkheid, waarvan met name de laatste een bedreiging van de gezeten burger vormde en dan ook drastisch zwaar gestraft werd: tot het eind van de vorige eeuw werden in Engeland stropers opgehangen. Diefstal was voor 'onze' jeugd in de klasse die tot voor kort de opvoeding praktisch gemonopoliseerd had, nauwelijks een verleiding, en verder ... il faut que jeunesse se passe. Maar in de gedemocratiseerde danswoede snoof men niet zonder grond de bedreiging van een ander taboe: dat van de beteugeling van de 'seksuele lusten'. De beide jeugdorganisaties die de oorlog overleefd hadden, pasten beter in het patroon van de restauratie dan in dat van een toenemende verzelfstandiging van de jeugd. De tot vrome heldenmoed en kloeke zelfhulp geïndoctrineerde padvinder – wat tenslotte toch baanbreker betekent! – liep als welpje aan de hand van zijn akela en keek later met vaak dwepende eerbied naar zijn hopman op. De recalcitrante Wandervögel, de enthousiaste volgelingen van de 'gekke Karl Fischer', hadden het niet kunnen laten hun voorganger omhoog te duwen in een Führerrol met al de autoriteit en het charisma die daarbij hoorden, een gematigd voorspel van wat in de jaren twintig en dertig zou volgen, wanneer zij, evenals de Duitse padvinderij, in de Hitlerjeugd zouden opgaan. Voor de hele, al te gezagsgetrouw en nationalistisch opgevoede jeugd van het ontredderde Duitsland moest de keuze tussen 'de anarchie van het vaterlandslose communisme' en de vaderhand van de rattenvanger wel ten gunste van de nieuwe orde uitvallen, die dan in ieder geval het voordeel had nieuw te heten.

Uit de literatuur van de jaren twintig valt een diepe depressie af te lezen onder de intellectuele jeugd van de overwinnaarslanden. Niemand wist beter dan zij die de loopgraven overleefd hadden, dat oorlogen niet meer gewonnen worden. Al te ruw waren ze gewekt uit die indian summer van geestelijke vrijheid en materiële zorgeloosheid waarin zij geleefd hadden onder de vriendelijke hoede van een langzaam verkruimelend patriarchaat. Juist voor de intelligentsten en meest illusionistischen van deze en de volgende generatie was het onmogelijk achter de vaders aan terug te stappen in het – onverschillig conservatieve of liberale – pad van voor '14. Bloedige ernst zo goed als cynische zucht tot koketteren met gevaar en nonconformisme dreef hen, we moeten eerder zeggen in de armen van de communistische idee dan naar het lidmaatschapsboekje van de communistische partij. Samen met een aantal van de ook al schaarse radicale jonge arbeiders van diverse nationaliteit vormden ze de Gideonsbende die zich uit de beklemming en de dadenloze onzekerheid van de jaren dertig losrukten om zich in de Spaanse burgeroorlog te storten en daar of hun leven of hun desperaat geloof te verliezen. Tien jaar later verzamelden een groep teleurgestelden hun ervaringen op deze queeste naar zekerheid in een boek waarvan de titel duidelijk hun motivering verried: *The God that failed.*

Het was in het neutraal gebleven Nederland toch ook wel in hoofdzaak de zorg om wat het Duits zo tekenend de Nachwuchs noemt, die ons politieke en sociale leven in de naoorlogsjaren zo onafwendbaar in het zuilenstelsel dreef. De triomf in de schoolstrijd heeft de confessionelen onder ons volk jarenlang in de gelegenheid gesteld hun kinderen af te scheiden van zo niet op te zetten tegen de kinderen van die andere school, 'die niks waren en dus naar de hel gingen'. En dat om deellijnen te trekken waar ze niet waren en niet hoorden te zijn: tussen de jeugd van één land, van één dorp, van één buurt, tussen mannen en vrouwen, meisjes en jongens, om die dan weer te verdoezelen en in compromissen te vervallen waar ze de Belangen in de weg stonden. De geschiedenis van de Nederlandse jeugd in de eerste helft van onze eeuw, zoals die van ons hele politieke, sociale en kerkelijke (dan wel onkerkelijke) leven laat zich aflezen aan het – ondanks rechtse stembussuccessen – uitslijten van de irreële en het accentueren van de reële, de maatschappelijke deellijnen.

Het moet de politiek linkse organisaties na de schoolstrijd, zoal niet eerder, duidelijk geworden zijn, dat de openbare school geen partij was voor de confessionele, omdat ze helemaal geen 'partij' was en het ook niet zijn zou. Toch is er alle reden om aan te nemen, dat het niet om verweer tegen rechts ging, niet om de jeugd een socialistisch evangelie voor te houden tegenover het kerkelijk, toen in 1920 de SDAP er zich op ging bezinnen, dat de in 1911 gevormde jeugdorganisatie vanwege een weinig inspirerende voogdij geen levensvatbaarheid had getoond. De AJC die met Koos Vorrink als gangmaker omhoog kwam, was er vóór alles op gericht de arbeidersjeugd te onttrekken aan de invloed van de revolutie – van rechts en links, want het was tactisch van belang fascisme en communisme tot tweeling-vijand te maken – en haar voor verdere radicalisering te behoeden. In de tweede plaats, maar ook als middel om het eerste te bereiken, kwam wat de AJC binnen enkele jaren zijn 'gezicht' zou geven: een tegenwicht vormen voor de invloed van 'de straat, de stad', tegen 'de zedenverwildering van de burgerlijk-kapitalistische maatschappij', een term waaronder zich alle uitwassen, maar ook een aantal – soms ook voor de SDAP schokkende – vernieuwingen in het wereldbestel lieten onderbrengen. Het grote doel waarvoor honderden jeugdleiders in de AJC geen moeite of tijd spaarden, lag meer in het voetspoor van de Wandervögel – via de Duitse socialistische jeugdorganisatie – en van Heimans en Thijsse, dan in dat van de grote socialistische voorgangers: een, als zodanig bewuste elite uit de arbeidersjeugd uit de geestelijk en stoffelijk verpeste stadatmosfeer tot een recreatief leven-in-de-natuur brengen. Zo sterk overwoog deze uitwijkgedachte, dat de AJC nooit contact kreeg met die andere vorm van steedse jeugdrecreatie: het balletje trappen op braakliggende stadsrandterreinen, waaruit de massale volkssport zou ontstaan. Maar ook niet met scholing in de leer of de strijdmethoden van het socialisme en zijn marxistische grondslagen: de AJC was niet betrokken bij de Twentse textielstakingen aan het eind van de jaren twintig of bij de 'Jordaanrelletjes' van '34. En op de Paasheuvel werden geen strijdliederen gezongen, maar 'wij zijn jong en dat is fijn'. Geen wonder dat de oudere AJC-er enige moeite had met zijn overstap naar 'de' partij en zo lang mogelijk in een leidersrol de zevensprong meedanste en het liedje van verlangen zong.

Wie een vluchtige blik laat gaan over het jeugdorganisatie-
wezen in de eerste periode, ongeveer '18 tot '40, van wat
we de tweede restauratie hebben genoemd, zou gemakkelijk
kunnen geloven in een indrukwekkende opkomst van het
jeugdgezag. Ruim baan op straten en wegen voor het kleurig
vlagvertoon en de daverende marsliederen van AJC-ers, Ka-
jotters, Jonge Wachters et cetera, en, altijd nog wat gedempter,
wat meer in het stemmig zwart, dat traag overgaat in witte
blouses met lange mouwen: de christelijke jongelingen- en
jonge-meisjesverenigingen, Oranje Garde, enzovoort.

Bij nauwkeuriger toezien wordt het duidelijk, dat alle jeugdorganisaties onder leiding of toezicht van ouderen (in kerk en/
of politieke partij) staat, dat de linkse groepen weliswaar geen
absoluut kerkelijk of ouderlijk gezag kennen en lossere opvattingen hebben over een aantal traditionele regels omtrent menselijk en maatschappelijk verkeer (verhouding van generaties
en seksen, omgangsvormen, kleding e.d.), maar dat in alle organisaties een zekere spanning bestaat tussen behoud en vernieuwing, dat het behoud voetje voor voetje terugwijkt op
punten van traditie en bereddering, uiterlijkheden, met name
in kleding, maar dat over de hele linie met het stijgen van de
internationale politieke spanning de eis van politiek conformisme en onderwerping aan de 'leiding' scherper wordt.

Het is niet gemakkelijk een totaalbeeld van de georganiseerde
jeugd te krijgen – de niet-georganiseerde was alleen 'grijpbaar'
voorzover ze met jeugdzorg, voogdijraad et cetera in aanraking
kwam – omdat er onderling weinig uitwisseling of contact was.
De nieuwe leef- en spelgewoonten van de 'vrije jeugdbeweging', waaruit ook het jeugdherbergwezen voortkwam, inclusief de AJC en VCJB, waren opvallender, hadden daardoor mogelijk meer verkapte invloed op de confessionelen. Intussen
'moeten we niet vergeten, dat de vrije jeugdbeweging . . . niet
meer dan twintigduizend jongeren heeft omvat. Aan de andere
kant was er de door volwassenen georganiseerde jeugdbewe-

ging met alle steun van de overheid en de kerken en noemt u maar op, die honderdduizenden omvatte' (G. Harmsen). Die overmacht moet ons wel doen besluiten, dat de wedijver meer remmend dan vernieuwend gewerkt heeft.

Modeprenten, al of niet koninklijke familieportretten of foto's van representatieve gezelschappen, in het kort al wat zich in een afbeelding presenteert aan een al of niet denkbeeldig publiek, doet al na een kwart eeuw bijna altijd onweerstaanbaar komisch aan. Niets bewijst dat zo duidelijk als de drie toch wel levensware en niet overtrokken bedoelde boekjes die in de jaren zestig een beeld schetsten van leven en bedrijf van onze drie zuilen: *Parade der Mannenbroeders, Het rijke roomse leven* en *De taaie rooie rakkers.* In alle drie neemt de jeugd, 'onze toekomst', een ruime plaats in.

Bij een vergelijking van de drie jeugdbeelden om langs die weg tot zo iets als een grootste gemene deler van de tussenoorlogse jeugd en haar verhouding tot de oudere generaties te komen, kunnen we een aantal traditionele jeugdige of voor de jeugd gewenste trekken als maatstaf nemen.

Om te beginnen: de jeugd is als zodanig vrolijk. Het is een wankele stelling die, als we de literatuur als spiegel nemen, sinds Werther meer opgaat voor wat vóór dan voor wat dóór de jeugd geschreven wordt, wat overigens ook geen volstrekt betrouwbare maatstaf is. Er zijn perioden van modieuze melancholie en cynisme in de literatuur, al zijn die dan ook weer niet volslagen uit de lucht gevallen. Alle uitingen van de AJC tonen ongetwijfeld de opgewekte sfeer van de recreatieve organisatie. Het gemengde karakter gaf een grotere losheid in de omgang, er werd veel gedanst (daar komen we nog op terug) en veel gezongen, altijd in majeur en in het marstempo van de vrolijke zwervers, geen schrille protestsongs, geen melancholieke spirituals of liefdessmartliederen, maar ook niets wat naar het cabaret, laat staan het politieke cabaret zweemde en vooral niets dubbelzinnigs.

De vrolijkheid is een teer punt, vooral omdat die duidelijk beïnvloed werd door de (meest verzwegen) kritiek over en weer van de jeugdorganisaties. Dionysisch van karakter was ze nergens: de afwijzing van de danswoede en de daarbij horende muziek was een van de weinige punten van volstrekte eensgezindheid. De christelijken hadden er de meeste moeite mee. In '22 moet er een full page portret en een citaat van A. Kuyper plus 'gaarne een inleidend woord, maar niet zonder vreze' van Colijn aan te pas komen om het anti-revolutionair humoristisch-satiriek weekblad *De houten Pomp* als concurrent naast de *Notenkraker* te plaatsen, wel geen jeugdblad, maar toch kennelijk op belangstelling uit die hoek gericht. En *De Standaard* kwezelt dat 'het niet kan schaden, als nu en dan een gulle lach de droefkreukels van ons ernstig gelaat ontrimpelt.' Vooral de intellectuele confessionele jeugd streeft naar en laat zich graag voorstaan op een zekere spanning tussen uitbundigheid en ernst, met name in studentenkampen. Zijn zij niet de toekomstige leiders der maatschappij? Kunnen ze zich dan geheel onttrekken aan het sociale levenspatroon waartoe zij behoren?

In een wikkend-en-wegende beschouwing van mr. Anema (1921) wordt een voorzichtige verschuiving naar liberalisatie niet afgewezen – want principieel christelijk is niet alleen alles wat oud en conservatief is – maar wel daarbij een gevaarlijke scheiding tussen het eenvoudige christenvolk en de intellectuele jeugd gesignaleerd. Pijnlijker was, dat het niet alleen een tegenstelling was tussen eenvoudig van geest en geschoold, maar ook een in (wel)stand. De in de tussenoorlogse periode snel uit de kerkelijke kleine burgerij groeiende intellectuele middenstand kon het niet ontgaan, dat ons patriciaat (ook het christelijk en het hof incluis) geen bezwaar toonde tegen de schouwburg en de salondans of dat een door het rooms-katholieke blad *Mannen-adel en vrouwen-eer* als 'onbetamelijk' verworpen, te lage halslijn van een damesjapon op een ontvangst ten hove teruggewezen zou worden als te hoog en dus 'ongekleed'. Het geliberaliseerde intellect liet zich niet binden aan gecensureerde christelijke lectuur en beeldjeswinkel- en spreuken-'kunst' of aan de kerkeraadsbezwaren tegen een Mattheuspassion met een lutherse tekst. En het jonge confessionele intellect ging zich meer thuisvoelen in die wereld dan bij de mannenbroeders. Maar in '22 constateert een christelijke huisvader tot zijn ontsteltenis, dat zijn kinderen bij het christelijk middelbaar onderwijs 'de eertijds in onze kring gevloekte school van '80' voorgeschoteld krijgen.

Na de Eerste Wereldoorlog wijkt het groepsportret van het vu-studentendispuut (glas en fles in de hand en hier en daar een schuchter meisje ertussen) geleidelijk af van dat van de christelijke jongelingenvereniging rondom het roodfluwelen geborduurde vaandel geschaard. In '20 komt er groot rumoer los over een lustrumfeest met opvoering van de klucht *De tante van Charley*. Opvallend daarbij is de algemene, maar in zijn argumentatie weifelende kritiek: 'toch liever niet in het openbaar', weliswaar zijn we 'niet zo kulturfeindlich om het hele toneel af te wijzen' en 'zowel geestelijk als geldelijk schadelijk voor onze universiteit', maar niet minder opvallend ook dat een protest tegen dreigende censuur van de studenten uitbleef. Alleen vu-student H. J. Pos schreef in het *algemeen* studentenblad *Minerva*, dat 'iedereen in de zaal zich geamuseerd had. Maar ...' En daarmee bleek dat de student Pos al de eerste stappen gezet had op de weg die hem van zijn gereformeerde jeugd zou wegvoeren.

De katholieke jeugdbeweging claimde de vrolijkheid als een soort geboorterecht. Had de moederkerk zich niet altijd tegenover de zwartgallige Reformatie opgesteld met de 'roomse blijheid' en met de binding van carnaval en aswoensdag. Vandaar dat een studentenkamp beschreven wordt als 'zo ernstig, zo jeugdig, zo blij, *omdat* het katholiek was'. Maar waren de kampen van ncsv en vcsb niet even ernstig-en-vrolijk omdat het ... studentenkampen waren?

Als iets het restauratie-karakter van de periode kenmerkt, dan is het wel het steeds weer aan de jeugd voorhouden en hooghouden van wat we maar het kuisheidsideaal zullen noemen. Het woord reinheid wordt in AJC-kringen evenzeer misbruikt als in confessionele. In de laatste ging dat gepaard met veel terechtwijzingen van de kerkelijke overheid en gekritikaster in de redactionele en ingezonden rubrieken van de pers (de jeugd moest 'behoed' worden, gemengd baden is 'spelen met vuur'), met discussies over de onzedelijkheid en het onbijbels karakter van kort of lang haar (van vrouwen dan nog), van vleeskleurige kousen, blote armen in de mis of corsettenadvertenties in kranten die in onze huiskamers kwamen, maar bij geloof en ongeloof leefde de dansvreugde zich óf niet óf op armlengte uit, en in reformatorische kringen gaat zowaar een juichkreet op bij een katholiek verbod tegen zinneprikkelende dansen (1924), dat vermoedelijk tijdens het carnaval wel opgeschort werd.

De advertenties waarmee een jong radicaal echtpaar van omstreeks 1900 in een radicaal blad liet weten dat ze een 'vrij huwelijk' gesloten hadden, waren verouderd. Daarmee was het 'vrije huwelijk' zelf niet verdwenen, maar dat heette 'samen hokken'. Zover dat in de jeugdbonden ter sprake kwam, waar ook, krijgt men de indruk dat er geen homofielen lid van waren, niet omdat ze uitgesloten waren, maar niet verondersteld werden te bestaan. De 'door velen zo luid aangeprezen seksuele voorlichting' (een 'mode-idee'), die na de eerste seksuele revolutie van omstreeks 1900 een ander karakter had gekregen dan de 'beschermende' van de achttiende-eeuwse pedagogen en waartegen in christelijke kringen waarschuwend de vinger wordt opgeheven als een van de vele bewijzen van zedenverwildering, was kennelijk ook taboe bij de AJC.

Er is veel zorg over zedenverwildering en zedenbederf ('van de jeugd' komt daar altijd en onvermijdelijk achteraan) bij . . . de oudere generatie, en het is merkwaardig dat zij die op de rots van het geloof bouwen juist de indruk maken een hopeloos

achterhoedegevecht te leveren in vloekredes en hevig bewogen
geschriften, waarin het kwaad van een tot misdaad en prostitu-
tie vervallen jeugd automatisch afgeschoven wordt op een
niet-roomse, niet-christelijke opvoeding, zonder dat daar statistieken over geraadpleegd worden, en op de zedelijk ver-
derfelijke literatuur, zonder dat de vraag rijst of de vlijtigste
lezers van welke lectuur ook onder de asfaltjeugd gevonden
worden. Het tegenwicht is schamel: de versleten en ongeloof-
waardige scheurkalenderverhaaltjes over treffende bekeringen
en de rampen van vrijages met ongelovigen, een IDIL die
hoogstens voor de rooms-katholieke 'volksleeszalen', maar niet
voor de rooms-katholieke geschoolde jeugd de kraan dicht
draait, een 'reveil' van jonge gelovige schrijvers – zie boven –
dat wel voor hen zelf een doorbraak naar de erkende literatuur
betekent, maar waarin zich het kerkvolk niet liet meenemen,
en een voorzichtige aanvaarding van de 'proletarische dichter',
die vreemde vogel: de (sociaal) protesterende protestant, de
jonge onderwijzer Henk van Randwijk. Bij de socialistische
jeugd, dat wil al weer zeggen bij de leiding, beluisteren we niet
die dreigende ondergang en alle-hens-aan-dek-stemming. Als
Koos Vorrink in 1920 de zaak in handen neemt, doet hij dat
in de eerste plaats omdat 'de jongeren altijd weer toeganke-
lijk bleken voor politiek radicalisme en de invloed van linkse
opposities', en het gaat in de AJC dan ook minder om politieke
strijd dan om de jeugd juist van die strijd af te houden in de opbouw van een stuk 'socialistische cultuur' en te doen 'uitgroeien
boven het ontwikkelings- en beschavingspeil der massa die
zich in onze kapitalistische wereld in hoofdzaak drijven laat
door haar slechte instincten'. Het woord 'zedenverwildering'
komt er niet aan te pas, maar hier spreekt wel hetzelfde streven. Niet om de jeugd op te wekken tot strijd tegen dat kapitalisme ter wille van zijn slachtoffer: 'de grote massa zonder geestelijke leiders stuurloos overgegeven aan haar blinde, rovende
en vernielende genotzucht', maar om een elite, een eigen kerk-

volk in een 'idealistische' sfeer voor 'invloeden' te bewaren. Idealisme, een stralend, een jong, een duister woord. Niet in de zin van het filosofisch idealisme, maar in die waarin het zo overdadig in onze eeuw gebruikt wordt. Het nieuwe equivalent van wat de Grieken 'kalos k'agathos' noemden en later eeuwen 'vroom en edel', maar dat niet als die oudere woorden een norm voor het heden is, maar voor de toekomst, voor wat wij willen, wat wij moeten kunnen bereiken. Het woord 'idealisme' is niet te vermijden voor wie zich met de jeugd en zeker met de jeugd in een restauratie-periode bezighoudt. Want geen woord is zo vastgebakken aan het begrip 'jeugd', en nooit wordt het zo ijdel gebruikt als in een tijd van herstel. Het was een dierbaar woord in de dadenloze discussies van de academische jeugd in de jaren van de Eerste Wereldoorlog. Dat bracht waarschijnlijk Jan Romein ertoe om in het studentenblad *Minerva* een artikel te schrijven over de 'gevaren van het idealisme'. Maar dat paste minder in de heersende stemming dan een uitspraak die Clara Meyer-Wichmann in 1911 neerschreef: 'Jonge mensen zijn zo heel veel beter dan oude. Zij leven nog zoveel innerlijker, zij zijn religieuzer. Bij hen is het zieleleven nog geheel overheersend. Het de overhand-nemen van de uitwendige schijn, die de filister "Het Werkelijke Leven" noemt, komt gemiddeld pas na het 25e jaar. Alle idealisme, alle streven "een goed mens te zijn" is jeugdig.'

Een uitspraak die onmiskenbaar een schakel markeert in het langzaam proces van gezagsverlies van het patriarchaat, en als zodanig van historische waarde. Maar is het waar? Is het psychologisch aanvaardbaar dat de gemiddelde mens omstreeks zijn vijfentwintigste jaar – iets toegespitst gezegd – van 'goed' 'slecht' wordt? Toch is het een voorstelling die vastgeroest zit in ons levensbeeld en in onze taal: de onschuld van het kind, kinderlijke tederheid, ongereptheid, eerlijkheid, een gemene oude vent, een vals oud wijf. (Maar nooit als vaste combinatie: een gemene jonge vent, een vals jong wijf.)

De onschuld van het kind? En de kleine valsknikkeraars, de kleine-broertjes-knijperds, de klikspaantjes, de schattige vleistertjes, ja, de autoritair krijsende baby? Zijn wij niet 'in zonde geboren' en betekent dat niet, dat we prenataal van de boom der kennis gesnoept hebben? En betekent dat niet dat we, met een variant op de sombere leer van de Kerk, geneigd zijn tot alle kwaad én tot alle goed, groeien in de kennis van goed en kwaad, dat wil zeggen listiger, uitgekiender, berekenender en eerzuchtiger kunnen worden, maar ook begrijpender, reëler en bescheidener in onze verwachtingen van de medemens, onbaatzuchtiger. Shakespeare – soms denk ik: heeft die man alles al geweten? – laat King Lear zeggen: 'so young and so untender,' en Cordelia, dat 'grijze kind': 'so young, my Lord, and true.'

Ik wil maar zeggen dat er veel misverstand bestaat over het idealisme van de jeugd, dat in wezen niets anders is dan het illusionisme van de onwetendheid. Een illusionisme dat moet afsterven, wanneer wij vroeg of laat een stuk maatschappelijke verantwoordelijkheid opgetast krijgen, – daarom leden en lijden de kinderen der armen er zelden aan – en wanneer wij met het toenemen der jaren groeien in kennis van goed én kwaad. Er bestaan wél enkele jonge én oude idealisten in de zin van mensen die een leven lang doorploeteren aan een misschien nooit te verwezenlijken taak, maar velen die zich blijvend zo noemen zijn in AJC of padvinderij blijven steken en gebruiken hun zeer hoge idealen als uitvlucht tegenover iedere aanspraak op hun betrokkenheid.

Wie de mens voor een in aanleg agressieve diersoort houdt, kan een overmaat van bewijsmateriaal putten uit de toepassing in woord en beeld van het begrip 'strijd' in het patroon van de jeugdbeweging. Wie verder duikt, realiseert zich dat dat begrip ook overvloedig gehanteerd wordt in alle nationalistisch onderwijs – en welk onderwijs is dat niet – en dat het een veel grotere rol speelt in de kerkelijke organisaties dan in de socialistische, nota bene steevast gedoodverfd als vervuld van de klassen*strijd*. Dat voert om te beginnen tot de voorzichtige conclusie dat het hier minder om spontane spanningsuitbarstingen van een zelfstandige jeugd gaat dan om indoctrinatie. En in de tweede plaats tot de vraag, waar komt dit vandaan? Wat de AJC betreft moeten we niet vergeten dat het een typisch restauratie-produkt was, voortvloeiend uit de neiging tot afdempen of althans afbuigen van de zich baanbrekende krachten van de voorafgaande periode. Wat nog niet hoeft te betekenen dat de AJC, met name in zijn buitenlucht-cultuur, niet iets nieuws bracht. Voor de kerkelijke groepen ging het meer om handhaven, om het behoud, ook het behoud van de nog pas verworven en daardoor in eigen besef nog niet veilig gestelde emancipatie. In de AJC kon een – voorzichtig antichauvinisme en vredesideaal kiemen, die beide een ondergraving van het gezag inhouden; het lag in de lijn – en in het belang – van de katholieken en antirevolutionairen (Abram Kuypers 'kleine luiden') om bij de nieuwe generatie het elan levend te houden van de allang gewonnen emancipatiestrijd: de schoolstrijd was beslecht en sinds '18 volgde het ene confessionele kabinet het andere. Zowel het behoudend-defensieve karakter als dat opgedreven elan van de 'strijd' komt duidelijk naar voren in de archaïsche ver-beeld-ing die ervan wordt aangeboden in woord en illustratie. Het wemelt van kruisvaarder-ridders, -vlaggen, -legers, van draken, herauten, legioenen en harnassen; rondom de graal, middeleeuws symbool van de zuivere jeugd, scharen zich de Graal-'cadetten' in een 'wapenschouw'. Het woord macht ligt in de mond van alle feestredenaars bestorven, en voor Christus-*koning*, de *Koning* der Eeuwen, en Maria de hemel*koningin* wordt meer (patriarchale!) devotie opgeroepen dan voor de timmerman van Nazareth. De christelijke partijgangers storten zich niet zo vurig in de middeleeuwse symboliek, maar ook op hun verkiezingsbiljetten ontbreken de draken en herauten niet, die verondersteld worden de so wie so romantische jeugd aan te spreken. Beide partijen zitten omhoog met het probleem dat het heldendom zich gemakkelijk laat incarneren in een ridder en desnoods in een werker (zie 'De Dokwerker') of Colijn (vermomd met zuidwester als de betrouwbare loods aan het roer), maar niet in de gestalte van de burgerheer, zelfs al is het een heeroom (zie het standbeeld van Schaepman in Tubbergen: een autoritair en buikig heer in priestergewaad).

Een algemene restauratie-trek ten slotte van de jeugdbeweging in de tussenoorlogse jaren is de neiging tot afsluiting naar buiten die uiteraard overwegend het karakter heeft van afscherming door de leiders en die zich het scherpst aftekent bij de confessionelen, waar ze op een oude traditie berust. Toch valt de afgeslotenheid binnen de eigen subcultuur van de AJC tegenover de 'straatjeugd' en de 'bekrompenheid' van het kerkelijk denken niet te onderschatten, als is het meer een afzondering in elitebesef en wat minder binnen voorschriften, verboden, taboes of censuur.

Maar ieder historisch verloop, ook dat van de restauratie, kent zijn contrapunt, zijn half-ondergrondse tegenbeweging. Die kwam op twee wijzen aan de oppervlakte: in de al genoemde onrust, alweer die 'heilige' onrust, die opvlamde in de kritiek van de jonge confessionele literaten tegen hypocrisie en kleinburgerlijke biedermeier-geest in de kerkelijke wereld, en overal waar de groei van techniek en organisatie de jeugd in 'de wereld' betrok en met name het taboe van de zondagsheiliging doorbrak: het gemechaniseerd verkeer, de radio, de sport. Merkwaardig is dat de sport bij de 'moderne' AJC, waar er blijkbaar iets als 'brood en spelen' in geproefd werd, even weinig in tel was als bij de kerkelijke jeugd, voor wie sport eenvoudig 'van de wereld' was en onvermijdelijk verwant aan oneerbare kleding, zo niet de 'naaktloperij van het zwembad'. De AJC wandelde, fietste, volksdanste, maar geen sportterreinen bij de Paasheuvel. Men kan moeilijk zeggen, dat de natuur sterker was dan de leer: het ging meer om een wereldwijde golf van wat men recreatie-conformisme zou kunnen noemen, die onweerstaanbaar was. Om die nog halfweg te weren paste men zich aan in rooms-katholieke voetbalclubs enzovoort. Tot in onze tijd toe smeult hier en daar in een zwarte-kousengemeente een achterhoedegevecht over voetballen op zondag en het hangslot op het gemeentelijk zwembad, dat na lang dralen is aangelegd.

Onze verzuilde radio is een schoolvoorbeeld van waartoe een patriarchaat in het defensief in een zo sectarisch vrijgevochten land als het onze komt en hoe het daarmee de resten van het eigen gezag ondergraaft. Zodra zich de mogelijkheid opende van een exploiteerbare radiouitzending, rees het probleem van de zendtijdverdeling: de AVRO is van 1923, de NCRV van 1924, de KRO van 1925 en de VPRO van 1926. Het zou de moeite lonen een vergelijkende studie te schrijven van het gezags- en gezichtsverlies van het patriarchaat en het concurrerend veld winnen van 'de jeugd' in de vier omroepen, zoals die zich laten aflezen in meer sport, meer jazz- en popmuziek, meer, vaak harde, voorlichting, meer spot, meer seks, meer geweld, meer openheid en minder kerkdiensten, dagopeningen en avondsluitingen, minder stichtelijkheid en zedelijk onderricht, met een steeds grotere onderlinge verwisselbaarheid van de programma's en als voorlopig slot het dieptepunt van de 'Evangelische' Omroep die als een 'morgenster' al het afgekeurde christelijke materiaal weer uit de afvalbakken heeft gevist en dat zo weinig evangelisch opdient. En het moeilijkste hoofdstuk van die studie zou moeten uitmaken in hoeverre we dan een strakke deellijn tussen jonge bokken en oude schapen hebben getrokken.

Oorlogen doen altijd weer een beroep op de jeugd, op de 'weerbare mannen' met of zonder stemrecht, op grond van zorgvuldig aangekweekte loyaliteiten (vaderlandsliefde, geloof, etc.) en vaak niet minder gestimuleerde vijandschappen. Op dat punt stonden de Duitsers in '39 sterker dan de geallieerden. Zij hadden hun jeugd zorgvuldig op de oorlog geconditioneerd. De geallieerden daarentegen moesten in september '39 omschakelen van een anti-sowjet op een anti-nazi, van een anti-Russische op een anti-Duitse mentaliteit en dat waar maken tegenover een jeugd die zich sinds '14 op de zinloosheid van iedere oorlog had kunnen bezinnen. Zelden zijn legers met minder overtuiging in het vuur gegaan dan in '39-'40. Het Nederlandse leger kreeg nauwelijks de tijd mentaal op de nieuwe situatie over te schakelen. Onze oorlog werd er niet een van krijgsbedrijven, maar van verzet. Daarin werden de bestaande tegenstellingen tijdelijk opgeschort, ook die van de generaties. De leiding van de verzetsacties was niet aan ouderen en wijzeren voorbehouden; die zouden pas op het eind van de oorlog het gezag aan zich trekken, toen ze door jeugdige overmoed de orde bedreigd zagen. De – toch wel bij uitstek jeugdige – zucht naar spanning en avontuur heeft in het verzet waarschijnlijk meer uitlaat gevonden dan in een gedisciplineerd modern leger mogelijk was geweest. Maar na '45 zou blijken, dat de oorlog ten aanzien van alle bestaande tegenstellingen, ook die van de generaties, niet meer dan een luguber intermezzo was geweest.

Hoeveel mensen van tussen de 40 en 50 hebben niet tijdens de bezetting zich zo actief, zo verjongd, zo vrij, ja, zo vrij gevoeld en hoevelen van hen hebben niet na '45 moeite gehad om weer terug te keren in de oude baan van een ambtenaar van middelbare leeftijd, in het gareel van het oude gezin? En hoevelen hebben niet getracht een 'nieuw, jong leven' te beginnen? Hoevelen van onder de twintig zijn in de oorlogsjaren niet van de ene dag op de andere volwassen geworden, zelfstandig, en soms ook gehard en cynisch, om dan in '45 te blijven staan voor de vraag of het allemaal nog wel zin had?

Hoeveel ouders, brave, niet tirannieke, zorgzame ouders hebben in die jaren op een donkere winteravond, wit van angst en drift, hun kind van achttien, zeventien, zestien toegeschreeuwd: 'En ik wil niet dat je . . .' en zijn op een stoel neergezakt, hebben lang gezwegen en toen zich mokkend afgewend of gezegd: 'Je bent een volwassen mens geworden, ik moet je volwassen besluit eerbiedigen,' en hebben ze de duisternis en het gevaar tegemoet zien gaan?

Ik weet wel, dat was een kleine groep, een elite als men wil, maar dat is de groep die een periode zijn geestesmerk opdrukt altijd. Alle menselijke eigenschappen, positieve en negatieve, namen in de oorlog indrukwekkende, beangstigende en soms ook regelrecht groteske trekken aan. Branies leverden haastig hun radio in en werden onopvallende meelopers, en onopvallende kantoorbedienden werden helden. Er waren mensen die ter wille van een stunt hun leven weggooiden, en er waren er die nu – voorzichtig – de in de vorige oorlog gemaakte voorraden gingen aanspreken. Tegenstellingen, met name die van de zuilen en van de generaties, waren uitgewist, dat leek tenminste zo. Was de neergaande lijn van de restauratie eindelijk weer omhooggebogen? Dat was geen probleem van het nu, wij spraken doorlopend in de onvoltooid toekomende tijd.

Maar in de eerste weken van de bevrijding, en voor wie ogen had om te zien al tijdens de 'bevrijding' van het zuiden, was het duidelijk, dat de toekomst er niet een van vernieuwing maar van hervatting van het herstel zou zijn, in een zeer ruime zin genomen: herstel van het patriarchaat, maar een patriarchaat dat een heel andere inhoud zou krijgen. Waren de beide woorden waarmee alles werd afgestempeld dat enige macht vertegenwoordigde in het voorlopig bestel: 'militair gezag' daar niet kenmerkend voor. Je schoot in de lach als je een oude kennis (ambtenaar, archivaris, professor) tegenkwam die, zijn weinig martiale gestalte in een slecht passend kapiteins- of majoorsuniform gestoken, per auto-met-chauffeur (ook in uniform) leiding gaf aan de wederopbouw van ons economische en culturele leven, en ze lachten wat bleekjes terug. Wat was de zin eigenlijk van dat militair gezag? Wat anders dan om het gezag te herstellen? Wat anders dan om die wilde kwajongens van de BS van de straat en ontwapend te krijgen en te vervangen door de dragers van een 'gezag' dat wel uniformen droeg maar geen wapens? Wat anders dan de losgeslagen – ja wel met een nobel doel, maar toch losgeslagen – jeugd weer in het gareel te brengen? Wat anders dan om een revolutie te bezweren die al te kennelijk helemaal niet dreigde en met dat spook de zoete kinderen te overreden weer 'rustig te gaan slapen', zoals onze premier dat aan de vooravond van de oorlog ook had gedaan? En er werd ook automatisch naar dat al oudere orgaan van het patriarchaat gegrepen: de coalitie waarin immers de 'vaders' als wijze mannen hun 'kleine verschillen' overbrugden om gezamenlijk 'recht en orde' te handhaven en het aan de 'kinderen' overlieten hun tegenstrijdige beginselen te formuleren en te propageren in het spel van de vrije meningsuiting – zij het onder de vaderlijke controle van de BVD die opeens bleek te bestaan. De vaderfiguur gaat na de oorlog een opmerkelijke rol spelen in de politiek, niet alleen bij ons: naast vadertje Drees zijn daar Adenauer en de Gaulle, Churchill en vadertje Stalin.

Een van de prachtige korte verhalen van Tolstoj, 'Drie Doden', gaat over het moeizaam sterven van een rijke en voorname vrouw die in haar angst voor de onvermijdelijke dood van het ene Kurort naar het andere reist, over de dood van een oude moezjiek die na een summiere regeling van zijn nalatenschap: 'trek mijn laarzen maar vast uit' zich op de stenen kachel te sterven legt en de dood van een boom die in volkomen overgave neerstort. De angst voor de dood is inderdaad toegenomen naarmate de mens verder van de natuur af kwam te staan, maar in onze eeuw heeft die zich bovendien uitgebreid tot een krampachtige angst voor de ouderdom, voor het verouderen, én voor de incarnatie daarvan: de oude mens die nog een laatste rest van zijn traditioneel gezag tracht te handhaven, dat de jongere zich gedreven voelt te bestrijden door een pinnig registreren van zijn afbraak.

In het *Tagebuch* 1966–1971 van de Zwitserse satiricus Max Frisch zijn een reeks cursief gedrukte fragmenten opgenomen die zich met de symptomen van het verouderen van de cultuurmens bezighouden en waarin deze registratie tot een verbijsterende ontmaskering wordt, ook van de eigen angst voor het afglijden naar de groep van de 'Gezeichneten'. Daarbij gaat hij uit van een fictieve 'Vereinigung Freitod' waarin hij een groepje 'Gezeichneter' of 'Gemerkter' als leden en een aantal 'Vorgemerkter' of 'Anwärter' als aspirant-leden heeft verzameld. Deze lieden weet hij bij te brengen, dat zij in alle redelijkheid verplicht zijn eruit te stappen, wanneer ze daartoe door het weloverwogen oordeel van de club worden aangewezen. Natuurlijk aanvaardt niemand dat oordeel, als het hem zelf betreft, en natuurlijk wordt de fatale grens voortdurend verschoven. Tussen haakjes: opmerkelijk is, dat Frisch zijn scherpzinnige analyse alleen op de man toepast.

Frisch' ouderdomsbeeld is een bijna klassiek stuk satire dat aan Saltykow doet denken, vooral in het zelfportret dat erin doorbreekt van de man van boven de vijftig in zijn aftakelingsangst. Minder overtuigend en schimmiger zijn de figuren van de reders uit Hamburg, diplomaten met verlof, directeuren, fabrikanten, professoren met een exemplaar van Adenauers *Memoires* in de hand, aan wie Frisch verwijt dat zij hun macht op grond van een verjaard gezag handhaven, en die hij tracht te strikken voor zijn zelfmoordenaarsclub onder de leuze: 'verjonging van de westerse maatschappij,' waarbij immers ieder aan een mogelijkheid tot persoonlijke verjonging denkt. Maar ik vraag me af: is de verjonging die Frisch voor ogen heeft – en tegelijk persoonlijk vreest – al niet bezig zich vanzelf te voltrekken in het steeds sneller oprukken van jongere 'generaties' en afvallen van oudere door de spanning en de inspanning die handhaving van hun functie in deze tijd vergt? Maar waarom werden dan Adenauer, enzovoort tot hun laatste snik gehandhaafd? Waren zij redders in de nood, handhavers van een heilige traditie die in de naoorlogse chaos verloren dreigde te gaan, of wel wonderen van vitaliteit die in hun nadagen nog de zo vurig verlangde vernieuwing konden inspireren? Of werden deze stoelklevers als emblemen van de beproefde wijsheid en ervaring die immers tot het goede einde gevoerd hadden, naar voren geschoven door de brede laag van de middelbaren die in hun schaduw de macht in handen hadden en die ze dan ook zonder schokken overnamen, zonder behoefte aan een vernieuwing waarbij die macht alleen kon tanen? Handhaafden ze zich of werden ze gehandhaafd? En werden ze niet gehandhaafd omdat ... er zoveel in hun belegd was: eventueel aan geld voor hun verkiezingscampagnes, maar vooral aan speculatieve verwachtingen van wat hun regime zou opbrengen, maar nog meer emotioneel: aan vertrouwen in de continuïteit van recht en orde, aan heldenverering, verknochtheid aan het idool, aan vaderliefde. Had die speculatieve en emotionele belegging Hitler niet zo lang gehandhaafd, en geldt hetzelfde niet voor de vroegrijpe patriarch Nixon?

Om bij ons eigen land te blijven: achter vadertje Drees stonden de De Quays, de Rommes, en daarachter de machthebbers van ons grootbedrijf dat immers weer onze geknakte welvaart tot bloei zou brengen, de kopstukken van onze economie die het 'allemaal in de hand hadden'. Dat de jeugd, de zo gevierde jeugd die zich in het verzet zo volwassen en met alle vaderlandse deugden versierd had betoond, daarin zou meespreken, kwam bij niemand op. Verlaging van de kiesdrempel leek een gevaarlijke gedachte. De studenten waren niet betrokken bij de wederopbouw van het universitair bedrijf en de drie hoogleraren die daarbij in Groningen de leiding namen, leek dit aanvankelijk het aangewezen moment om de universiteit een

christelijk, dat wil zeggen patriarchaal fundament te geven.
Voor we het wisten waren we van de oorlog in de koude
oorlog beland: die periode die zo bijzonder weinig behoefte
had aan jeugdig elan. De opgedoken illegale bladen vochten
om het beperkt beschikbare papier waarop een verjongde pers
leiding zou geven aan de algehele vernieuwing. Maar binnen
het jaar waren de meeste van die 'jonge beunhazen' opzij geschoven en zaten de oude bladen onder beproefde, 'gezuiverde'
leiding weer vast in het zadel. De zuilen herrezen in hun oude
verstarring, maar de oorlogsillusie van de nieuwe democratische eenheid kreeg een ironische verwerkelijking in de rood-
roomse kabinetten waarin de – jonge – radicalen van de in
KVP omgetoverde KSP aangenomen werden tevreden gesteld
te zijn door het samengaan met immers een linkse partij en de –
jonge – radicalen van de PvdA vermaand werden zich behoorlijk te gedragen in gezelschap van zo'n machtige medestander
en boven alles te waarderen, dat zij in de vrije wereld leefden,
dank zij de hulp van de VS ternauwernood ontsnapt aan de
communistische tirannie die immers – daar twijfelde niemand
aan – in de zomer van '45 had klaar gestaan om naar het westen
op te rukken.

Wat ons in de oorlog zo een hart onder de riem gestoken
had: 'we hebben machtige bondgenoten', ging ons nu en met
name de jeugd drukken: van onderdrukten waren we niet meer
dan meelopertjes geworden in een, nu ja, vrije wereld. En al
wat tijdens de oorlog gedroomd had van een radicale democratisering ontdekte, dat wie zich achter die vrije wereld opstelde, ook het kapitalisme moest aanvaarden en de onderdrukking van nationale vrijheidsbewegingen en het hele conservatieve en reactionaire pakket dat met de 'bescherming van de
westerse vrijheden' werd binnengesmokkeld. Ter wille van
die vrijheid moesten we een groeiend stuk onvrijheid aanvaarden, want naar een bekend homoëpatisch recept trachtte men
de duivel met belzebub uit te bannen. Zoals het fascistische

'Feind hört mit' de hele vrije wereld tot een meer of minder verkapte censuur geïnspireerd had, zo gingen de methoden ter verdediging tegen het kwaad steeds meer op die tot handhaving van het kwaad lijken, en de informatieve en politionele systemen over de hele wereld, en met name die in koloniale en economisch koloniale landen, vertoonden dezelfde trekken van manipulatie en indoctrinatie. Indoctrinatie richt zich altijd bij voorkeur op de jeugd: onderwijs, communicatiemiddelen en jeugdorganisatie leken daartoe de aangewezen middelen.

Wat er aan jeugdgroepen opdook, deed dat niet om de revolutie voor te bereiden en ook niet om de zevensprong te dansen of met vlaggen en leuzen de straat op te gaan, maar geraakte als vele andere organisaties in de overkoepeling, een vorm van meestal in schijn rationele samenwerking tussen groepen van verschillende kleur waar meer leiding dan inspiratie van uitging. Waar ging wel inspiratie van uit?

De nu middelbaren begonnen hun kinderen een beetje te ergeren met hun oorlogsverhalen: het is niet gemakkelijk om de zoon van een held te zijn. En zeker niet in een tijd die niet om verzet, maar om conformisme vroeg, een tijd waarin onder de mantel van de christelijke ethiek waarvan we al lang wisten dat hij ons veel te wijd was, het jasje van de praktische ethiek ging knellen, de ethiek van vooruitkomen in de wereld met voorschriften als: je aanpassen, niet je mond voorbijpraten, niet je eigen glazen ingooien. En het jongetje dat altijd weer vragend zijn vinger opsteekt in de klas, ging even hinderlijk werken op de ouderen als die ouderen de jeugd irriteerden. Maar uit dat soort irritatie groeit geen verzet, alleen maar verwijdering.

Het ging allemaal vrij onopvallend toe. De zedelijkheidsdiscipline van het kerkelijk gezag, de kruistocht tegen bloot en rood die zich in de jaren dertig nog tegen de spot van de buitenwacht in tegenover de eigen jeugd had kunnen handhaven, werd voorzichtig wat opgevierd, en straffe verbodsbepalingen als die van het mandement van '56 met de bedoeling die eigen jeugd in afzondering te houden, klonken wel als een bominslag, maar brachten toch niet veel meer dan een rimpeling in de roomse vijver. Wel waakten nog altijd, vooral in het zuiden, Kerk en bedrijf hand in hand vaderlijk tegen geloofsafval, gemengd huwelijk of voorkeur voor openbaar onderwijs en over het deelhebben van jonge mensen aan een gepaste omgang en een organisatiewezen binnen eigen kring. Wel waakte de IDIL tegen besmetting van de kudde door verdorven literatuur en belastte de filmcensuur zich met een dergelijke voogdij voor de hele bevolking, maar aan dit soort gemakkelijk te ontduiken braafheidsdictatuur waren we gewend. Vreemder was, dat overal in het land een andere waakzaamheid zich ging richten op verdachte politieke bemoeienis, met name van de jeugd: jonge arbeiders, studenten, onderwijzers en ambtenaren ontdekten soms jaren later bij een sollicitatie, dat hun aanwezigheid bij de een of andere vergadering of hun naam op de een of andere lijst de betreffende instanties niet ontgaan was. En juist omdat wij dit verschijnsel in ons liberale verleden alleen als een bezettingsuitwas gekend hadden, wekte het extra angst en onzekerheid, met name bij de ouders die, bezorgd over de toekomst van hun kinderen, zich op hun ouderlijk gezag beriepen met vaak geen ander resultaat dan groeiende verwijdering.

In het jeugdverzet zoals dat omstreeks de eeuwwende was uitgebarsten in de literatuur en in de jeugdorganisatie had al een scherpe toon van verwijt tegen de ouderen doorgeklonken: jullie zijn aan alles schuldig wat er fout gegaan is. Die toon was nog bitterder geworden in de verwijten van de lost generation na de Eerste Wereldoorlog: dit was júllie oorlog en wij zijn erin gevlogen. Nog meer is de jeugd van de jaren vijftig geneigd zich te distantiëren van 'jullie' en van de schuldenlast van de oorlog: weer is het 'jullie' oorlog geweest. In de versnelde aftakeling van het patriarchaat in onze eeuw verliest het niet alleen zijn gezag, maar ook zijn aantrekkelijkheid. Het oude fysieke verlangen zo lang mogelijk jong te zijn krijgt als het ware een *sociaal* aspect: dé jeugd, dat wil zeggen de bijna of net-aan volwassen jeugd voelt zich een zelfstandige, niet meer een groep-in-wording en vooral een die zelf het recht heeft te distantiëren. Zij worden niet meer buiten de kamer gezet, zij drijven de ouderen buiten hún gezelschapsleven, en de afstanden waarbinnen men elkaar als gezelschap aanvaardbaar vindt, worden kleiner, de generaties die zich van elkaar distantiëren smaller. 'De jongeren in het bedrijf,' zei laatst een populair tv.-man van midden dertig, 'vinden ons oude sokken.' Een jonge vrouw van midden twintig die in een naar leeftijd gemengd gezelschap gevraagd wordt iets te zingen, antwoordt: 'Nee, niet als er grote mensen bij zijn.' Waar vroeger in de hossende carnavalsmeute een levenslustige vrouw van om de vijftig een jongeman om de hals kon vallen, delen de carnavalsverenigingen zich nu op in 'generatie'-groepen met een afgrenzing naar boven. We spraken er eerder van hoe we van drie generaties in een eeuw op de decaden overgingen. Een socioloog stelde onlangs voor liever achter elkaar oprukkende cohorten te onderscheiden. We zijn van tieners en twenners gaan spreken, toen van vroege en late twenners, en deze distantiëring wordt aangewakkerd door de commercie, de mode- en make up-industrie, die er brood in zien het eigen karakter van steeds kleinere 'generaties' te onderstrepen en de zichtbare tekenen van veroudering te verhullen die dan uiteindelijk in een schrikwekkend masker doorbreken. Het reclamewezen van de make up-industrie heeft onlangs een strategie (zo heet dat!) ontwikkeld om de markt van de twaalf- tot veertienjarigen te veroveren.

Het afstand nemen van de jeugd brengt geen verstrakking van de verhoudingen mee. Integendeel: het duidelijk gezagsverlies voert tot een lossere omgangsvorm, tot een afbrokkeling van vormelijkheid en 'goede manieren'. Jonge mensen vliegen niet meer op om voor ouderen deuren te openen of jassen op te houden. De grote of kleine machthebber in staat en bedrijf die we op de tv. steeds weer met zijn gewichtige aktentas in zijn auto-met-chauffeur zien stappen op weg naar een ook al gewichtige conferentie, wordt in zijn schrale gezinsleven onverbiddelijk de wat sullige figuur van paps die er met een verlegen lachje over praat hoe zijn grote kinderen thuis de dienst uitmaken. Zie maar welke rol hij op het moderne toneel krijgt toebedeeld. En het laatste restje matriarchaat dat zich nog had kunnen handhaven in het gezin van de buitenshuis hard voor vrouw en kinderen werkende man, gaat in zijn karikatuur, het mommisme, verloren.

De gezellige en pseudogezellige familierelaties worden losser en nonchalanter: we jijen en jouen gemakkelijker en noemen elkaar over tientallen jaren heen bij de naam: kinderen hun ouders, ooms en tantes – ik weet nog dat ik als kind van een jaar of tien oudere neven en nichten als zodanig moest aanspreken. De jeugd trekt zich terug van het familiale musiceren of ander vermaak naar de sport-, jazz-, drum- en beatgroep of kampeerclub, naar de jukebox in het jeugdcafé of naar de straat, het passief beleven van massasport waarin partij kiezen geen consequenties meebrengt. Ze vervreemdt van de grote familiebijeenkomst en het familieportret bij feestelijke (?) gelegenheden handhaaft zich als meer culturele survivals nog het langst bij de kleine burgerij en koninklijke families.

Het duidelijk zich op zich zelf terugtrekken van de jeugd als geheel en van jeugdgroepen onderling moest hen wel tot een aantrekkelijk studieobject maken voor de juist in de naoorlogse jaren snel uitgroeiende sociologie. Begrijpelijk ook, dat dat onderzoek zich bij voorkeur richtte op groepen met een afwijkend gedrag dat als fenomeen zowel boeiend als verontrustend was: teddyboys, nozems, beatniks, hippies, provo's en anderen. Maar wat daarbij aan de dag kwam moest als algemeen beeld noodzakelijk vertrokken zijn. Voor dat laatste hebben we meer aan een studie van J. Goudsblom: *De nieuwe volwassenen* (1959), althans wat de periode van de jaren vijftig betreft. Zijn onderzoek berust op de drieduizend antwoorden op een, naar een Frans voorbeeld, zeer breed opgestelde enquête onder mannen en vrouwen tussen achttien en dertig jaar naar leef- en werksituatie, wereldbeschouwing, inzichten en opvattingen over een groot aantal problemen. Als altijd bij dergelijke enquêtes komen de antwoorden overwegend van min of meer geschoolden, min of meer welgestelden en dwingt de veronderstelling van een grote groep ongrijpbaren tot voorzichtig voorbehoud tegenover het resultaat.

Het zou de moeite waard zijn nu, in de jaren zeventig, nog eens dezelfde enquête te houden, al was het alleen ter wille van de vraag of nog altijd zevenentachtig procent van de ondervraagden te kennen zou geven tevreden te zijn met de eigen tijd, zij het dan wel vooral vanuit de nuchter berustende overtuiging, dat ze geen andere keus hebben. In het algemeen komen de vijftigers hier – al naar de kritische interpretatie van de lezer – naar vorens als een ontgoochelde, zwijgzame, wantrouwende generatie, op kleine idealen teruggetrokken (goede woning en gezinsleven, voldoening gevend en vast werk) en eerlijk-pessimistisch (wars van grote woorden, vertoon, massaorganisaties). Maar ik kan me voorstellen dat – al weer een deel van – de jeugd van de jaren dertig en daarvoor en ook de latere zestigers de toon van het geheel wat te voorzichtig, wat bang-voor-koud-water en bedacht op veiligheid zouden vinden, om niet te zeggen wat landerig en melig.

Want dat komt overduidelijk uit Goudsblom's onderzoek naar voren: men huivert voor partij kiezen, achter een vaandel aan lopen, kleur bekennen. Niemand wil afgestempeld worden als behorende tot dit of dat, hoogstens is er wat meer neiging om zich tot een van de traditionele kerkgenootschappen te bekennen, misschien uit een behoefte om geborgen te zijn, met het bijkomstig voordeel dat het safe is bij sollicitaties die –

zeker in de topjaren van de koude oorlog – gemakkelijk konden vastlopen op 'geen kerkgenootschap', want dat werd immers zo licht vertaald in 'een of andere schakering van rood'.

Goudsblom heeft bewust met zijn nieuwe volwassene de doorsnee jonge mens van een periode getekend. Dat voerde tot het opmerkelijk resultaat, dat veel van zijn lezers in zijn beeld de 'moderne jeugd' zullen missen, dat wil zeggen de niet zo geringe groep van uitvallers, van de 'ongrijpbaren' die we eigenlijk alleen uit het straatbeeld of uit politionele contacten kennen. En eveneens vrijwel erbuiten bleven de jonge mensen die zich niet alleen afzijdig, maar ook kritisch tegenover de maatschappij opstelden, die in literaire of andere uitingsvormen het heden ontluisteren en afwijzen zonder zich als herauten van een nieuwe wereld op te werpen en die zich dan ook in de ogen van hun conformistische tijdgenoten als afbrekers, druktemakers en rustverstoorders voordoen.

De geschiedenis der mensheid is de geschiedenis van uitvinders en ontdekkers, van gangmakers en doordouwers en scheppers; de rol van al de millioenen families Doorsnee die al die activiteiten opvangen, ondergaan of afremmen blijft in de schaduw. In de algemene schaalvergroting van onze eeuw vertoont ook dit clair-obscur absurde trekken. Wij leven in de ban van twee anarchisch werkende krachten: profijtbeginsel en publiciteit, alles is gericht op winst en actualiteit. Dat brengt mee, dat achter iedere opstandige die een steen opraapt, achter iedere heilige die zijn wankele pilaartje beklimt, een tv.-ploeg in de aanslag staat, dat ieder afwijkend gedrag of verschijnsel gewogen wordt aan zijn uitbatingswaarde in de publicistiek. En dat betekent dat onze historische beeldvorming tegenover het recente verleden verdrinkt in de publiciteit. Toejuichers én bestrijders van iedere vernieuwing gaan onvermijdelijk al wat jeugdactiviteit heet onder een vergrotend perspectief zien. In dat vertrokken beeld brengt een boekje als dat van Goudsblom een ontnuchterende correctie aan.

Goudsblom richtte zijn aandacht op de middenmoot, de grote middenmaat kan men zeggen. Dát, en ook dat zijn boek nog voor de 'roaring sixties' verscheen, moet mede oorzaak zijn van het feit, dat twee, min of meer samenhangende tijdsverschijnselen bij hem niet ter sprake komen: de (aanloop tot de) tweede seksuele revolutie en een grote verschuiving in het karakter en de populariteit van de literatuur.

Beide verschijnselen zullen pas in de jaren zestig een grote doorbraak vertonen en daarom zullen we er verderop nog op terugkomen. Maar ook hier moet er toch iets over gezegd in samenhang met wat we maar het gedweeë karakter van de jaren vijftig zullen noemen.

Het kan niet onze bedoeling zijn hier een stukje literatuurgeschiedenis in te lassen. We moeten het bij een paar representatieve titels laten. In 1945 verscheen *A catcher in the rye* van de jonge Amerikaanse schrijver Salinger, in 1956 in Engeland John Osborne's *Look back in anger*, in '47, G. K. van het Reve's *De avonden* en in '49 *De tranen der acacia's* van W. F. Hermans. Merkwaardigerwijs liep de Nederlandse literatuur deze keer niet achter. Zelden werden eerstelingen zo geestdriftig door de kritiek ontvangen en door zo'n grote verspreiding tot een daverend succes gemaakt. Alle vier zijn het boeken – en er zijn er meer te noemen – die een hartverscheurend beeld geven van de landerigheid van eigen tijd en leefklimaat. Het is een landerigheid die zo onpersoonlijk, zo geworteld in de tijd en daaruit af te leiden is, dat ze regelrecht tragisch wordt. G. K. van het Reve werd de schrijver van zijn generatie, omdat hij de apotheose van die landerigheid feilloos wist te treffen. 'In *De avonden*,' schreef een recensent, 'vonden de naoorlogse jongeren hun leven en hun wereld vertolkt. Het heeft vele zo diep geschokt, *dat ze het boek moesten weggooien*.' Ik leg de nadruk op dat laatste zinnetje. Het waren inderdaad literaire fenomenen en schokkende boeken die een aantal dierbare taboes, met name over de man-vrouw- en gezinsverhoudingen uit elkaar schopten en de meest armzalige kanten van onze sa-men-le-ving genadeloos ontluisterden. Maar waarom moesten vele lezers zo'n boek weggooien? Als ik ze naast de 'tevreden' antwoorden van *De nieuwe volwassenen* leg, vraag ik me af: was het niet zo, dat velen binnen in hun krimpend hart 'Ja!' tegen deze boeken zeiden, maar niet de moed opbrachten met dit 'Ja!' te leven in de gedrukte atmosfeer van de naoorlogse jaren?

Deze boeken hadden nog iets waardoor het echte boeken van hun tijd of als men wil van hun generatie waren. Hun karakter was onthullend, ontluisterend en illusievernietigend (Hermans' beeld van oorlog en verzet!); uit een andere hoek gezien waren het kankerboeken, maar ze waren niet opstandig, niet agressief. Ze wekten een 'o, God, ja'-stemming in de landerige atmosfeer van de naoorlogse jeugd en een cynische glimlach, ze wekten ergernis en tegengekanker bij de behoeders van christelijke en vaderlandse waarden, maar ze wekten geen beroering die rechterlijke of B V D-activiteit ontketende. Zolang de onmiskenbare en in de ogen van het behoud betreurenswaardige schok geen zichtbare repercussies wekte, de jeugd niet de straat op dreef of tot georganiseerde activiteit voerde, was het verkieselijker de immers traditionele vaderlandse vrijheid te handhaven.

Dat geldt ook van een wat geleidelijker doorbrekende eruptie in diezelfde jaren: de opkomende golf van de 'tweede seksuele revolutie'. De eerste golf van omstreeks de eeuwwisseling was, te zamen met die andere, gelijktijdige bevrijdingsbeweging, de vrouwenemancipatie, in de restauratie na de Eerste Wereldoorlog weggeëbd. Beide stromingen vertonen meer een vertraging dan een regelrechte teruggang of onderdrukking, en die vertraagde verschuivingen worden vooral in de generatietegenstellingen ervaren.

Ondanks de nostalgie naar het veilig (me)vrouwenbestaan die zich in de romanliteratuur van de jaren '20 en '30 uitleefde, ondanks de zich weer breed makende kerkelijke propaganda

voor het grote (en patriarchale) gezin, handhaafden zich ver-
overingen als het vrouwenkiesrecht (dat tussen twee haakjes
de Kerk veel stemmen aanbracht), de huissleutel en de grotere
bewegingsvrijheid, groeide van (verkorte) generatie op generatie het aantal studerende (ook aan de kerkelijke universiteiten)
en zelfs hoe langzaam dan ook, het aantal werkende vrouwen,
en in samenhang daarmee de zelfstandigheid van de getrouwde
vrouw en de dochter binnen het gezin of, wat de laatste betreft, het gebruik om zich uit het gezinsverband los te maken.
Maar het grondpatroon handhaaft zich: 'der Mann musz hinaus
ins feindlichen Leben', en de vrouw maar rozen weven bij de
huiselijke haard, hoogstens nadat ze zelf ook een paar jaar in
dat feindliche Leben rondgestruind heeft. Juist haar streven naar
verandering in de bestaande zeden noodzaakte de vrouwenbe-
weging zeker in deze periode van regressie tot een aanstoot
vermijdende ingetogenheid die haar weinig spectaculaire be-
drijvigheden weinig aantrekkelijk maakte voor de jeugd. Er
blijft een ethisch taboe drukken op iedere poging van de
vrouw haar volledige menselijkheid op te eisen, een taboe dat
pas in de jaren zestig, als de restauratie over de hele breedte van
de samenleving begint terug te wijken, een nieuwe verzetsgolf
zal uitlokken.

Datzelfde geldt voor de geremde seksuele revolutie. Ook
hier een langzame, haast ondergrondse voortgang: discriminatie van (met of zonder 'schuld') gescheiden vrouwen en van
onwettige kinderen is van deugdzaam bekrompen geworden.
Uit de eerste seksuele revolutie heeft zich een voorzichtige
propaganda voor voorlichting en een nog voorzichtiger voor
kinderbeperking gehandhaafd. Zelfs de discriminatie van homofielen loopt heel langzaam terug. De conflicten die zich
daarbij voordoen, spelen zich nog meer dan bij de vertraagde
vrouwenemancipatie binnen het gezin af, dat wil zeggen in het
vlak van de generatietegenstellingen: de casuïstiek over wat
mag en niet mag, gemengd kamperen, reizen, zwemmen, al of

niet in groepen of paarsgewijs die we overigens al eerder kenden, verschuift voortdurend en brokkelt af. Grote opwinding pro en contra barst los bij processen en openbare discussies in binnen- en buitenland over publikaties 'in strijd met de goede zeden' (gewoonlijk meer tegen openhartige literatuur dan tegen onder-de-toonbank-pornografie), staphorsterige aanvallen tegen meer of minder bloot op het toneel, aan het strand of in de geïllustreerde pers en serieuze verdediging van de vrijheid daar tegenin.

Het is duidelijk wie in de bovengenoemde geremde emancipatiebewegingen de voet op de rem hield. Dat waren in het algemeen – maar zeker niet uitsluitend! – de ouderen en met name de ouders die zich zorgen maakten over de invloed van de 'losbandige jeugd' op hun kinderen én op de afbraak van hun gezag. Dat wij daardoor een overtrokken beeld van die losbandigheid krijgen is onvermijdelijk en ook, dat bij georganiseerde discussies daarover, de tegenstelling oud-jong te scherp naar voren kwam. Langzaam was in de jaren vijftig de sluipende evolutie al naar een totale omslag gaan verschuiven. Voor de Nederlandse Vereniging voor Sexuele Hervorming en zijn voorganger de Neo-malthusiaanse Bond was jarenlang het hoofdaccent van de seksuele hervorming gevallen op thema's als gezinsplanning (positiever term dan geboortenbeperking) waarvoor een doelmatige voorlichtings- en hulpapparatuur was opgebouwd, op 'vrije' liefde (liever toch nog 'vrij' huwelijk), ongehuwd moederschap en dergelijke. De vereniging had een sterk instructieve en beschermende houding, en dat hield in dat de ouderen er ruim vertegenwoordigd waren.

De onzekerheid, de landerigheid en het onbestemde onbehagen bij de naoorlogse jeugd en daartegenover de even grote onzekerheid en machteloze bezorgdheid van de ouderen moesten wel naar voren komen in de verwarring en tegenstrijdigheid van onze onderwijsproblematiek van kleuterschool tot universiteit. Nu kende ons onderwijs vanouds zijn tegenstrijdigheden: kinderen, dat wil zeggen jongens, van welgestelden waren bestemd voor een brede vorming, onafhankelijk van hun begaafdheid, proletarische kinderen stonden op een minimaal geestelijk rantsoen, en het sprak vanzelf dat de meisjes in beide groepen niet of maar half aan hun trekken kwamen. De grote pedagogen uit vroeger eeuwen waren al op nog andere tegenstrijdige eisen gebotst: die van de natuurlijke ontwikkeling en de aanpassing aan de eisen van de maatschappij. Die beide tendenties kregen in de democratische eeuw van het kind een brede theoretische fundering en richtten zich – althans in beginsel – niet meer op het elite-, maar op alle onderwijs.

De nieuwe pedagogische inzichten betekenden, dat aan de ene kant ons onderwijs sterk gehumaniseerd werd; lijfstraffen zijn, met name in Nederland, aanmerkelijk teruggedrongen[1], evenals de kadaverdiscipline, maar handhaven zich merkwaardigerwijze als een punt van aanbeveling op sommige buitenlandse elitescholen die er nog altijd naar streven 'gentlemen and christians' af te leveren. In ons land kennen we niet de kostschool met een traditie. Wie is opgeleid op een van de zeldzame drilscholen waar dure kinderen (uitsluitend jongens) een mentale kunstmatige voeding ondergaan, zal daaraan later geen elitebesef ontlenen.

Een zwerm van pedagogen en psychologen heeft zich op de kinderziel gestort met steeds weer die tegenstrijdige vraag: wat kan er uit groeien – wat kan je er in stoppen? Aangezien die laatste vraag het best in de structuur van onze maatschappij past, voert die altijd weer de boventoon en kunnen de voorstanders van de eerste zich uitleven in een aantal modelscholen, waar nog altijd groepen geselecteerde kinderen – voor een deel over- of onderbegaafde – een plezierige jeugd hebben om daarna op het probleem van de aanpassing aan de

---

1. Een kranteberichtje meldde dezer dagen, dat na de Kerstvacantie '72 het rietje op de Londense openbare scholen niet meer gebruikt mag worden.

maatschappij te stoten voor zover ze niet over de uitzonderlijke vermogens óf over vermogen tout court beschikken waardoor dat probleem niet aan de orde komt.

Ons onderwijs is, ook waar het gedragen wordt door opvoeders die graag anders zouden willen, gelijk gezegd, voor alles gericht op het vormen van bruikbare mensen, die bruikbaarheid dan gemeten aan de eisen van onze technocratische samenleving. Wie de wens te kennen geeft Perzisch te leren, kan rekenen op de reactie: wat wil je er mee doen? Onze scholen laten zich er wel niet meer op voorstaan, dat ze gentlemen and christians afleveren, maar toch wel dragers van onze westerse cultuur, en dat levert een warrige en ten dele hypocriet verzwegen doelstelling op, plus een weinig bevredigend program: zoveel procent praktisch toepasselijke kennis die op onze nieuwsgierigheid naar de realia van het leven zou moeten antwoorden, maar die vaak in weetjes ontaardt, omdat er nu eenmaal meer voor toetsen en testen dan voor het leven geschoold wordt en de school wel erg los van de praktijk staat. Zoveel procent cultuur, dat zou moeten zijn: wat aan onze speelse nieuwsgierigheid tegemoet komt, maar waarbij de leergierige jeugd maar terloops de gelegenheid krijgt om te genieten van literatuur, kunst, muziek en welke menselijke creativiteit ook, omdat het voor alles om de *status* gaat die vooronderstelde cultuur ons verleent. Dus worden er leerboeken geschreven over dé literatuur, dé kunst (geschiedenis), et cetera, dikke boeken die zich altijd beknopt noemen, waaruit we kunnen leren op welke kritieke punten in de conversatie we 'o, ja' moeten roepen: Ben Jonson – o ja –, Montaigne – o, ja –, Spinoza – o ja! (Ik noem er opzettelijk drie die geen leerling van het middelbaar onderwijs zal lezen, ook hoogstwaarschijnlijk niet in zijn latere leven.) Stone Henge – o, ja –, Tai Mahal – o, ja, o nee, ik bedoel de dalai lama. De goede, de humane, vaak (maar niet altijd) de progressieve leraar streeft ernaar de jeugd naast de voorgeschreven weetjes nog wat zinnigers te bieden en ondergraaft daarmee het gezag van de traditionele leerstof, maar ook de laatste resten van zijn eigen gezag. De tirannieke schoolvos en zijn tegenhanger: de leraar die gepest werd, zijn uitgestorven. Onlangs is Bordewijks *Bint* nog eens op de tv. gebracht: het werkt zelfs niet meer als parodie. Maar dat betekent niet, dat de school bevrijd is: leerlingen en leraren ondergáán de school, soms als een kwelling, soms als een rijstebrijberg, waarvan het beloofde 'uitgesteld genot' de slachtoffers maar vaag voor ogen staat: later een fijne baan krijgen, veel geld verdienen?? En de ouders die hun kinderen 'graag iets zien bereiken in de wereld' lopen met de hypocrisie van de school in de pas.

De van zijn positie bewuste leraar aan het middelbaar onderwijs is een van de zwaarst belaste schakels in onze samenleving geworden. Hoe kritisch en weifelmoedig hij ook mag staan tegenover de wereld waarin hij leeft, en hoe van nature geneigd die houding op zijn leerlingen over te dragen, hij moet ze in deze wereld en voor deze wereld africhten, zo ongeveer als iemand die kinderen zwemmen zou willen leren in een streek waar geen water te bekennen valt. Zijn natuurlijk gezag van de meester in de goede oude betekenis van het woord valt weg, en al laat hij zich jijen en jouen en Kees of Klaas noemen, de nood dwingt hem in de valse positie van wie bij gebrek aan gezag naar de macht grijpt: het eindexamenbriefje dat toegang geeft tot de maatschappij waarvoor hij zijn kinderen eigenlijk liever bewaarde. In het eindeloos gehakketak tussen de betrokken, deskundige of machthebbende, instanties over exameneisen en lesstof (verraderlijk woord) lokt de verleiding om zich terug te trekken op de laatste verdedigingslinie: het veilig stellen of opschroeven van de eisen van het eigen, onmisbare, vak, en dan zijn ze al op weg naar de volgende valkuil: alle frustraties afschuiven op de verwilderde, niet-geïnteresseerde, luie moderne jeugd. Even goed zijn waarschijnlijk de bedoelingen en even onzeker de resultaten van de leraar die jong wil blijven met de jeugd, het patriarchaal gezag bij voorkeur helpt afbreken op een terrein waar er geen paal meer van overeind staat: dat van de goede zeden, en op de eindexamen-literatuurlijstjes het ijzersterke *Fregatschip Johanna Maria* en *De herberg met het hoefijzer* helpt vervangen door andere titels waarbij de ouders verzuchten: 'Moet dat nou?'

Ook bij de werkende jeugd was na de oorlog het gezag van de volwassenen ingezakt zonder dat daarmee een wezenlijk besef van bevrijding gewonnen werd. Bij deze grote groep groeide de wrok om de sabotage door het bedrijfsleven van de scholingskansen die de democratie had voorgespiegeld, maar nooit gerealiseerd voor al wat met een minimum aan kennis in de tredmolen van de ongeschoolde arbeid werd ingeschakeld. De trage pogingen aan verbetering van het voortgezet onderwijs besteed, beloofden maar een mager resultaat in toename van de sociale mobiliteit. Met de woningnood, de slijtage van het ouderlijk gezag drijft dit tekort de werkende jongeren de brede weg op van het landerig jukebox-vermaak, want de consumptiemaatschappij die geen kans verzuimt, richt zich ook op het stukje welvaart dat de economische opbloei in handen van de jeugd legt, en de brede weg wordt druk bereden met dat symbool van de macht der machtelozen, dat blinkende krachtbeest: de motorfiets. Er is ook een smalle weg: die van studeren op een zolderkamertje of naast de tv. in de huiskamer, afgewisseld met op straat slenteren met het zakcentje der afhankelijkheid, op jacht naar een paar diploma's en alles wat de schriftelijke leergangen aan welstand en status daarachter beloven.

Niets is kenmerkender voor de zwijgende wrok van de angry young men van de jaren vijftig dan de uitlaat die ze zochten. Daar is allereerst de 'troeteltrend': de verdrukte en vereenzaamde zoekt contact met het weerloze. We lezen het in de literatuur af: de vertedering van de adolescent tegenover het kind (waartegen hij zich immers niet hoeft af te zetten), een aandacht die samenvalt met een wrokkende vertedering tegen-

over de eigen jeugd en een hausse in levende en wollen troe-
teldieren die markt en mode beïnvloedt en erdoor beïnvloed
wordt. Als een andere, abrupte uitlaat laat zich misschien de felle
uitbarsting van emotionaliteit tegen de inval in Hongarije verklaren te midden van de crisis der landerigheid. Was het niet
of alle ten dele onderbewust gebleven wrok tegen het herstel,
alle teleurstelling om het uitblijven van de vernieuwing, al de
angst door de koude oorlog gekweekt, hier samendrong in de
legitieme uitlaat die zich onvoorziens voordeed? In die verbijsterende episode drong de indruk zich op, dat de slome jeugd
van de jaren vijftig de eerste legale kans greep om radouw te
maken.

Over de beroering van de jaren zestig heen terugziende op
die van vijftig krijgen we een verwarde en tegenstrijdige indruk van die periode. Enerzijds is er een voortdurende afbraak
van de staketsels tussen jeugd en volwassenheid die in zich zelf
weer een tegenstrijdigheid vertoont: de jeugd wil als volwaardig erkend worden, maar wijkt terug voor de drempel van de
(verantwoordelijke) volwassenheid, de 'ouderen' – een afgren-
zende aanduiding voor de tweede generatie, want een duidelijke
grenslijn is er niet meer – voelen zich in de volwassenheid als in
een opgedrongen rol, doen hun uiterste best jong te blijven en
'contact met de jeugd' te houden. Het *gezag*, in het gezin, in de
school, in alle menselijke verhoudingen, is tot een minimum
verkruimeld. Het kind dat met twee woorden leert spreken,
de klas die trilt als de directeur binnenkomt, de arbeider die
met zijn pet in de hand 'op kantoor' wordt ontboden zijn
geschiedenis geworden. De eerbiedige groet komt alleen nog
voor als buiging van het hofceremonieel.

Tegelijk hiermee doet zich aan het andere eind van de gene-
ratieladder een verschijnsel aan ons voor waarvan we het spoor
terug al een eind in de vorige eeuw kunnen volgen: de ge-

middelde leeftijd bedroeg in 1900 tweeënvijftig jaar, in 1970 plusminus drieënzeventigeneenhalf. Het is een verschijnsel dat, te zamen met een paar andere die nog ter sprake komen, uitloopt op dat pijnlijke probleem van de overtollige mens dat in onze eeuw het bejaardenprobleem gaat heten. Op zich zelf is de figuur van de overtollige mens niet nieuw. Pas onlangs, en dan nog maar alleen in de westerse wereld, is er een eind gekomen aan de 'natuurwet' waarbij een groot aantal overtollige monden al in de eerste levensjaren werden opgeruimd door ziekte, armoe en verwaarlozing. Wij kennen de oúde overtollige mens, sinds een deel van de agrarische 'geschlossene Hauswirtschaft' op een stedelijke economie overging. De middeleeuwse stad heeft een instelling gekend die de baaierd heette – het woord bleef bestaan als synoniem van chaos. Het was de vergaarbak, vaak een vervallen klooster, waarin het maatschappelijk afval bijeengeveegd werd: vondelingen, weeskinderen, zieke en invalide zwervers en vereenzaamde, overgeschoten oude mensen. Volgens Simone de Beauvoir heeft het type zich in Franse provinciesteden – en mogelijk ook wel in Italiaanse, Spaanse of andere – tot nu toe gehandhaafd. Trouwens ook . . . in Paramaribo! Maar het overwegend agrarisch patroon van deze landen bracht nog lang mee, dat de derde generatie (evenals trouwens de wezen) binnen de groot-familie bleef en er zelfs een actieve leidende (patriarchale) rol vervulde. En de verontrusting, zoals die uit het boek van Beauvoir spreekt, wordt ook pas actief nu een veel groter groep van de bevolking dan alleen het uitschot in deze afvalhopen terecht komt.

In onze laat-middeleeuwse opkomende stedelijke cultuur voerde zowel de welvaart als de ordezin van het parallel wassend vroeg-kapitalisme tot een opsplitsing van de baaierd in gasthuizen (uitsluitend voor arme of als besmettelijk onderkende zieken), weeshuizen en oudemannen- en -wijfjeshuizen voor alle van familiale hulp verstoken behoeftige weeskinderen en bejaarden, en hofjes voor die elite uit het proletariaat: de dienstbaren. Ze vielen onder stedelijk, kerkelijk of particulier beheer, maar altijd onder de liefdadigheid met zijn voor- en nadelen: de zekerheid van een verzorging, weliswaar sober, maar beter dan veel 'vrije' proletarische kinderen, bejaarden en andere paupers ten deel viel, onder een strenge en volstrekt egaliserende tucht. Ondanks de vertedering waaraan Beets' diakenhuismannetje vele herdrukken beleefde, had ons maatschappelijk geweten geen moeilijkheden met deze ordening, en totdat de Amsterdamse stadswezen in het begin van onze eeuw ontslagen werden van hun (dure!) maskeradepakken in de stadskleuren rood en zwart, kon men lichtbewogenen die ze in het gelid zagen voorbijtrekken, horen verzuchten, dat het toch zo'n zindelijk gezicht was. Ook de bewoners van oudemannen- en wijfjeshuizen droegen natuurlijk gestichtskleding, evenals trouwens, tot ver in deze eeuw, de zaalpatiënten van onze stadsziekenhuizen.

Niet alleen de naar onze humanitaire en hygiënische begrippen weinig bevredigende 'oplossing' van de baaierd ontlastte de middeleeuwer van de druk van het bejaardenprobleem. Wezenlijker was dat zijn levensbeschouwing nog geen moeite had met de overtollige, beter, met de onproduktieve mens. Onproduktief was – vanzelf – het kind, maar het was een belofte aan activiteit, bovendien de eerste vorm van 'belegging' die de mensheid ooit gekend heeft, en het kon al vroeg worden ingeschakeld in het huishoudelijk en kleinbedrijf.

De (kleine) groep ouderen hadden naast hun traditionele aanspraken in de patriarchale samenleving hun zeldzaamheidswaarde als overdragers van vakkennis en cultuur. Maar de weinig efficiënte middeleeuwse wereld stond ook tolerant tegenover een betrekkelijk grote groep van 'nuttelozen': 'varende luden' en prostituées, kermisklanten, zwervers, bedelaars, aan wier bestaan men bereid was een zin toe te kennen voorzover ze verondersteld werden erger te voorkomen of 'om de liefde Gods' het voorwerp van goede werken konden zijn. Pas toen het opkomend kapitalisme op een rationele ordening ging aansturen, begon men 'landloperij' strafbaar te stellen of dreef men het 'bedelaarspak' met de gewapende macht de woestenij van de Veluwe op, waar ze in holen en strooien hutten het leven rekten met wildstropen en plundertochten bij de boeren.

Het is ook deze hele burgerlijke instelling die de gestichtsordening in de liefdadigheid, zoals hierboven al aangeduid, opbouwt. Het is de burgerlijke moraal die ons de eerbied voor de arbeid heeft ingeprent, totdat het 'wie niet werkt zal ook niet eten' ons in het bloed zat. In de achterlijk – en katholiek – gebleven zuidelijke landen kende men nog eeuwenlang de trotse bedelaar die zich misschien geen nuttig, maar wel een onmisbaar lid van de samenleving kon voelen, als hij op de treden van de kerkingang de aalmoezen der vromen in ontvangst nam en tot hun voldoening zijn lichaamsgebreken uitstalde. Maar in de protestants kapitalistische sfeer van Noordwest-Europa werd van de armoede allereerst dankbaarheid en nederigheid verwacht.

Hoeveel 'luie' kinderen hebben geleden onder onze eerbied voor de arbeid en lijden er nog onder! Maar vooral hoeveel door de conjunctuur werkeloze arbeiders hebben daar hun zelfbesef door verloren, hoe onuitroeibaar is nog altijd in de westerse mens de gedachte geworteld, dat werkelozen leeglopers zijn die op de zak van de nijvere burgerij teren? Dat 'steun' een nooit genoeg te waarderen gunst is in plaats van een slechte en voor de slachtoffers grievende correctie op de fouten van het economisch bestel?

In zo'n wereld is een sterke aanwas van overtolligen catastrofaal. We hebben dat beleefd in de grote crisis van de jaren dertig, waarvan we nog lang na de oorlog ervaren konden, hoe de uitwerking ervan in de volgende generatie doorziekte. Hetzelfde proces heeft zich langzamer, maar niet minder pijnlijk voltrokken aan een andere groep overbodigen: de derde generatie.

In het begin van onze eeuw had de befaamde liedjeszanger Koos Speenhoff groot succes met een nummertje dat begon:

> *Opoe had haar hele leven*
> *voor haar kinderen gesjouwd,*
> *Al de jongens en de meisjes*
> *waren na elkaar getrouwd.*
> *Toen was opoe in gaan wonen*
> *bij haar jongste lieveling,*
> *en daar wachtte ze geduldig,*
> *tot ze naar het kerkhof ging.*

en dat verder vertelt hoe er wissels op opoes spaarbankboekje en incasseringsvermogen getrokken worden. Het was duidelijk dat er iets aan het veranderen was. Maar wat? Speenhof's liedje sprak van een groot mededogen met de 'oudjes', al heeft hij ze niets te bieden dan die met zijn toehoorders gedeelde bewogenheid. Maar wanneer die toehoorders hun geweten sussen met de gedachte, dat hún opoe toch ook wel bijzonder lastig of ontoegankelijk dement is, dan onderstreept Speenhof zwijgend dat bezwaar door opoe te tekenen als een volmaakt overtollige figuur die geen andere functie heeft dan wachten op de dood, die dank zij de daverende successen van de medische wetenschap steeds langer wordt uitgesteld.

Er was iets aan de hand met opoe. Maar wat?

In de pensioenloze eeuwen die achter ons liggen zouden de zoons uit ieder behoorlijk bourgeois-gezin zich geschaamd hebben, wanneer vader en moeder niet tot het eind toe, in hun eigen vertrouwd milieu, goed verzorgd waren geweest door toegewijd personeel, soms ook door 'overgeschoten' dochters, voor wie de broers dan, niet altijd con amore de premie voor een levensverzekering bij elkaar moesten leggen.

Armoede laat zich gemakkelijker delen dan rijkdom: de weinige proletariërs die oud werden, kregen wel een stoel bijgeschoven in een gezin dat tóch geen privacy kende, waar ook oude handen nog wel van enig nut waren voor verstelwerk en klusjes en waar ziekbedden minder lang slepende konden worden gehouden. Maar ook daar begon men het geduld van opoe ongeduldiger te delen, toen het zowel uit hygiënische als uit zedelijkheidsmotieven gewenst werd, dat de jongens en de meisjes eigen slaapkamertjes kregen. Het ging niet alleen om een materieel, er manifesteerde zich ook een geestelijk ruimtegebrek. Nog in de vorige eeuw had men daarvan, met drie generaties samenhokkend in zolder- of kelderwoning, weinig hinder gehad: waar de geest is uitgedoofd, doen zich geen geestelijke wrijvingen voor, en zo die er waren konden ze op straat worden uitgevochten. Bij de beter behuisden kon een zeker samenwoningsevenwicht zich nog handhaven door meer ruimtelijke privacy, door de resten van het ontzag voor de ouderdom, maar vooral doordat de generatieverschillen in smaak en voorkeur, bij voorbeeld in leefwijze of muziek, minder groot waren. Hoe snel dat in onze eeuw verschoof, werd nergens pijnlijker ervaren dan in het drie-generaties-gezin en in weinig gevallen zo onmiskenbaar duidelijk als na de invoering van radio en tv., waarbij de programmakeuze van oud en jong botste én oud en jong het recht van de middelbaren op een beslissende stem ('in mijn eigen huis') niet aanvaarden konden.

Na de Tweede Wereldoorlog begon men zich bewust te worden van de ontwikkeling die al veel eerder was ingezet: de ziekelijke reuzengroei van de derde generatie. Het 'wij groeien vast in tal en last' was van de 'arme weesjes' naar de oude mensen verschoven. De oude mensen begonnen in het persoonlijk en in het maatschappelijk vlak een last te worden, een drukkende last. In het persoonlijk vlak: bij de slechte behuizing van de woningnoodlijders, omdat er eenvoudig geen plaats voor ze was, in de betere behuizing van de welvaartgenieters, omdat beide partijen aanspraak hadden leren maken op privacy en verder uiteen liepen in smaak en gedragspatroon. Er was bovendien in de huishouding met wasmachine en wegwerpkleding geen plaats en geen werk meer voor die weinig eisende oude ziel op de achtergrond, zwijgend bereid tot alle huishoudelijke rotkarweitjes, zoals dat nog altijd voorkomt in 'achtergebleven gebieden' of daar waar, als in de Sowjetunie, het leef- en woonpatroon nog niet is aangepast aan de snelle toename van het aantal werkende vrouwen. Uit die oudere groep vrouwen werden ook lang de werkvrouwen en verstelnaaisters gerecruteerd die, zolang ze niet op AOW terug konden vallen, wel gedwongen waren tot het bittere einde ongeregeld en slecht betaald werk te doen. Nu bestaan er geen verstelnaaisters meer, en de inmiddels door stofzuigers enzovoort vermenselijkte huishoudelijke hulp wordt door bijverdienende jonge vrouwen geleverd.

In het maatschappelijk vlak: de mens heeft een geweten, die jeukende plek waaraan je niet mag krabben, en naarmate hij zich bewust wordt van de veranderlijkheid van de maatschappij waarin hij leeft, heeft hij een maatschappelijk geweten. Een maatschappelijk geweten dat zich dan al gesterkt mag voelen door die triomf der wetenschap, het uitstel van de dood, maar ook bezwaard door het omlaag drukken van de activiteitsleeftijd die – en dat nog maar voorlopig, mag men verwachten – als een trillende wijzer bij vijfenzestig is blijven staan. Voorlopig, want er bestaat zowel een onwillekeurige als een doelbewuste tendens om de wijzer omlaag te drukken. *Onwillekeurig*: ondanks de bereikte achturige werkdag – en zelfs een voorzichtige inkrimping daarvan in de laatste jaren – en de toegenomen welvaart is het leven over de gehele linie zwaarder geworden, misschien vooral subjectief, maar daar gaat het om. Het gaat om de spanning door de gestage opvoering van het rendement van de arbeid, om de versnelde vernieuwing van basis tot top in de bedrijven, om al die dingen ook die binnen en buiten het werk op ons drukken, al die dingen waartegen we ons verweren moeten en waartegen we ons niet (genoeg) verweren kunnen: alle onzekerheid die ligt opgesloten in één woord: de bom, en verder verkeerschaos, lawaai, vervuiling en de toenemende algemene dreiging die aan onze welvaart en 'bestaanszekerheid' gekoppeld is. Er is bovendien in kleine en grote dingen voortdurend de druk van de ervaring, dat er – ondanks de schijnbaar zo goed sluitende apparatuur van onze democratie – niets aan te doen is. Het is niet onverklaarbaar, dat iedereen zijn schouders ophaalt over de politiek juist nu iedereen er potentieel deel aan kan hebben: de democratie is uitgehold en we leven onder de druk van een nieuwe fataliteit: alles, vanaf de afbraak van ons voortuintje tot de genocide in Vietnam, wordt beheerst door en goedgepraat met de Economische Belangen, en dat alles bij elkaar heeft ermee te maken, dat velen die onder de vroegere omstandigheden (en zonder sociale voorzieningen) misschien nog tien jaar actief waren gebleven, de vijfenzestig-streep met een zucht van verlichting bereiken, dat een toenemend aantal werkenden gedwongen of geneigd is op een niet al te onvoordelig aanbod tot voortijdige pensionering in te gaan of dat zelfstandigen die zich dat (soms maar net aan) kunnen veroorloven, er omstreeks zestig het bijltje bij neer leggen.

Maar er is ook een *doelbewuste*, zij het zelden uitgesproken, tendens om de pensioenleeftijd te verlagen: in zich technisch snel ontwikkelende bedrijven geven de oudere medewerkers vaak moeilijkheden, omdat ze 'niet mee komen'. Niet voor niets worden zij het eerst getroffen door de eventueel noodzakelijk geworden personeelsbeperkingen, in plaats van, zoals het vroeger veelal was, de jonge mensen die nog niet de hooggeschatte ervaring van de ouderen hadden. Niet voor niets wordt het voor de boven vijfendertigjarigen steeds moeilijker een nieuwe baan te vinden. Diezelfde technisering en automatisering doet de werkgelegenheid inkrimpen. Zoals indertijd de achturige arbeidsdag niet alleen tot stand kwam door de eisen van de georganiseerde arbeiders, maar ook noodzaak werd in het gemechaniseerde bedrijf, kunnen we voorzien, dat we naar een zes-, wie weet naar een vierurige arbeidsdag oprukken, én door het verzet tegen langdurig geestdodend werk én doordat er eenvoudig geen werkgelegenheid zal zijn. Maar welke werkgever zal, zelf meestal hard werkend (maar aan werk dat loont en hem boeit!) bij ons ingeroest arbeidsethos en zonder de dwang van noodzaak en verzet ertoe besluiten een 'halve arbeidsdag' met een hele dag levensonderhoud te belonen? En dus voltrekt zich de toch onvermijdelijke inkrimping van de werktijd op het zwakste punt: bij de zestiger die geen verweer meer heeft en gedwongen of met een zucht van verlichting het voortijdig pensioen aanvaardt, zich schikkend naar het algemeen belang of . . . de Belangen.

Men rekent er nu al mee, dat nog voor het jaar 2000 de werkperiode van de beter geschoolde gemiddelde mens met vijfentwintig jaar begint en – met een verkorte werkweek – tot zijn vijfenvijftigste loopt. Wanneer dan de gemiddelde leeftijd tot vijfentachtig is opgevoerd, zou de vijfenvijftigjarige komen te staan aan het begin van een dertigjarige loopbaan van vissen en klaverjassen, nuttige en fraaie handwerken, lezen en postzegels verzamelen.

Het is duidelijk, dat we een dergelijk leven ook met de best bedoelde activiteiten van een aantal maatschappelijk werkers of bejaardenhulpen niet leefbaar kunnen maken, maar dat we aan een totale mentaliteitsverandering toe zijn waarin we de gevaren van het arbeidsethos onderkennen en niet alleen ernst gaan maken met het spelend leren van onze kinderen, maar ook met het leren spelen, dat wil zeggen de volwassen mens in de recreatieve uren van zijn werkende jaren de gelegenheid geven de homo ludens in zich te ontwikkelen en zich voor te bereiden op een zinrijke *speelse* dan wel voor hun plezier – en dat van anderen – werkende ouderdom. Maar omdat onze ingewortelde arbeidszucht niet gericht is op de verwezenlijking van zulk soort 'dromen', maar meer op het redderen van alles wat nog niet 'aan kant' is, kwamen we zo omtrent het einde van de Tweede Wereldoorlog, bij al waarover we ons nog verder zorg moesten maken, te staan voor het levensgroot vraagteken van het *bejaardenprobleem*, ons opgelegd door de stijging van de gemiddelde leeftijd, de vergrijzing van de bevolking (mede door de daling van het geboortencijfer) en de zowel uit humanitaire overwegingen als uit economische noodzaak getrokken vijfenzestig-lijn.

We konden er niet onderuit te erkennen, dat onze samenleving een zeer groot – de vraag drong zich op: een onevenredig groot? – aantal bejaarden had te onderhouden die *onproduktief* waren in een wereld waarin zowel het profijt- als het humaniteitsbeginsel zich breed maakte en die beide dus in een verholen conflict met elkaar kwamen te staan. En dat dat conflict niet kon worden opgelost binnen de drie-generaties-familiewoning.

Het profijtbeginsel schakelde uit wat onproduktief werd, maar de humaniteit had al lang geen genoegen meer kunnen nemen met medelijden voor de schurftige, maar wel pittoreske bedelaar op de trappen van de kathedraal. En het geweten van de humaniteit verzette zich ook al lang tegen de gedachte, dat we konden volstaan met 'een kruimel van ons brood, een spaander van ons hout' voor de armen, in het bijzonder voor die uiterst zielige groep: oud-en-arm. Want het ging ook niet meer om de armen. En het ging ook niet meer om een persoonlijke verhouding van kinderen tegenover ouders, van gever tegenover ontvanger, met al de vertederende én grievende aspecten die daaraan te pas kwamen. Daarom hield geen sentimentaliteit ons parlement terug – en met hoeveel bijbelteksten had men dat niet kunnen doen! – van een volkomen redelijke wettelijke regeling waarbij de verplichting tot bijdragen in het levensonderhoud van ouders door kinderen verviel, en vermoedelijk zijn weinig ouders rouwig geweest over een regeling die hen minder afhankelijk scheen te maken. We zijn zonder veel moeite overgeschakeld op een ethiek waarbij de overtolligen zich kunnen beroepen op de verplichtingen van de samenleving in plaats van op de welwillendheid van particulieren, familie of filantropen. Maar veel moeizamer voltrekt zich een omzwaai in onze ethiek waarbij we afzien van het profijtbeginsel, dat niet-werkenden als overtolligen afstempelt die een-beroep-doen-op en hen dús onvermijdelijk laat vallen onder een op zijn best bemeelijde, maar gewoonlijk onder een minder gewaardeerde, een – de modeterm moet hier wel vallen – gediscrimineerde groep.

De voorvechtsters van de herleefde vrouwenemancipatie vergelijken haar positie graag met die van 'andere gediscrimineerde groepen als joden en negers'. Hebben bejaarden niet minstens zoveel aanspraak op dat twijfelachtig voorrecht? En dat te meer, omdat hun positie in de neer is. Zoals de neger alleen als zwarte man een operarol kan zingen: Othello of Porgy, zo komt de bejaarde steeds minder in een karakterrol, als patriarch, als de oude gravin of als familiestuk op de planken, maar uitsluitend als overtollig, oud-en-lastig, oud-en-dement, een dode met uitstel van executie. Zijn 'onrust' is versleten, hij kent alleen nog het initiatief van de eindeloze herhaling. Komt er toevallig nog eens een bejaarde-karakterrol in een stuk voor, dan wordt daar een al gepensioneerde speler of speelster voor ingeschakeld. En wat te verwachten was: als over alle gediscrimineerde groepen komen er ook over deze standaardgrapjes in omloop: 'ken je die al van die ouwe vent, die . . .' Er worden al verzamelingen van aangelegd.

Een intelligent man heeft er mij eens op gewezen, dat wij een ingewoekerde gewoonte hebben ten aanzien van mensengroepen die wij als anders, en dus meestal als een graadje minder dan ons zelf zien, verkleinwoorden te gebruiken. Tegenover kinderen is dat nog begrijpelijk, maar mannen spreken al of niet liefkozend van vrouwtje, kindje, kleintje, sletje, krengetje, et cetera, vrouwen van mannetje, jongetje, kereltje, et cetera.

Verder kennen we de negertjes, zwartjes, Javaantjes en het kleine joodje dat altijd opduikt als iemand zo nodig een mop moet vertellen. Maar nergens woekert dit gebruik zo welig als tegenover oudjes, opaatjes, omaatjes, oude mannetjes en wijfjes – je zou bijna denken dat alle lange mensen jong sterven. En er valt bij dit soort discriminatie ook nog een merkwaardige sociale deellijn: zoals men bij Martin Luther King of Ralph Bunch niet over een negertje zal spreken, zo worden overrijpe industriemagnaten en hun weduwen, die zich op hun landgoederen teruggetrokken hebben, niet als die oude mensjes aangeduid.

Aan het overtollig worden van de vijfenzestig-plusser danken we een nieuw beeld van de oudere mens, want dat groeit sneller dan een nieuwe ethos. Oude mensen zijn . . . niet nieuw. Allicht niet. Maar het is vandaag de dag een tekort om niet nieuw te zijn, en terwijl we alles wat we gebruiken steeds eerder wegwerpen en vernieuwen, blijft de oude mens, dwars daartegenin, steeds langer in de roulatie. Oud zijn was eens van mensen en dingen een verdienste, het betekende wijs en solide, nu is het alleen nog een deugd van wijn en kaas. Vandaar de steriotiepe lof voor de oudere mens: nóg heel vitaal, nóg onvermoeid, nóg allesbehalve seniel.

Oude mensen zijn – om met het uiterlijk te beginnen – onappetijtelijk in een tijd die meer dan voor de dood voor de aftakeling terugschrikt: ze hebben het rammelend geraamte van de dodendansen als memento mori vervangen. Oude mensen zijn onsmakelijk: let eens op hoe in de literatuur de waardige grijsaard verdrongen is door de vieze oude man. Waarbij we wel moeten bedenken dat niets zo vereenzaamt als 'een luchtje' in een wereld waarin toilet-hygiëne het sjibboleth der beschaving geworden is en de dierlijke aantrekkelijkheid van de lichaamsgeur verdrongen is door die uit de spuitbus. Het heeft minder consequenties, wanneer je tegen een vriend zegt, dat hij liegt of zuipt dan dat hij stinkt, en de bejaardenhulp die een invalide oude ziel in het bad stopt, kan dat vaak alleen rechtvaardigen door de toon van een kinderjuf aan te slaan.

Oude mensen zijn als zodanig bekrompen, ongeïnteresseerd, suf, saai en seksloos, in het kort: oude zeuren en bedaagde trutten. Ons beeld van dé bejaarde, dat wil zeggen de vijfenzestig-plusser, binnenkort misschien de zestig-plusser, wordt te oud gefixeerd, met name door die grote imagebuilder; de STER: opa met pijpje, tuintje, postzegels, oma herleid tot appeltaart, koffie zetten en breiwerk; zij vertegenwoordigt het voor-biologische tijdperk in het wasmiddelendebat, dat altijd door een betrouwbaar uitziend man van omstreeks veertig beslist wordt.

Het is onmiskenbaar waar, dat wie een groot stuk verleden achter zich heeft en nog maar een schraapseltje toekomst voor zich, meer naar dat verleden toe gekeerd gaat leven en uitdrukkingen gebruikt als :'in mijn tijd ...' of: 'tegenwoordig denkt iedereen ...' of ook wel, afstand nemend: 'je moet de jeugd een kans geven ...'

Het is onmiskenbaar waar, dat in het algemeen met het klimmen der jaren de belangstelling krimpt, dat levenservaring soms wel tot sceptische wijsheid en berusting, maar ook tot verzuring en verbittering kan voeren. Maar er worden meer conservatieven geboren dan gemaakt: menig jong carrière-maker in onze tijd zal zich het best thuis voelen in een typisch conservatieve partij als de VVD die niet voor niets de jeugd van zijn leider zo afficheert. En telkens weer, als ik een oude trut eens goed aankijk, dringt zich onafwijsbaar de vraag aan mij op of ze op haar dertigste niet een jonge trut was.

Typische trek van een gediscrimineerde groep: er zijn uitzonderingen. 'Zoals iedere nazi zijn goede jood had,' las ik laatst ergens, 'zo kennen we allemaal zo'n geweldig krasse oude baas, die precies begrijpt waarom het in onze wereld gaat, zo'n kostelijk vitale en geestige grootmoeder, een trekpleister voor de jeugd in haar omgeving.'

Heeft bovendien iedere leeftijd niet het recht op erkenning

van zijn eigen perspectief? Wanneer wij met de afbraak van het patriarchaat alleen bereikt hebben, dat ons niet meer de gezichtshoek op de voorbijtrekkende werkelijkheid van de volwassenen, maar die van de jeugd als prevalerend wordt opgedrongen, is er weinig gewonnen. Wie een karavaan uit de woestijn ziet opdoemen kan een zinneloze strijd voeren met wie hem in een stofwolk ziet verdwijnen, of kamelen alleen maar voorpoten of alleen maar achterpoten hebben.

Wij leven in de ban van een opdringerige paradox: die van de meerwaarde van de vernieuwing, ingebouwd in de toch vrij massaal beleden pessimistische overtuiging dat het nogal beroerd gaat met de wereld, met de economie, de politieke conflicten, de literatuur, het toneel of wat dan ook. Maar wie het waagt dat door een vergelijking met iets van vroeger te staven, wordt onmiddellijk uitgerangeerd als een oude sok. Nog paradoxaler: oeroude, min of meer vermolmde instellingen als godsdiensten laten zich niet handhaven door vertimmeren en aanpassen aan de tijd – daardoor is het kerkelijk modernisme zo weinig geslaagd of op ontkerkelijking uitgelopen –, maar wel door, met verwijdering van alle latere woekeringen, terug te keren tot de oude oorspronkelijke kern of wat men daarvoor houdt, ook al demonstreert die regressieve vernieuwing zich vooral in een soort apostolische kledij of in de naïeve opdringerigheid van de Kinderen van God of de Jezusbeweging en soortgelijke revivals. Hoe komt het dat oudere mensen niet vatbaar zijn voor dit soort massa bekering? En zouden de Jezuskinderen – als zodanig – oud kunnen worden?

In die ingeboren neiging tot redderen van de westerse mens hebben we van het bejaardenprobleem meteen een probleem van bejaarden*zorg* gemaakt. Aan de randen van steden en dorpen schieten ze als paddestoelen uit de grond: de bejaardenhuizen, zes-hoog, acht-hoog, twaalf-hoog, met een smal plantsoen eromheen (de grond is duur), centraal verwarmd, met

koud en warm stromend water, een hygiënische, blinkende, alu-
minium keuken, met ... ja een beetje kleine kamers – de grond
is duur –, gezellige zitjes, een hobby-kamer en fleurige plan-
tenbakken. Je zou er zo instappen, zeggen veertigjarigen ani-
merend, maar de kandidaat-bejaarde die in het voorbijgaan
langs zo'n hoge gevel opkijkt, denkt: premature columba-
riums.

Het bejaardenhuis, in schijn een ontwerp van twee drijvende
krachten in onze westerse beschaving: efficiency en humaniteit, gaat in wezen terug op twee vergissingen: een psychologische, dat namelijk alle oude mensen graag bij elkaar zouden
zitten, en een sociaal-historische, dat het bejaardenhuis een –
natuurlijk gehumaniseerde en aan de 'eisen des tijds' aangepaste
– repliek van het armenhuis moet zijn. Het bejaardenwezen,
zoals dat tegenwoordig heet, is een probleemgebied. Er worden
studies over geschreven, statistieken van bijgehouden en tijd-
schriften en tv.-uitzendingen aan gewijd. Er zijn afdelingen
bejaardenzorg bij de sociale diensten van gemeente en provin-
cie en de bejaardenzorg-afdeling bij het ministerie gaat over
zo'n tweeduizend bejaardenhuizen. En wie hier binnengaat ...

Nee, laten we alstublieft bij alle, op uitvoerige vragenlijsten
berustende statistieken over zieke, demente, gezonde, actieve,
nog zonder bril lezende, enzovoort bejaarden er niet nog een
aanleggen over de tevredene.

'En, mevrouwtje, hoe bevalt het u hier? Lekker zonnetje in
de serre, hè?' 'Ja, mevrouw kan best wennen,' valt de vriendelijke directrice bij. 'Mijnheer is zeker niet weg te slaan uit de
hobbykamer. Als ik het niet dacht! Als je ook nog zo actief
bent. Hoe oud bent u nu wel?'

'Och, ja, ze mopperen wel eens wat, maar de meesten zijn
heel tevreden hoor.' 'Ze', dat zijn oude mensen, daar hoor je nu
ook bij. Tot gisteren hoorde je bij andere groepen waar je in-
gegroeid was: collega's, buurtgenoten. Nu sta je plotseling
voor de keus tussen vereenzamen, alleen eten of in het toeval-

lige gezelschap dat je toevalt, alleen snoepen, alleen drinken, alleen zwijgzaam naar de dementie afglijden of de schijnpartici-patie van het wij-oudjes-onder-elkaar. 'Er loopt een kind over de gang,' zeggen we tegen elkaar, en al naar onze aard klinkt daar een tikje kribbigheid of ontroering in door.

Op het moment dat je over die drempel in de ruime hal vol planten stapt, merk je het nog niet, je wordt zo hartelijk ge-holpen bij je laatste verhuizing door kinderen, vrienden, buren, je wordt zo hartelijk ontvangen. Maar na een paar dagen komt je dat zinnetje voor de geest, dat eerste zinnetje dat in Neder-landse woorden bleef opgetekend, in de kantlijn van een Latijns handschrift op perkament: 'alle vogels hebben nesten, alleen jij en ik niet', en je denkt erbij: oude mensen hebben alleen maar een volière. En die eerste avond, dat je zo lang in het donker naar buiten bleef staan kijken. En dan keer je je om naar die vreemde kamer. Ze hadden wel gelijk, dat die zware oude fauteuils er hier niet in konden . . . oude mensen moeten zich niet hechten aan de dingen . . . je kan toch niets meenemen . . . maar de dingen leven langer dan de mensen . . . en het bed . . . u hoeft geen bed mee te nemen, daar zorgen wij voor: prak-tische, nieuwe, frisse bedden . . . maar het veilige hol van het tweepersoons, waarin je zo lang met haar geslapen hebt. Maar hoe breng je dat onder woorden? Hoe zet je dat vage onbe-hagen van de vervreemding in voelbare gevoelens om? 'Bent u goed gehuisvest?' vraagt de inspecteur. 'O, ja, heel redelijk.' 'Is het eten goed?' 'De kok doet zijn best.' 'Nou dan?' Hij spreekt een andere taal. Was het niet Engels die van de ver-dammte Bedürfnislosigkeit van de arbeiders sprak? Die zijn daar nu overheen. Je kan er plezier in hebben, hoe stakende bedrijfsarbeiders voor de tv. hun grieven en eisen soms beter onder woorden brengen dan een minister zijn antwoord op een lastige vraag uit de Kamer. Maar een bejaardenhuis is een nieuwe situatie – daar moet de taal van verweer, het besef van wat er ontbreekt nog voor gevonden worden. Is er dan – we leven toch in een democratische wereld – geen inspraak? Maar het is toch niet zo moeilijk in te zien hoe, niet alleen in het bejaardenhuis, onze tot op de schil uitgeholde democratie de graadmeter van onze hypocrisie geworden is, zoals dat in de vorige eeuw de goede zeden waren? Een in de bejaardenzorg vergrijsd man schreef onlangs, dat op grond van een enquête vaststond, dat de meerderheid in de bejaardenhuizen geen bestuurlijke verantwoordelijkheid wenste. Zou een enquête ook niet uitwijzen, dat de overgrote meerderheid van onze landgenoten geen ambitie heeft om lid van de Kamer te worden? Moeten wij daarom tot een dictatuur overgaan?

Er zijn al zoveel emancipatiebewegingen, moet er nog een bij voor de bejaarden? Er is zoveel te overwinnen en je begint langzamerhand een beetje moe te worden en te denken: is het nog de moeite waard? Je moet – net als de vrouwen trouwens altijd hebben moeten doen – je verweren tegen wie je het naast staan en, terwijl je toch zo'n goed en rustig bestaan hebt, je recht opeisen om nog een beetje te blijven leven. Als je jonge mensen naar hun welzijn vraagt, beginnen ze over hun nieuwe huis, hun kinderen, hun recreatie, oude mensen spreken over hun kwalen of over hun werk. Dat is hun alibi.

Ten slotte: er zijn te veel vrouwen in de bejaardenhuizen: het krioelt er van eerzame weduwen. Vrouwen worden wel verondersteld zo lang mogelijk, desnoods met kunst- en vliegwerk jong te blijven, maar ten slotte toch waardig in de ouderdom te berusten. 'Vitale, levenslustige, niet meer jeugdige' mannen zetten een advertentie met een niet te hoge leeftijdsgrens. 'Omdat ze zo vitaal zijn,' zegt Simone de Beauvoir. Maar haar vitale mannen die zich een twintigjarige vrouw aanschaffen, zijn altijd beroemdheden. Blijf je daar vitaal van?

Het is niet plezierig een probleemgebied te bewonen. Alles wat je erover leest is óf zielig: lange wachtlijsten van mensen die nodig aan verzorging zo niet aan verpleging toe zijn, onthullingen over als winstgevend bedrijf opgezette 'verzorgingshuizen', waar de inwoners verwaarloosd, geplukt, ja, mishandeld worden, óf wel, per procuratie opgewekt: count your blessings. Het is niet eenvoudig op te komen tegen een onrecht waar zoveel sociale bewogenheid zich op richt en dat door vele andere onrechten overschreeuwd wordt en toch: there is something rotten in ons zo zorgzame bejaardenwezen; maar wie daarover begint, trapt op tien zere tenen tegelijk. Zeker op die van jonggehuwden die in een al of niet gekraakte hoek van een voor afbraak – lees: voor profijtelijker exploitatie – bestemd pand huizen, al of niet zonder water en met een paar elektrische kacheltjes. Die vragen zich met een afgunstige blik op die bejaardenburchten af of er voor een stel hardwerkende mensen ook niet zo'n klein, hoe klein ook, tweekamerflatje met kitchenette, douche en wc. te krijgen is als zo'n stel overtolligen wordt toegewezen. En dan de vele, altijd 'hard werkende' mensen die van iedere gulden voor sociale zorg gaan narekenen hoeveel daarvan op hún belastingbiljet drukt. 'Waar praat je over?' vragen ze verontwaardigd: 'Kijk eens naar die "oudjes" die onlangs, begeleid door hartverwarmende krantenartikelen en roerende plaatjes, verhuisd zijn van het vervallen eeuwenoude gebouw in de Roetersstraat – gescheiden slaapzalen voor mannen en vrouwen met stutten tussen de bedden om instorten te voorkomen – naar het frisse, fleurige, hygiënische enzovoort Flevohuis. Ze konden immers hun geluk en dankbaarheid niet op.'

En toch! Over tien, zeker over twintig jaar, zal het zoveelste Flevohuis niet meer betrokken worden door mensen die in een Roetershuis geconditioneerd waren. Het zullen vijfenzestigplussers of eventueel nog eerder uitgeschakelden zijn, die, gemiddeld weer iets vroeger getrouwd dan de 'cohort' voor hen, hun beperkt kindertal al lang hebben zien uitvliegen en bij de nog altijd heersende woningnood, de nog onbetaalbaarder huurprijzen en het dalend aanbod van huishoudelijke hulp een toevlucht zoeken in een Huis. Ze zullen dan mogelijk iets korter dan nu op een wachtlijst komen te staan, tenzij . . . ze over enig geld beschikken. Want er is een soort bejaardenhuis dat als bouwobject rendabel is en dus overal in het nog gespaarde landschappelijk schoon uit de grond opschiet: de verzorgings-flat waarbij geen leeftijdsgrens geldt, maar die praktisch uit-sluitend door welgestelde vijfenzestig-plussers bewoond wordt en praktisch hetzelfde, maar meestal in een iets ruimer en luxueuzer vorm, biedt als het bejaardenhuis aan verzorging en lichte verpleging. Wat is dan het verschil tussen een verzor-gingsflat en een bejaardenhuis? Dat zit om te beginnen in die ton – of misschien binnenkort anderhalve ton – die je op tafel moet leggen om je een plaats in het eerste te verschaffen. Maar het zit ook in de afkomst van beide instellingen en het maakt – als bij de mensen! – altijd ook voor instellingen nog een groot verschil of je van goede familie bent. De verzorgingsflat stamt, zoals de naam aangeeft, uit de familie Flat: oorspronkelijk ste-delijke woonblokken met veel voorzieningen, bestemd voor de upper-middle-class die, door de personeelscrisis gedreven, de ongeriefelijke en bewerkelijke herenhuizen verliet. De familie Flat heeft, zoals in onze democratische tijd past, ook al weer een arme tak, waartoe de lagere middenstands- en arbeidersflat behoren. Maar de verzorgingsflat handhaaft zich – dank zij die ton – in de betere kringen.

Het Huis daarentegen stamt uit de familie Huizen, u weet wel met een stamboom die op de baaierd teruggaat: weeshui-zen, besjeshuizen, gasthuizen, armenhuizen.

De Flat-financiering berust, als die van alle koopflats, op eigen kapitaal van de bewoners, die van het Huis op geld door een stichting bijeengebracht en vaak grotendeels op overheids-leningen.

Dat zijn de twee kardinale verschilpunten precies als in de grote-mensenmaatschappij: afkomst en geld. Daaruit vloeit voort dat de Flatbewoners een groep vrije mensen vormen met een zelfbestuur voor regeling van gemeenschappelijke belangen en ordening van de onmisbare onderlinge verdraagzaamheid als iedere andere groep koopflatbewoners en dat de Huisbewoners ... voogdijkinderen zijn onder beheer van een buiten hun inmenging of voorkennis benoemde directie en een coöpterend bestuur, precies: de heren Regenten. En zelfs met een verwijzing naar de liefdadigheid laat deze bereddering zich niet rechtvaardigen: vele Huisbewoners betalen een behoorlijke pensionprijs. Niettemin handhaaft zich de stelregel, dat 'dienstverlening aan bejaarden gegroeid is uit charitatieve activiteiten' en dus 'uit economische argumentatie beperkt dient te blijven tot curatieve activiteiten'. Wie het woord bereddering overdreven vindt, moet misschien even herinnerd worden aan een feit dat zich bij de laatste volkstelling heeft voorgedaan en bij alle openbaar debat over zin of zinloosheid van deze instelling opvallend weinig publieke aandacht kreeg: de bewoners van 'bejaardenoorden' kregen, samen met die van gevangenissen, kloosters, psychiatrische inrichtingen, et cetera, afzonderlijke kaarten, F-kaarten, uitgereikt, na gedeeltelijke invulling open aan de directie in te leveren, die voor verdere behandeling zorgde. Het zou vanzelf moeten spreken, dat voor ál deze categorieën invulling door een ander alleen verantwoord was voorzover de geadresseerden onder curatele stonden, en dan door de curator. Het spreekt wel vanzelf, dat de Flatbewoners, hoe oud of dement eventueel ook, van deze redderzucht verschoond bleven.

De bewoners van de bejaardenoorden in Noord-Holland ontvingen onlangs een keurig verzorgd boekje: *Uw Thuis*, uitgave van het provinciaal bestuur, met 'informatie voor de bewoners van de Noordhollandse bejaardenoorden'. Het is even fraai geïllustreerd en in dezelfde count-your-blessings-toon geschreven als de boekjes waarin ons in de jaren vijftig van departementswege werd voorgehouden, dat onze zaligheid gemoeid was met emigreren naar Canada of Australië. Maar dat

Canada-boekje had één ding voor: je kreeg het als *aspirant* emigrant, niet als je al – eventueel werkeloos – aan de overkant zat, en hoe optimistisch het ook gesteld was, het kon als handleiding dienen bij verdere informatie. *Uw Thuis* wordt je pas uitgereikt als je al geruime tijd bewoner van een huis bent, en dat heeft dan weer iets voor: dat je meteen theorie en werkelijkheid kan vergelijken.

Ik citeer de aanhef van het geschrift: 'Op hoge leeftijd kan men natuurlijk nog vol levenslust en veerkracht zijn. Maar er kan een moment komen waarop de dagelijkse beslommeringen te zwaar gaan wegen. Langzaam rijpt dan het besluit te verhuizen naar een bejaardenoord waarvan er zo'n 500 staan in Noord-Holland.

Dit proces is voor u geen nieuws. Evenmin als de wetenschap, dat in een democratie als de Nederlandse ook bejaarden meetellen als *normale staatsburgers* . . . ze hebben dezelfde rechten en plichten als ieder ander!'

Stel je eens voor, dat een bewoner van een van die andere 'bejaardenoorden' die 'verzorgingsflat' heten, zo iets in zijn bus vindt! Zou hij niet reageren met: wel verdorie, waarom moet mij verzekerd worden, dat ik een normale staatsburger ben? En het antwoord ligt voor de hand: is het niet, omdat dit een van die vele officiële waarheden is die ons met zoveel nadruk worden voorgehouden, *omdat ze niet waar zijn*, juist voor de groep die overtuigd moet worden? Zie het hierboven vermelde omtrent de volkstelling.

Een bejaardenhuis is géén democratische instelling. Per definitie niet, omdat alle democratie die de wereld tot nu toe gekend heeft, niet verleend, maar afgedwongen is. En bejaarden hebben niets af te dwingen, ze zijn overtolligen en weerlozen. Zelfs het stakingsrecht kennen zij niet en als het hun werd toegekend, zou het meteen tot een aanfluiting worden. Het Huis is niet democratisch, omdat het beladen is met zijn afkomst: het stamt uit de liefdadigheid en de liefdadigheid is een even onuitroeibare als decoratieve woekering op ons maatschappelijk bestaan. Het Huis staat veelal onder beheer van een stichting en is in ieder geval ingepast in de provinciale bejaardenzorg. De verzorgingsflats zijn dat niet, en zonder te suggereren, dat dus de activiteit van dat controle-instituut overbodig zou zijn – maar waarom reikt zijn zorg dan niet ook over de bejaarden in verzorgingsflats? –, blijf ik voor de vraag staan of met deze 'bescherming', een begrip dat herhaaldelijk in die aantrekkelijke brochure voorkomt, niet onvermijdelijk de filantropische sfeer in het Huis wordt gebracht, de sfeer van chocolademelk met krentenbollen met Kerstmis en van 'kunnen we niet eens iets doen voor die oudjes'.

In *Op Leeftijd*, een goed geredigeerd, informatief maandblad over de bejaardenzorg, dat kennelijk een loyaal opnamebeleid voert, schreef een bewoner van een bejaardenhuis een artikel onder het hoofd: *Dankbaarheid in Opstand* (Jrg. '71, no. 11), waarin de schrijver zich onder andere afvroeg, waarom hij en zijn medebewoners geen enkele inspraak in de gang van zaken hadden en waarom een huis niet bestuurd kon worden door bejaarden waaraan een directrice verantwoording schuldig zou zijn. Ik vrees, dat zijn voorstel veel bejaardenzorgers even geamuseerd-schichtig zou maken als een plan voor een vakvereniging van kleuters of een crèche met zelfbestuur. Hij had andere bezwaren betreffende de voogdijverhouding, zoals bij voorbeeld dat de pensionprijs voor AOW-trekkers rechtstreeks over hun hoofd heen betaald werd zonder dat zij daar een afrekening van kregen en dat zij, steeds als 'gasten van het Huis' aangesproken, niettemin op gezag van het bestuur alleen, zonder hoger beroep, op straat gezet konden worden. 'Dan ga je maar weg, niemand heeft je hier geroepen,' is inderdaad een gangbare Huis-formule.

Ja, het Huis wordt beheerd, zoals gezegd, door een stichting, een totaal verouderde instelling, een groepje als een zeventiende-eeuwse regentencollege coöpterende heren die in hun verzakelijkte rol en colbertjes alleen de allure van het regentenstuk missen, en dat betekent dat ze dezelfde mensen die ze elders als hun medeburgers zouden bejegenen, als voogdijkinderen tegemoet treden. Het is een overlevering, maar overleveringen, als alle irrationele elementen in onze samenleving, zijn taai. Ieder die voor een plaats in een stichtingsbestuur gecoöpteerd wordt, wordt ook geacht voor die functie bevoegd te zijn. De inspecteur van het bejaardenwezen heeft daartegenover veto noch controle, en de bewoners hebben geen medezeggenschap, wel 'inspraak', maar er gebeurt niets, wanneer het bestuur de organen van die inspraak, bewonersvergadering of -commissie, uitschakelt. Ook bij het – zeldzame – contact van de inspecteur met de 'gasten' is het laatste woord altijd het gebaar naar de deur.

Er is veel gemurmureer in het Huis, maar zelden verzet. Waardoor? Omdat er iets wringt. Naar de vorm heet de bejaarde (zonder vermogen, wel te verstaan, met vermogen is hij geen 'bejaarde') een zelfstandig persoon met een eigen inkomen, pensioen of AOW dat hem in de gehumaniseerde ethiek van de twintigste eeuw rechtmatig toekomt, omdat hij er wel niet meer voor werkt, maar toch gewerkt heeft. Maar dat humane laagje over het orthodoxe: wie niet werkt . . . is nog maar dun. Daarom is bejaardenzorg zonder bereddering, hetzij uit vertedering ('och, de oude stakkertjes'), hetzij uit heerszucht ('ze mogen waarachtig wel dankbaar wezen') bijna ondenkbaar.

Onder de nog wel werkenden – midden in het leven staanden heet dat – valt nog wel eens de opmerking, dat die bejaarden van nu hun AOW toch maar opstrijken zonder er ooit een cent premie voor betaald te hebben, en naast de volstrekt redelijke overwegingen omtrent door de betrokkene gewenste euthanasie duiken de sick jokes op over een goed besteed leven tot vijfenzestig, dan vijf jaar vrolijk leven op kosten van de gemeenschap en dan even het verlossende pilletje gaan halen. Het lijkt een komisch verlengstuk van de ernstige opzet van een politiek partijbureau om op eigen gelegenheid een onderzoek in te stellen naar handlichting en eventuele knoeierij bij A O W en bijstandsuitkeringen vóór er een dergelijke enquête op touw wordt gezet naar ontoelaatbare trucs bij de belastingen.

Resultaat: dat zelden de bewoner van een Huis aan een medebewoner de 'schande' zal bekennen, dat hij van de bijstand trekt. Formeel mag de bejaarde een zelfstandig persoon genoemd worden, volgens de dwingende overlevering is hij nog altijd samen met Oliver Twist en het diakenhuismannetje verplicht tot dankbaarheid. Die – fictieve – afhankelijkheidsverhouding schept in onze maatschappij onvermijdelijk een standsafstand: het is niet ongewoon in het Huis een zeventiger te zien opspringen om de jas van een van de Heren aan te pakken.

Het spreekt vanzelf, dat men in het Huis leeft onder een reglement. Er moet toch orde en regel zijn! Maar waar komt die orde en regel dan vandaan in de verzorgingsflat of in andere woonblokken, waarin een aantal gezinnen met gemeenschappelijke voorzieningen samen woont en het reglement zich beperkt tot het onderhoud dier voorzieningen en dergelijke? Waarom kunnen de bewoners van een bejaardenhuis tijdens herbouw van hun behuizing voor een aantal maanden 'overgeplaatst' worden naar een hotel in Spanje onder het gejuich van de pers over zo'n ideale voorziening en komen slechts enkelen achteraf tot de vraag of alle oude mensen het zo heerlijk vinden uit hun veilig eigen holletje weggesleept te worden naar een kale hotelkamer in een vreemde omgeving en of misschien ook 'die mensen' mogelijk níét vatbaar zouden zijn voor de toeristische reclame over de gouden stranden in een dictatoriale staat.

Wanneer ik overal uit het landschap de hoge silhouetten van de bejaardenhuizen zie oprijzen, vraag ik me af of ze niet voor minstens vijftig jaar eenvoudig door hun bestaan de verouderde mens een leefpatroon opdringen. En zal die tendens niet versterkt worden door de onuitroeibare overlevering van de reddende, en in de grond filantropische bejaardenzorg.

De bewoners van een Huis – of van een complex van bejaardenwoningen – zullen over een jaar of twintig voor een belangrijk deel bestaan uit zestig- tot tachtigjarigen die naast hobby's zeker ook vormen zullen vinden om iets van hun gewende activiteit, voor zover ze daar plezier in hadden, in een rustiger tempo voort te zetten: in een halve baan, in losse opdrachten, les geven, administratief, sociaal, literair, of kunstzinnig werk. Zullen deze mensen genoegen nemen met een voortgaande bevoogding en discriminatie? En hoe zullen de oude mensen van over twintig jaar komen te staan tegenover een gedachtengang die ik in een ander artikel van *Op Leeftijd* ontwikkeld vond en die zich als volgt laat samenvatten: mensen die *tijdelijk* ergens in hun levensloop in een internaat (kostschool, ziekenhuis, gevangenis) verblijven, doen er goed aan zich schrap te zetten tegen de daar heersende aanpassingseisen en hun herkomstpersoonlijkheid zo goed mogelijk te handhaven om niet vervreemd in de normale wereld terug te keren, dat wil zeggen: het is goed en gezond als ze rebelleren. Het bejaardenhuis is echter een terminaal internaat, *waarin men zijn eigenheid niet langer voor een later leven behoeft te conserveren.* Men hoeft daar niet ter wille van een succesvolle reclassering de herkomstcultuur binnen zijn persoonlijkheid veilig te stellen. Integendeel, die herkomstpersoonlijkheid kan juist een ernstige handicap worden, omdat men eisen zou blijven stellen die voor het internaatsleven veel te hoog zijn. Dit zou dikwijls tot ernstige frustraties kunnen leiden.

Ik stuitte al eens eerder op de uitspraak: 'Bejaardenhuizen zijn kweekplaatsen van dementen.' Is het bovenstaande met veel indrukwekkende woorden daar niet een variant op? Dementen zijn vriendelijke, niet lastige oudjes. Het 'count your blessings' dat vroeger aan de armen werd voorgehouden, valt nu alleen nog aan de bejaarden te slijten. Het Huis moet tot heil van de bewoners een kweekplaats van dementen zijn wier 'onrust' voorgoed is uitgeschakeld, en die alleen nog maar behoefte hebben aan materiële verzorging. Aan de ingekrompen geestelijke behoeften kan voldaan worden door troost (dominees, ziekenbezoeksters, kerkkoren van de Evangelische Omroep) ter voorbereiding van de dood of afleiding om de gedachten aan het naderend einde te weren. Aan die afleiding voor de oudjes wordt – we zijn een volk van liefdadigers – al veel gedaan. De Amsterdamse Huishoudbeurs organiseerde dit jaar een wedstrijd in wandkleden maken en in . . . ganzeborden voor de bejaarden. Bij de wandkleden bleken er te zijn, 'waar aan je niet kon zien, dat ze van bejaarden waren' en het ganzeborden . . . 'als je zag hoe agressief die oudjes speelden, voelde je de vurige wens opkomen er volgend jaar een landelijke competitie van te maken!'

En wat dacht u van de gelukkige inval van een carnaval in een verpleeghuis? Het was zeer geslaagd: een macabere optocht van strompelenden en kreupelen in en achter invalidenwagentjes met feestmutsen op: 'een onvergetelijke dag, zuster!' Op mijn leeftijd vloek je niet meer. Maar je kan wel denken: 'Jammer dat de ouderdom een "land of no return" is.' Onze literatuur is rijk aan terugblikken op jeugdland. Jammer dat niemand de kans krijgt om te zien naar het land van de ouderdom . . . in wrok of in verwondering.

Tussen de reclamebordjes die boven de hoofden van de Amsterdamse trampassagiers schommelen, was er jarenlang een dat de foto van een onbevangen kijkende baby vertoonde en bedoeld was als, bijna overbodige, reclame voor een boek dat bij duizenden over de hele wereld verkocht werd en wordt: dr. Benjamin Spock's: *Baby and infant care*. Sinds zijn verschijning in 1946 loopt iedere wijkverpleegster in de Amsterdamse Jordaan, het Newyorkse Harlem of een dergelijke buurt in

Tokio de kans, dat ze op haar advies te horen krijgt: 'Ja zuster, maar dr. Spock zegt ...' Wat zegt dr. Spock? In hem is een streven gepersonifieerd dat, niet voor het eerst, de leuze 'terug naar de natuur' volgde.

Al in de vorige eeuw hadden we afstand gedaan van het inbakeren waarmee we gemeend hadden de lichamelijke groei van het kind te moeten regelen. Nu ging de geestelijke inbakering eraan die door begrippen als gezondheidszorg en tot taboe geworden hygiëne sterk was uitgegroeid. Waarom een baby op de klok voeden? vroeg Spock. Waarom niet als hij erom vraagt, dat is: schreeuwt. Waarom mag een kind niet duimzuigen als dat hem rust geeft? Waarom lopen ouders beschaamd en ontsteld naar de dokter – of verzwijgen het ook voor hem – als hun kind neiging tot masturberen toont? Waarom mag een jammerende zuigeling niet gedodijnd en geknuffeld worden tot zijn nog onuitspreekbare angsten gesusd zijn? Waarom moet een kind voedsel opgedrongen, waar het een tegenzin in heeft? Enzovoort.

Terug naar de baby- en kleuterzorg van het algemeen menselijk patroon, naar al wat niet door de westerse cultuur is aangeraakt, met restricties natuurlijk, want terecht verwerpen we de kindersterfte van die leefwijze.

Spock's gedachte die neerkomt op een meer volgen dan leiden en berederen in de ontwikkeling van het jonge kind, toont verwantschap met de inzichten die Montessori en andere pedagogen een halve eeuw eerder over het onderwijs verkondigden. Beide vernieuwers vonden over de hele wereld instemming met hun ideeën, maar ook kritiek in de richting van: 'Spock maakt van de zuigeling een verwend tirannetje' en 'in de Montessorischool mogen de kinderen alles wat ze willen, dús doen ze niet anders dan radouw maken'. De ervaring weerlegt beide uitspraken: de Spock-kleuters zijn niet per definitie onaangepast (het hangt er trouwens vanaf waaraan!) en in de Montessorischolen wordt nog wel wat anders gedaan dan radouwen. Er wordt zelfs veel, men zou kunnen zeggen te veel anders gedaan. Dat wordt begrijpelijk, wanneer we ons er rekenschap van geven, dat beide systemen revolutionair zijn, dat wil zeggen tegen de bestaande orde ingaan. Beide toch zijn in verzet tegen het streven het kind op te voeden tot een aangepast meelopen in die orde. Spock die een kwart eeuw verder staat in de tijd, toont zich daarvan bewust door zijn optreden in het openbare leven in Amerika. Montessori, afkomstig uit een zuidelijk-katholiek milieu, heeft daar kennelijk levenslang in haar optreden en gedachtenwereld moeite mee gehad. Zij en haar volgelingen hadden bovendien tegenover Spock het grote nadeel, dat zij zich bezighielden met kinderen van een leeftijd waarop de eis tot aanpassing veel dwingender werd. In de slome atmosfeer van de jaren vijftig waarin de koude oorlog de restauratie voortzette, bleven hun ideeën tot binnen de kinderkamer en de progressieve scholen ingeperkt, totdat we in de jaren zestig opeens te maken kregen met een jeugd die, hoe indirect misschien ook, met Spock en Montessori scheen te zijn opgevoed en daar consequenties uit trok.

Spock en al wat daarvoor staat werd een symbool en een van de impulsen die in de jaren zestig de in een lange restauratieperiode ingedommelde 'onrust' van Locke weer deden ontwaken. Spock's revolutionaire vernieuwing toonde verwante trekken met het leefpatroon van wat wij natuurvolken noemen. Het teruggrijpen, in het verzet tegen de ouders, op de grootouders dan wel op de voorouders was niet nieuw, het 'terug naar de natuur' was zelfs een tot in het advertentiewezen voor kunstprodukten afgezakte slogan geworden.

Het verzet tegen onze al te gerichte, in recepten vastgelegde, getechnologiseerde kinderzorg en opvoeding had al een lange aanloop achter zich. Maar in die ontwikkeling gaan pas crisisverschijnselen optreden, wanneer het duidelijk wordt, dat ingrijpende veranderingen op een deelgebied onzer samenleving (in dit geval in de opvoeding) – of men die nu als een revolutionaire vernieuwing of als een terugkeer tot oude waarden ziet – zich niet laten verwezenlijken zonder grensconflicten met andere deelgebieden. Met andere woorden: de zachtaardige toegevendheid van primitieven tegenover babies en kleuters die de traditionele westerling als 'hopeloos verwennen' zag en waarnaar de 'Spock-revolutie' wilde terugkeren, was ingebouwd in een leefpatroon waarin de overgeleverde gedragsregels zo vast lagen, dat de tot enig zelfbesef komende kleuter er zich zonder schokken aan onderwierp en ophield met drenzen om zijn zin te krijgen, op straffe van uit het nest, dat is buiten de gemeenschap te vallen als abnormaal. Wij kenden al eerder het 'onmaatschappelijk gedrag' van 'door de baboe verwende' koloniale kinderen die in hun eigen milieu niet door een onwrikbare adat in toom werden gehouden. De westerse Spock-kleuters – om de jeugd van na het midden van onze eeuw zo maar generaliserend te noemen – stapten niet meer vanzelf zo tegen hun zesde jaar over de drempel van een traditionele wereld waarin de verwachting van hun gedrag vastlag, nu al wat westerse traditie was wankelde. Uit die generatie(s) stammen wat Kerouac, de eerste beatnik, de 'rebels without a cause' noemde.

Het zou al te simpel zijn de verschuiving in de generatieverhoudingen die zich in de tweede helft van de eeuw voltrekt, dan wel tot bewustzijn komt, alleen op dr. Spock af te schrijven. Maar de houding van de Spock-kinderen paste in de landerig-onzekere naoorlogse sfeer. Ouders die ten naaste bij bewust beleefden hoe de vernieuwingsgedachte teruggedrongen werd door de restauratie, vroegen zich af naar welke orde en regel ze hun kinderen tot wat moesten opvoeden en bleven voorlopig in die vraag hangen.

Voor de generatie die na de oorlog tot bewustzijn kwam, schoven de glorie en de misère van de oorlog weg achter die van zijn vervolg: het Wirtschaftswunder en de koude oorlog, de grote onzekerheid van de atoomdreiging die samenviel met

die van een uit de hand gelopen techniek, door een anar-
chische economie eerder voortgedreven dan afgeremd. De zekerheid van de stijgende gemiddelde leeftijd, van de beteugeling van epidemieën, infectieziekten, natuurrampen, verdween
achter de angst voor de aan de tovenaarsleerlingen ontsnapte
energie, de vervuiling van onze eerste levensbehoeften: lucht
en water, de verkeerschaos, de escalatie van het geweld en de
woekerende gedachte dat geweld alleen met meer geweld te
keren was. De componenten van het Gevaar zouden we ons pas
in de jaren zestig bewust worden. Voorlopig biologeerde ons
vooral de paradox dat die onbestemde impasse van de angst
samenging met een algemene stijging van de welvaart die de
meerderheid van de ouderen, met nog altijd de schrik om de
crisis van de jaren dertig en van de oorlogsarmoede in de benen,
tot de berusting dreef van het-zal-mijn-tijd-wel-duren. Bij een
deel van de jeugd die in de angry young men zijn woord-
voerders vond, kreeg die berusting een cynische en tegen de
ouderen wrokkende bijklank. Maar de nadruk valt op de berusting: er is geen verzet in deze generatie, of hoogstens het verzet van wie zich persoonlijk achtergesteld en tekort gedaan voelen, die dringen om een plaatsje aan de volle ruif en mokkend
ook voor zich 'room at the top' opeisen. En daar steekt een
stuk bewustwording van de situatie in, al doorgronden ze kennelijk maar half, dat hun verzet geen weerwerk meer vindt in
het verbrokkeld gezag (van de vader of van de vaderen) en dat
zij hun strijd tegen dummy's richten.

Over deze verschuivingen en vooral over de dijkval van de
jaren zestig waar ze op uitliepen, is al een hele literatuur geschreven. Margaret Mead ontwierp in haar *Culture and com-
mitment* een in vele opzichten verhelderend, maar toch ook wel
wat te strak generatiepatroon om tot een overzichtelijk beeld
van een vrij chaotische toestand te komen. Zij onderscheidt
drie opeenvolgende en elkaar overlappende perioden: een
postfiguratieve waarin het kind de voorvaderen tot voorbeeld

neemt, een cofiguratieve waarin kinderen en volwassenen van hun gelijke leren en waarbij in onze tijd de uitdijende communicatiemiddelen een overweldigende rol spelen, en een prefiguratieve, een nieuw historisch verschijnsel waarbij de jeugd een nieuw gezag verwerft door zijn prefiguratieve begrip van een nog onbekende toekomst. De postfiguratieve ervaring raakt buiten het gezichtsveld van het kind, wanneer de grootouders buiten het gezinsverband raken. Het verleden dat niet meer door levende mensen in zijn milieu vertegenwoordigd is, vervaagt, heeft de jeugd niets meer te schenken dan de bekoring van antiquiteiten, een nostalgie naar de zorgeloosheid van de vegetatieve jugendstil of de knusheid van de biedermeier romantiek en wordt in de terugblik gemakkelijk vervalst. Een typisch voorbeeld van dat onhistorische denken zijn de jonge mensen van vandaag die hun vrijere opvattingen over seksualiteit afzetten tegen 'de victoriaanse tijd' en op de vraag naar een nadere aanduiding daarvan antwoorden: nou, vóór de oorlog (dé oorlog is altijd die van '40). Het uitschakelen van de derde generatie omvat natuurlijk meer dan het uit het gezin losraken van de grootouders. Wij spraken er al van hoe de vijfenzestiglijn dwars door onze hele samenleving ging lopen en zelfs een neiging vertoonde dieper te zakken.

De tweede generatie, de cofiguratieve is bij Margaret Mead de partij die de klappen krijgt: losgeraakt van het voorbeeld van de wijze grijsaards en niet minder van de jongeren 'die het verleden verworpen hebben en alles wat hun ouders van het heden maken'. Zij zijn het die 'nog altijd geloven, dat er een veilige en voor de bestaande maatschappij aanvaardbare weg is naar een soort leven waar zij nog geen ervaring van hebben, en zij reageren met de grootste ergernis en bitterheid op de ontdekking, dat wat zij gehoopt hadden, voor hun kinderen al niet meer bestaat'.

Van de jongste generatie zegt ze: 'Wij gaan nu over in een periode die nieuw is in de geschiedenis en waarin de jeugd een nieuw gezag aan zich trekt in haar prefiguratief begrip van een nog onbekende toekomst.' Het is een uitspraak die een wat cryptische, ja, een metafysische bijklank heeft. Moeten we eronder verstaan, dat het zienerschap, eens bij uitstek toegewezen aan vergrijsde, liefst blinde mannen en vrouwen, nu toevalt aan een in de mysteriën ingewijde jeugd of wel dat alleen jonge mensen, niet beladen met de vooroordelen en duf geworden ervaringen van ouderen, met onvertroebelde blik dwars door een ijzeren gordijn in de toekomst kijken?

Het is een dubbel waagstuk bezwaren op te werpen tegen de inzichten van een autoriteit als Margaret Mead, wanneer die bovendien in brede kring gretig aanvaard worden. En toch ... Om te beginnen lijkt me haar indeling wat te scherp afgelijnd in de dóórvloeiende stroming van achter elkaar oprukkende generaties of cohorten. Wendt haar vooruitziende jeugd op een bepaald punt het hoofd om, waar ze in de cofiguratieve generatie overloopt of gaat dat geleidelijk? En ook: de jeugd heeft in zekere zin altijd op de eerste rang gezeten: met trots en vertedering werden de kinderen, onze toekomst, naar voren geschoven. 'Mijn juwelen zijn mijn kinderen', zei de moeder der Gracchen al. Maar dat is iets wezenlijk anders dan een jeugd die het gezag opeist en ouderen die, in iets wat op masochisme lijkt, zich daaraan onderschikken. Ja, de grote vraag is: bestaat er zo iets als een jeugdgezag en hoe ver reikt dat?

De voortgang van de mensheid kan niet in de achteruit geschakeld worden – dat is zo evident, dat wél velen zich zelf voorzichtig-conservatief zullen noemen, of in ieder geval zijn, maar reactionair regelrecht een scheldwoord is –, maar het blijft intussen een vraag of die voortgang zich steeds excelsior voortzet. Het blijft een vraag of men het beeld: de jeugd staat dichter bij de toekomst, kan interpreteren als: en dus dringt zijn blik ook verder in het onbekende door. 'De meeste wetenschappelijke onderzoekers', schrijft Margaret Mead, 'zijn even weinig vooruitziend als andere leden van hun generatie en slagen er niet in de dromen van moderne science fiction-schrijvers te delen.' Maar zijn deze schrijvers de aangewezen gangmakers van de wetenschap en is er niet meer 'fiction' nodig om een zonnestelsel te doorgronden, een atoommodel te ontwerpen, bacillen en virussen te achterhalen dan om een verzonnen verhaal te vertellen, waaraan de wetenschap geen enkel houvast heeft, maar dat speculeert op de sensatie-, wonder- en machtzucht van de lezer? Storten dezelfde – jonge en oude – lezers van de Asterix-strips zich niet even gretig op die reactionair-nationalistische fiction waarin de Gallische haan altijd koning kraait? Hoe belangrijk bovendien ook in de wetenschap de fiction, de inspiratie of hoe men het verder noemen wil, mag zijn, zij kan niet van het verleden afstand doen, het totaal verwerpen, wat in de kunst herhaaldelijk gebeurt. Vandaar dat wij terecht zeggen, dat de wetenschap voortschrijdt – met schokken en dwalingen – in tegenstelling tot de kunst waarvan het niveau na een aantal eeuwen niet hoger behoeft te liggen. De wetenschap kan alleen bestaan bij de gratie van een accumulatieproces, vanuit een overgeleverd cultuurbezit, dat steeds weer bereid is zich te vernieuwen. Einstein is niet denkbaar zonder Newton en Margaret Mead niet zonder – laten we zeggen – Voltaire of Germaine de Staël.

Ongeveer gelijktijdig met de angry young men in Engeland en elders komt in Amerika de beat generation naar voren. Nog eens: het is overbodig te zeggen, dat deze en andere jeugdactiviteiten ook in de zoveel roeriger jaren zestig altijd maar beperkte groepen omvatten en dat de meeste jongeren, de 'squares', zoals de beatniks ze noemden, aan het model van Goudsbloms nieuwe volwassenen beantwoorden. En zeker moet hier onderstreept, om geen al te overtrokken beeld te krijgen, dat de nonconformistische jeugd een sortering is, al naar de mening van felle voor- of tegenstanders een elite of een uitschot en misschien van beide iets, maar in ieder geval mensen met een sterke geldingsdrang die nog wel eens wat exhibitionistisch reageren op de overdreven belangstelling van de massamedia die automatisch van iedere tomaat een bom maakt en van iedere happening een revolutie die de voorpagina's van de wereldpers moet halen.

De nieuwe 'vormen en gedachten' zijn altijd de schepping van een minderheid, maar wijd is de kring daaromheen die 'door begeerte aangeraakt' is.

De beatniks onderscheiden zich duidelijk van de angry young men. Zij waren radicaler en negatiever in hun doelstelling, in zoverre ze niet een plaats in het establishment voor zich opeisten, maar zich juist los wilden maken van de gevestigde maatschappij, solidair waren met alles wat uit de boot gevallen was, geen ambities hadden en zich zo nadrukkelijk afwijzend opstelden dat ze ook ieder verzet verwierpen. Hun onmaatschappelijkheid vertoont verwantschap met die van de bohème uit de vorige eeuw, met dit verschil, dat de bohémiens kunstenaars waren die zich losmaakten van de ethiek en de levensvormen van de verachte burgerij, maar bevreesd waren in het grauwe proletariaat onder te gaan. De beatniks daarentegen stelden zich niet als kunstenaars, maar als mens afzijdig op en doken opzettelijk onder in de gelederen van de asocialen, al zouden hun voorgangers zich nogal eens als schrijver ontpoppen en in het succes iets van hun afzijdigheid laten varen. Een succes dat, dank zij de paradoxen van de verkooptechniek in bedrukt papier, behalve op onmiskenbaar talent terugging op een aantal innerlijke tegenstrijdigheden die hen, in de wat overtrokken termen van een covertext tot 'the most damned and most praised authors of our day' maakten. Hun doelbewust verwerpen van de welvaartstaat kwam bij de welvarenden even hard aan als indertijd de soberheidsprediking van de Waldenzen. Ze verwerpen verleden en toekomst, leven alleen in het heden, dat wil zeggen trachten met uitbanning van iedere maatschappelijke leugen de chaos van de werkelijkheid te doorgronden. Dat is geen program om de massa te trekken, en dat willen ze ook eigenlijk niet, want ze hebben meer een houding dan een program. Maar wanneer we zien hoe Jack Kerouac liftend door alle staten van Amerika zwerft met een gouden kruis om zijn hals, dan is het duidelijk, dat hij zich daarmee niet alleen tegen de verdenking van agressiviteit en politiek radicalisme beschermt: hij wordt met die amulet om zijn hals evenmin een echte zwerver als de bohémiens ooit echte zigeuners werden. De weg terug blijft open, en nog iets: hij kondigt met zijn kruis het antirationalisme aan dat een van de trekken van het jeugdverzet van de jaren zestig zal worden. De beat wekt geen massabeweging, maar zendt wel impulsen uit naar allerlei acties en groepen van de volgende jaren. Of moeten we zeggen, dat daar uit soortgelijke ervaringen soortgelijke gedachten geboren worden: de aantasting van het automatische vooruitgangsbegrip, het verwerpen van het burgerlijke arbeidsethos en de loopbaaneerzucht van de 'squares'? Van het begin af aan was de meest wezenlijke en vruchtbare inbreng in het jeugdverzet van de beat wel de doelbewuste ontluistering van de jacht op welvaart. Maar al weer: leefde dat verzet alleen bij de jeugd?

De verwerping van de welvaart zou pas in de jaren zestig breder wortelen. Ouder en een zuiver jeugdprobleem – al was de tweede generatie er niet minder bij betrokken – was het kritisch worden van de strijd tegen het ouderlijk gezag dat, zoals we gezien hebben, al sinds het eind van de vorige eeuw gestadig afbrokkelde. De Spock-kleuters zijn opgegroeid tot Spocktieners die – omdat ze niet op een adat, een vast leefpatroon stuitten – niet meer 'op tijd', dat wil zeggen steeds later thuiskomen en naar bed gaan, niet meer vragen of wat ook mag en die een feestje een dooie boel vinden, als er geen bier, wijn, whisky en eventueel een scheut seks aan te pas komt èn veel rumoer. Uit de Spock-ouders zijn weifelaars gegroeid die zeggen: 'ja, het kan echt niet anders, alle andere kinderen mogen het ook, je zet ze voor gek en isoleert ze als je er tegenin gaat.' Ik keek laatst een boekje met aantekeningen over de prille jeugd van mijn kinderen door en stuitte op de mededeling, dat ik vierjarig Bartje drie dagen lang boterhammen met boter (en tevredenheid?) had voorgezet, omdat hij stiekem het onsje-voor-de-koffie alleen had opgeschranst, ook – zij het niet zonder pijn – nadat hij me de tweede dag lief om 'een klein stukje vis' had gevraagd. Mijn eerste reactie was: misselijk, waarom gaf ik dat kind niet een stukje? En toen: als hij nu eens een reddeloze bietser geworden was, zou ik dan evenveel spijt hebben als nu? Mijn grootmoeder zou precies geweten hebben hoe het moest en de gevolgen niet naar zich zelf terug gerekend hebben. Maar wij leven in de eeuw der onzekerheid.

Op het eind van de vorige eeuw was een jonge generatie in opstand gekomen tegen het patriarchaal-victoriaans gezins-patroon als het toppunt van hypocrisie. In de literatuur van om de eeuwwende vinden we de begrijpelijke verbittering daar-over nog rijkelijk terug. Op het eerste gezicht veel minder toe-gankelijk is de ongeduldige ergernis, de schouders ophalende spot waarmee veel jongeren van nu tegenover hun toch zo toe-geeflijke en inschikkelijke ouders staan. De breuk uit onver-schilligheid en wederzijdse onbereikbaarheid is blijkbaar vol-strekter dan die van de jaren, toen pijnlijke conflicten toch nog een element van binding inhielden. En hij is even duidelijk bij de in het arbeidsgareel lopende werkende jeugd, door de woningnood de straat op gedreven, als bij de scholieren voor wie school en leven niet minder ver uit elkaar liggen dan in de tijd van het rietje en die kennelijk compensatie zoeken voor de weinig inspirerende school, zoals de andere groep voor het helemaal niet inspirerende werk. Beide groepen worden be-heerst door één drijvende gedachte: vrijheid. Vrijheid was de rode vlag geweest op de barricaden van alle politiek en eco-nomisch verzet in de voorafgaande eeuwen. Dat verzet was in de twintigste-eeuwse restauratieperiode geconsolideerd en vastgelopen in politieke partijen en vakverenigingen die alle aantrekkingskracht voor de opstandige jeugd verloren hadden. Na de oorlog was de vermoeide oudere generatie graag bereid de verbleekte vlag in de handen van de jeugd, mits ordelijk overkoepeld, te leggen, maar de wereld was inmiddels gesplitst in een communistische en een 'vrije' wereld en daarom leek het aan beide kanten van het ijzeren gordijn wenselijk de kritische energie van de jongeren in veilige banen te leiden, aan de ene kant met partij-ideologie en -discipline, aan de andere kant met de waakzame toegevendheid van ons anarchistisch liberalisme dat alleen veilige uitlaten vrijliet. Veilige uitlaten die onvermijdelijk weer ontmaskerd werden als fuiken van gezag en orde.

In '48 liepen drommen jongeren – en ouderen – enthousiast in Den Haag te hoop om er de Europa Beweging te stichten onder het wakend oog van toejuichende en toegejuichte politici als Spaak en Churchill. Waarom zouden ze niet? Hadden de voorafgaande oorlogsjaren niet voldoende laten zien, hoe er met de gedachte van de Europese eenheid gemanipuleerd kon worden om te voorzien, dat de Europese gedachte zich nauw met de Navo-waan zou laten verbinden, zoals de nazi's de eenheid van Europa onder het teken van hún waan geplaatst hadden? Maar dat betekende ook, dat het naoorlogse onbehagen van de beklemde jeugd geen verlossing zou vinden in het ideaal van een vrij Europa. Idealen lagen niet in de markt. Vrijheid wel, maar de drang daarnaar kon zich voorlopig alleen uitleven in het doldraaiende verzet tegen het al lang uitgeholde gezag der ouders dat als een muur bestormd werd en als een pak watten meegaf. Vrij, maar meer losgelaten dan bevrijd en zeker niet vrijgevochten. Voor de ware vrijheid is er iets nodig om tegen aan te schoppen. Zonder dat ligt de materiële en geestelijke baldadigheid al te zeer voor het grijpen. Het afgebrokkeld ouderlijk gezag gaf méé, uit zekerheid én uit onzekerheid.

Uit zekerheid, omdat men er Spock op kon naslaan en nog een heleboel psychologische journalistiek die op het gevaar van frustraties bij iedere vorm van dwang wees én omdat een groeiend aantal ouders elk op het eigen welvaartsniveau zonder grote offers aan de verlangens van hun kinderen konden voldoen: een transistor, een draagbare tv., een brommer, een auto en de bevrediging van een fantasieloze reislust via geprogrammeerde groepsreizen langs all the sights and all the shows en langs comfortabele en hygiënische kampeerterreinen. Onzekerheid, omdat we van onze van Calvijn stammende ethiek zo vervreemd waren, dat het op plagerij ging lijken die te handhaven, en omdat weinigen bestand waren tegen de kritiek van 'de vrouwen bij de pomp', die nu door de massamedia en de verborgen verleiders werd uitgeoefend.

De jaren vijftig hebben zich aan de tijdgenoten al naar hun aard voorgedaan als een periode van welvaart op een ondergrond van onzekerheid en dreiging, van stagnatie ondanks verheerlijkte 'vooruitgang', van gebrek aan avonturenzin, van frustratie van vernieuwende impulsen, van een grote landerigheid en de contra-landerigheid van een machteloze 'boze' oppositie. Maar de geschiedenis is een onvoltooid verleden, en terugblikkend vanuit de jaren zestig en zeventig voltooien we het nog verwarde en schrale beeld van de tijdgenoot met een aantal verborgen trekken die we pas later als beloften konden onderkennen. Het gaat telkens om voorzichtige pogingen tot afbraak van taboes en meer of minder gefrustreerde bevrijdingspogingen. De heersende landerigheid en balorigheid krijgt een pas later onderkende ondertoon van gericht verzet.

Dat – uitgesproken – verzet gaat bij de topfiguren uit de literatuur van de jaren vijftig die we al eerder noemden teloor in een ironische aanvaarding van het bankroet. Het literaire leven van die jaren als geheel mist het lost generation-besef van na de Eerste Wereldoorlog. De periode wordt in figuren als Ed. Hoornik en Anna Blaman omschreven als romantischrealistisch, maar meer, lijkt het, omdat men van beide elementen wel iets aantreft dan om een vonken spattende tegenstelling of een dialectische spanning te karakteriseren.

Literaire bladen als *Criterium* hebben als hoogste doel een outsider-schap, vooral geen politieke, maatschappelijke, literaire of wat ook richting en als enige norm 'kwaliteit' waarop het antwoord even onzeker is als de vraag. Het is een periode waarin veel dichters – als dichter althans – jong sterven.

Het gemiddelde literaire proza, gewoonlijk typerender voor de geest van een periode dan de topverschijningen vertoont een schraal verhalend element. Van het engagement dat in de naoorlogse jaren elders doorbrak, is nog weinig merkbaar, al raken we wel los van de krampachtig vastgehouden esthetiserende erfenis van Tachtig. Een beeld van de samenleving komt er niet in naar voren en de maatschappelijke en menselijke vervreemding die Kafka's genie doorvoeld en doorschouwd had, sudderde erin na in een woekerend streven naar oorspronkelijkheid op het eentonige thema van het zelfbeklag, dat niet als in de romantiek zijn tragiek terugvoert op de ervaringen van de met het leven worstelende ziel van de adolescent, maar op de tekorten van 'de anderen', dat wil zeggen de ouderen. Geen schrijver kan voor een bewogen mens doorgaan die geen ongelukkige, onbegrepen jeugd heeft gehad, en langs het pad van de psychologie, die – terecht – de oorzaken van latere zielsconflicten in de jeugd naspeurt, worden de ouderen tot de schulddragers van die oorzaken gemaakt, zoals ze ook schuldig staan aan 'jullie oorlog'. We vervallen tot een landerig romantype, waarin alleen maar schrijvers met toenemende vrijmoedigheid ernaar streven op 'oorspronkelijke' wijze het erotische en seksuele leven van ook-alleen-maar-schrijvers in beeld te brengen.

Al wat in het dood tij van de jaren vijftig aankondiging is van de grote omslag in de jaren zestig, ligt in het vlak van het verlangen naar vrijheid, of beter: het gaat om een bevrijding, een bevrijding van druk en binding van het verstard verleden om naar een vrijheid tot nieuwe activiteit te groeien.

Het begrip vrijheid, met alle inhouden die men daaraan wil geven, is centraal geworden voor wat we de door 'de' jeugd gedragen 'tegencultuur'[1] van na '60 zijn gaan noemen. Wij vermeldden (blz. 21) hoe in 1935 Hazard in zijn *Crise de la conscience européenne* een omslag beschreef die zich omstreeks 1700, dat is meer dan twee eeuwen eerder voltrok. In 1966 verscheen Jan Romein's boek *Op het breukvlak van twee eeuwen* over de omslag van omstreeks 1900; dat was maar ruim een halve eeuw geleden. Niet voor niets wordt in onze eeuw de eigentijdse geschiedenis als een afzonderlijk vak beoefend: wij ondergaan niet alleen de crisis, wij hangen er tegelijkertijd overheen om zijn stroomlijnen te registreren, hem bij het leven te betrappen en zo nodig bij te sturen en zijn verloop . . . te stroomlijnen. De futurologen die de auguren hebben vervangen, trachten zijn baan verder uit te stippelen. Bovendien maakt de commercie de situatie nog verwarder door iedere stap van ons bestaan te doen begeleiden door zijn hidden persuaders die iedere, tot wat ook voerende bevlieging of ontwikkeling tot uitputtens toe op de spits drijven en de attributen ervan en masse reproduceren en aan ons opdringen, liefst in plastic: oorlogs- en verkeersspeelgoed, een Watergate-ganzebord, of door de play-boys te voorzien van Beatle-hemden en 'Mao-jasjes, elegant, marinblauw katoen, revolutionair met koperen knopen en Mao-kraag'[1]; ook zijn er nog Che Guevara-petten, speciaal voor de meisjes.

Een tegencultuur heeft per definitie een revolutionair karakter, hij richt zich op de afbraak van een bestaande cultuur. Tot nu toe was in iedere revolutie een achtergestelde groep zich bewust geworden van de bevoorrechting (vrijheden heet dat in oud taalgebruik) van een overheersende en had ernaar ge-

1. Theodore Roszak: *The making of a counter culture*, New York, 1968.

streefd (een deel van) die voorrechten voor zich te veroveren. Het voorrecht van de heersende klasse van onze tijd is een ongeremde vrijheid van verwerving die evenals spaarzaamheid en economisch inzicht zelfs tot een deugd is geworden. Het nieuwe van de door de jeugd van nu uitgedragen tegencultuur is, dat hij zich niet meer uitsluitend richt op de verovering van de vrijheden van vorigen, maar die principieel verwerpt.

Hier is veel ruimte voor misverstand. Om te beginnen wordt het aantal van die verwerpers zwaar overschat, zowel door wie ze als fakkeldragers zien als door de onthutste burger die in het 'vuil, lui en leeglopend, langharig tuig' een aanslag op zijn levenspatroon vreest en nog meer in verwarring raakt, wanneer ook de 'spes patriae', de voorbestemde steunpilaren der maatschappij, zijn eerstgeboorterecht niet eens als goede koopmanszonen verkwanselt, maar afwijst. De VVD-propaganda kan best naar waarheid beweren, dat hij zoveel jongeren onder zijn leden telt, want achter de oude 'squares' die hun zilveren paplepel verdedigen, is een generatie angry – dan wel opgewekt strevende – young men opgerukt, die volgens het oude patroon hun aandeel opeisen in de onbeperkte vrijheid van verwerven en als veelbelovende deskundigen van het bedrijfsleven, opgenomen in de joviale kringen van Morele Herbewapening, Rotary en Lions, nauwelijks merken waar ze de generatie-lijn passeren. Nu de kerkelijkheid sterk terugloopt en de jeugd in de confessionele partijen zich meer en meer gedwongen voelt te kiezen tussen een sociaal en een – dat nare woord – reactionair christendom is een 'vrijheids'-partij die onder nog maar een dun sluiertje van Thorbeckes ideologisch liberalisme een pure belangenpolitiek voert, voor het behoudende deel van deze jeugd op maat gesneden.

Ten tweede moeten we de verwerping van de vrijheid van verwerving ofte wel van de welvaartsstaat niet verwarren met een Indische of franciscaanse armoede; die draagt een doel – de heiliging – in zich zelf, terwijl het hier gaat om een middel, ook

al wordt dat soms met franciscaanse en 'Indische' attributen opgesierd en gerechtvaardigd. Het gaat er niet om de hemel te
veroveren door versterving, maar de wereld leefbaar te maken.
De provo bespaart zich de bedelnap, de vasten en de zelfkwel-
lingen van yogi en boeddhistische monnik, draagt geen haren
kleed op het blote lijf noch de eindeloos gelapte mantel van
Geert Groote, hij kleedt zich niet opzettelijk armelijk, maar
markeert met zijn nonchalante en speelse uitrusting, dat hij alle
status- en standskleding verwerpt, en zo sterk is – ook bij de
jeugd – het conformisme, dat de gemiddelde student, vanouds,
desnoods in goedkope confectie, aangepast aan de kleding-
naar-maat van de corpsstudent, nu automatisch tot spijkerbroek, t-shirt en schapenjas vervalt.

Het is – alweer – de terugblik op de jaren vijftig die duidelijk
maakt hoe er daar enerzijds abrupte aanlopen tot vernieuwing
optreden en anderzijds voorzichtig teruggegrepen wordt op
ideeën die omstreeks 1890 in de publiciteit waren gekomen en
daarna weer weggeslibd om binnen ruim een decennium volkomen achterhaald te worden.

In '55 schreef Jan Vrijman in *Vrij Nederland* een paar repor-
tages over een groep de straten van de binnenstad bevolkende
jonge mannen die hij nozems noemde. Er waren verwante
buitenlandse groeperingen: de Halbstarken in de Bondsrepu-
bliek, in Engeland de 'mods' en 'rockers', die zich in branie-
achtige gevechten tegen elkaar afzetten zoals bij ons Pleiners en
Dijkers om moeilijk te achterhalen controversen. In Amerika
werden soortgelijke verschijnselen vastgelegd in de film West-
side story. Voor de buitenstaander waren zij een groep straatjeugd, asfaltjeugd, de vanouds befaamde 'opgeschoten jongens'
et cetera, opvallend door hun uitrusting die in hun geval niet
meer uit noodzaak armelijk was als vanouds alles-van-de-straat:
ze staken onder hun 'vetkuiven' verzorgd in het uitgaanskloffie
of in pronkerig leer. Opvallender nog en meer onrustverwek-
kend voor de gezeten burgerij in deze 'ongrijpbaren' was, dat

zij de schuwheid van de dropout in uitdagendheid hadden om-
gezet en een zelfbewustzijn toonden waarvan hun tegen de ge-
vels daverende bromfietsen in denderend rood en chroom embleem en wapen waren. Zij waren geen verzetsgroep, zij hadden geen program, maar ze eisten ruimte, geen room at the
top, zoals de angry young men, ze waren voorlopig tevreden
met ruimte voor hun brommers en hun onaangepast gedrag:
zij hadden instinctief door dat het in deze wereld niet meer om
gezag ging maar om macht en eisten daar op het niveau dat
binnen hun bereik lag, een stukje van op.

Een decennium later leert Nederland (hoofdzakelijk Amsterdam) een nieuwe jeugdactiviteit kennen die met het nozem-
schap niet meer gemeen heeft dan dat ze de straat als speelter-
rein kiest. Maar dat is voor de 'gezeten burgerij' voldoende om
ze samen in één pot te gooien: het 'lanterfantend, langharig
tuig'. De naam provo(catie) wijst al iets anders uit: ook Provo
heeft geen program, maar wel een principe, een buitenpersoon-
lijk doel, namelijk een speels-ironisch provoceren van de consumptiemaatschappij, van regel-en-orde, vooral in de gedaante
van de politie. Dat gebeurde door 'happenings' een soort ge-
organiseerd-spontane acties rondom het befaamde Lieverdje en
een uitdagend optreden bij het omstreden huwelijk van de
kroonprinses binnen Amsterdam, een optreden dat een verweer uitlokte als voor een dreigende revolutie bij een overheid
die in deze situatie geen risico's kon nemen en zijn tegenstanders moeilijk kon peilen. Door dat alles kreeg Provo een geweldige, internationale publiciteit die tot verdere escalatie
leidde: Amsterdam werd als 'magisch centrum' een trekpleister
voor de internationaal-controverse jeugd met als ontmoetings-
plaats en kampeerterrein het Nationaal Monument en het Von-
delpark. Zijn aanhang en zijn gerichtheid drijft Provo willens
nillens tot politieke activiteit: in de gemeenteraad tracht het
zijn ludiek optreden een politieke basis te geven, maar dat ver-
zandt. De provo's zullen de geschiedenis ingaan niet als een

politiek-sociale stroming, maar als blikopeners en gangmakers, als een soort Uilenspiegels met een moeilijk na te trekken, maar toch zeer aanwijsbare invloed die zich naar het uiterlijk manifesteert in omgangsvormen en -taal, in een losser toon in pers en openbaar leven, in spijkerbroeken, geruite bloeses en schapenveljassen.

Nog voor de jaren vijftig, in 1948, verscheen Anna Blaman's *Eenzaam avontuur*, het openhartig verhaal van een tragisch verlopende liefdeservaring. Het boek zelf en de tegenstrijdige reacties erop zijn tekenend voor de periode waarin het verscheen. Het literair niveau van het boek en de kritiek, voorzover niet door het moralisme van de fatsoensrakkers geremd, bezorgden het boek een enthousiaste ontvangst en een hoge liteaire onderscheiding. Een rumoerig maar in wezen vrij zwak confessioneel-ethiserend verzet kon het boek niet schaden, integendeel, want strijdbaarder uitte zich eigenlijk het verzet tegen dat verzet, en dat is een vorm van ongewilde reclame die zelden zijn uitwerking mist. Dat alles is gezien de broeierige sfeer van die jaren niet zo onthutsend. Met name de katholieke critici zijn uiterst onzeker en prijzen de literaire kwaliteiten en de kunstige bouw van het boek te nadrukkelijker om des te zorgelijker bezwaar te kunnen maken tegen 'een zo drastisch eenzijdig beeld van de zedelijke chaos van de naoorlogse jaren'. De katholieke kerk had in 1937, toen nog zekerder van haar macht, maar onzekerder van haar gezag dan de dogmatische protestanten, in de IDIL een censuurorgaan geschapen om de jeugdige onschuld te beschermen. Natuurlijk werd het boek categorisch afgewezen door de IDIL, maar modern-katholieke critici hadden er moeite mee: *De Linie* noemde het 'een mooi Sinterklaasgeschenk voor geestelijk volwassenen'.

Treffend tegen deze hele achtergrond en veel meer een teken des tijds dan de hele rel om het boek is wel dat de schrijfster zelf kennelijk, bewust of onbewust, een pijnlijke confrontatie uit de weg was gegaan door een homofiele liefdeservaring in een heterofiele gestalte te geven.

Twee 'revoluties' uit de omslagperiode van 1900 waren namelijk tijdens de restauratie wel als het ware ondergedoken, maar de stroom was te sterk geweest om niet ondergronds door te blijven vloeien: de vrouwenemancipatie verliep als actie, maar het aantal vrouwen dat in het maatschappelijk leven werd ingeschakeld bleef aanwassen, haar positie in het openbare en culturele leven, in de sport, de journalistiek, het verenigingsleven bleef langzaam opschuiven naar een nieuwe stroomversnelling, die tot de jaren zeventig op zich zou laten wachten.

Hetzelfde geldt voor de uitloop van de eerste seksuele revolutie die zo mogelijk op een nog sterkere weerstand van confessioneel-conservatieve zijde stuitte, met name in de jaren dertig (zie blz. 70), maar toch stap voor stap voortschoof met een beetje meer bloot hier en een korter rokje daar, met iets meer serieuze openheid hier en een heleboel meer prikkelend raffinement daar. Onthullend is altijd weer de terugblik op gevallen als dat van de wisselende wetgeving omtrent de huwende ambtenares en het verholen concubinaat dat daaruit volgde, op de 'rel' over *Eenzaam avontuur* of op de aandacht die in de jaren vijftig een film kreeg over wat we later de jeugdseksualiteit gingen noemen.

In '48 begon de Italiaanse cineast Vittorio de Sicca aan een reeks neorealistisch genoemde films met zijn *Fietsendieven*. In '53 volgde *Morgen is het te laat*, het aandoenlijke verhaal van een Frühlingserwachen, in bescherming genomen door een kennelijk verlicht opgevoede jonge lerares en ontluisterd door een autoritaire schoolvos en een paar verdorde vrouwen van belegen leeftijd. Een film die naast een reeks uit de jaren zeventig aandoet als een lief en zuiver-bedoeld verhaal, maar niet als (al of niet neo-) realisme. Wie hem naast de al even weinig realistische *Turks fruit* legt, komt tot een voor beide partijen niet gelukkige confrontatie.

De generatietegenstelling in de laatste kwart eeuw spreekt misschien nergens zo duidelijk als op het terrein van wat we de tweede seksuele revolutie zijn gaan noemen. In ieder geval ziet de naar weerwerk zoekende jeugd het graag zo.

'U heeft natuurlijk mijn ervaring niet', hoorde ik laatst een jongen van zestien zeggen tegen een wereldwijze vrouw van over de zeventig. De seksuele revolutie is een bevrijding voor allen die onder de druk van angst en zonde geleden hebben: voor in hun meest natuurlijke gevoelens – die dan soms nog weer tegennatuurlijk genoemd en vervloekt werden – onderdrukte en verstrikte jonge mensen, voor echtparen, gekromd onder de 'kinderzegen' of onder de betutteling van hun intimiteit door een reactionaire kerk en zijn geestelijk gecastreerde dienaren.

De eerste seksuele revolutie had zich, behalve in een aantal 'vrije huwelijken' en een stijging van het aantal echtscheidingen, vooral gemanifesteerd in organisaties als de Nieuw-Malthusiaanse Bond (en zijn opvolger de Nederlandse Vereniging voor Sexuele Hervorming) die nog een sterk sociaal-patriarchaal karakter vertoonde: hoofddoel van de vooruitstrevende liberalen waar de bond op dreef, was door propageren van voorbehoedmiddelen vooral de minstbedeelden te behoeden voor de verpaupering die de onherroepelijke straf op ongeremde voortplanting was. (zie blz. 92)

De Nederlandse Vereniging voor Sexuele Hervorming (NVSH), die na de Tweede Wereldoorlog door een begin van klimaatverandering op breder schaal het werk kon voortzetten van de in de oorlog gestrande NMB, stelde zijn doel wat ruimer. De door de vereniging gestichte adviesbureaus en zijn blad *Verstandig Ouderschap* gingen, zoals de titel van het blad ook aangaf, geleidelijk en in overeenstemming met de ontwikkeling elders, met name in de Angelsaksische landen, van de louter negatieve kinderbeperking op 'planned parenthood' over. De naam hield in dat hun bemoeienis zich in de eerste plaats op het gezin richtte, al lag het voor de hand dat de bureaus ook meisjes-in-nood opvingen en dat het blad opkwam tegen hun stigmatisering en de eis van legale abortus ging stellen, maar juist omdat hun activiteiten al te lichtvaardig op één hoop gegooid werden met die van de juffrouwen-met-de-breinaald, distantieerden ze zich nadrukkelijk van alles wat onwettig was. Jarenlang leed de vereniging aan een door tactische overwegingen opgelegde hypocrisie: ze zag zich genoodzaakt gedachten die ze als volkomen redelijk en verantwoord beschouwde, met name in de katholieke streken van het land onder blanco couvert te verspreiden en weifelend de eisen te ontzien van conservatief-confessionele zijde 'de jeugd niet te bederven'. In de volgende jaren wordt het begrip seksuele nood steeds ruimer opgevat. Een van de weinige graadmeters daarvan, ook onder de jeugd, bood de vragenrubriek die dr. J. M. R. A. Kijzer jarenlang in *Verstandig Ouderschap* verzorgde en die een hele scala bestreek van onverstandig ouderschap, echtelijke onnozelheid, in bijgeloof en geloof verkrampte jonge mensen en regelrecht gevallen voor de psychiater.

In de jaren zestig wordt het ook binnen de NVSH duidelijk, dat de bevrijding van de seksualiteit niet louter een zaak is van gehuwden en huwenden, maar dat de jeugd, en een steeds jonger jeugd, zijn aandeel in die bevrijding – en niet het kleinste part – opeist. Dank zij dé pil, waarvan de snelle verspreiding sinds 1955 dateert, was het verstandig ouderschap in de zin van geplande gezinsvorming nauwelijks meer een probleemgebied – althans in westerse landen als het onze; wel een probleem bleef een ander verstandig ouderschap: van de ouders die hun houding moesten bepalen tegenover de jeugdseksualiteit en van de Kerk die met de hardnekkigheid van de verliezer ook op dit terrein zijn patriarchaal zeggenschap verdedigde. Treffende staaltjes van die strijd waren te beleven in de tv.-gesprekken die dr. C. Trimbos met ouders en jonge mensen hield, en op een veel groter schaal in veel wat zich om het Tweede Vaticaans Concilie (1964–'65) afspeelde. Het is hier de plaats niet om na te gaan hoe het kwam dat Nederland, berucht om zijn starre 'griffermeerde' zedelijkheidsnormen en bezuiden de rivieren in Rome gewaardeerd als trouw en gehoorzaam kerkvolk, hier vooraan ging lopen, zowel in een algemeen streven naar kerkelijke vernieuwing als in het afwijzen van biechtstoelbemoeienis met de seksualiteit. Zo men van een revolutie kon spreken, dan voltrok die zich zeker bezuiden de rivieren onder de beheerst-principiële leiding van bisschop Beckers. Dat het hier om een tijdstroming gaat die meer dan alleen een verwilderde jeugd meetrekt én om de strijd tegen een nog altijd hecht gevestigde reactionaire macht, blijkt duidelijk uit het isolement én de handhaving van ''s pausen zwitser' mgr. Gijsen.

Een revolutie is een doorbraak, dat wil zeggen een vorm van éénrichtingsverkeer, aangewakkerd door een daverende oproermelodie, waarin het contrapunt verloren gaat. Het is overwegend de ondankbare taak van de ouderen, de ouders, de 'oude zeuren' om die te laten doorklinken in een periode van 'jeugdgezag'. Ouders maken zich zorgen over hun opgroeiende kinderen. Ook nog wel andere ouders dan zij die in hun gesprekken met dr. Trimbos zuinig toegaven, dat hun zoon, nou ja, desnoods wel met een meisje beneden zijn stand mocht verkeren, als het maar een rooms meisje was en ze alleen in groepsverband er op uit trokken. Maar nu de pil er is en wanneer diezelfde zorgelijke ouders hun kinderen daar de gepaste voorlichting over geven, kan er toch 'niets gebeuren'? Er blijven een aantal gevaren, zoals er altijd gevaren zullen blijven voor het broze bestaan van de mens, waar de 'zorgelijken' onder ons zich overheen moeten buigen. Er is even weinig grond om te verwachten, dat er beslist 'niks gebeuren' kan met de pil als met goed rooms blijven. Maar afgezien daarvan zijn er op het terrein van de seksualiteit twee gevaren die de jeugd bedreigen, en het is even dwaas die voor lief te nemen nu de seksualiteit 'bevrijd' is, als ter wille van onze onbeperkte gemotoriseerde bewegingsvrijheid ons erbij neer te leggen, dat er jaarlijks vijf-honderd kinderen worden doodgereden. Gevaren waar we mee moeten rekenen, waar de jeugd zelf in de eerste plaats mee zal moeten rekenen, en dat niet door allemaal in het voetspoor van mgr. Gijsen te stappen, maar door ze niet te verdoezelen en er nieuwe (benaderende) oplossingen voor te zoeken. Die ge-varen zijn om te beginnen dat de 'vrije seks' bedenkelijk ver-weven raakt met vrij drank- en druggebruik en dat er in de laatste jaren een ontstellende toename van de geslachtsziekten wordt geconstateerd die we wel niet meer hoeven te zien als het dodelijk zwaard waarmee Gods wraak zich voltrekt, maar toch altijd nog als oorzaak van veel angst en ellende.

Maar er is nog iets. In een blad als *Sextant*, dat in '66 het ver-ouderd geoordeelde *Verstandig Ouderschap* opvolgde, komt een wijd verbreide opvatting van seksuele vrijheid naar voren die een verschraling betekent van diep menselijke emotionele bin-dingen tot het voldoen aan een fysiologische aandrang. Het be-tekent de afbraak van het rozenprieel van de romantische ero-tiek, van een voorspel dat ver voor het 'voorspel' ligt dat on-handige minnaars niet alleen van jongens onder mekaar, maar ook uit leerboekjes kunnen opsteken. Heeft het feit dat er tegen-woordig jacht gemaakt wordt op romantische prenten, servies met roosjes, biedermeier meubeltjes en snuisterijen en lan-guissante jugendstil-kunst dáár soms iets mee te maken?

De seksuele revolutie betekent ook – en onze dolle Mina's en MVM'ers mochten daar wel eens wat meer aandacht voor hebben – een nieuwe vorm – of een heel oude? – van achter-stelling en vernedering van de vrouw. Wie zich daarvan wil overtuigen kan terecht bij een belangrijk deel van onze al te overwegend door mannen geschreven literatuur en door man-nen gemaakte films met hun uiterst eentonige thematiek van de 'carnal knowledge', waarin bed en sofa al op bladzijde één klaar staan, de vrouw geen karakter meer heeft, tenzij dat van een gebruiksartikel, een speelgoedkonijntje, en in de regel voor haar rol kan volstaan met een goed gevulde bh., een vagina en een permanente beschikbaarheid en het manlijk karakter gereduceerd wordt tot een soort landerige en vaak huilerige heman, nooit verliefd, maar altijd heet, zoals dat van fokdieren genoemd wordt, die je wel moet suggereren dat zijn schepper impotent is.

Ten slotte: onze eeuw heeft zich gekenmerkt door de afbraak van een hele reeks taboes, en dat heeft ertoe geleid, dat we, met name alweer in onze literatuur, ons graag laten voorstaan op een recht-voor-de-raapse eerlijkheid die glansrijk afsteekt bij de schijnheiligheid die traditioneel de vorige eeuw wordt toegedicht en waartegen de onze zich afzette. Maar er is zo iets als een blijvend menselijk tekort, en daarom is het niet te verwonderen, dat iedere tijd zijn eigen schijnheiligheid heeft, of nu de jeugd of de ouderen de boventoon voeren. Het in 1959 verschenen en naarstig vertaalde boek van het echtpaar Kronhausen werd een wereldsucces, met name bij de jongeren die het als een stuk bevrijding van hypocrisie binnenhaalden. Hoe kwam dat? Zeker niet door zijn kwaliteiten van stijl of verbeelding. Het echtpaar had zich ten doel gesteld voor al wie zich zonder schuldgevoelens een paar rode oortjes wilden lezen en al wie zonder zijn literaire reputatie te verspelen daar materiaal voor wilde leveren, een duidelijke scheidingslijn te trekken tussen wat zij hard core pornography en erotisch realisme noemden. Om dat duidelijk te maken vulden ze een groot deel van hun 'wetenschappelijk' en dus boven de toonbank verkoopbare werkstuk met een overdadig aantal studieobjecten, 'voorbeelden' van lectuur die normaal van daaronder moest worden opgediept, waardoor de verkoopcijfers al redelijk verzekerd waren. Voor wie wel eens gebladerd heeft in het onuitgegeven – of in speciale edities uitgegeven – erotisch divertissement van een aantal dichters, waaronder Olympiërs als Goethe, wie de gedachte niet ontsteld verwerpt, dat Thomas van Aquino of Albert Schweitzer net zo'n 'lol' gehad kunnen hebben om vaak bijzonder flauwe schuine moppen als de op dat stuk beruchte handelsreiziger, weet dat die scheidingslijn alleen door het literair snobisme getrokken wordt.

In het kort: de bestseller van het echtpaar Kronhausen staat minder voor een revolutie in onze opvattingen omtrent erotiek en seks dan voor een nieuw conformisme van de onbekrompenheid. Niettemin liepen journalisten, literaten, psychologen, psychiaters en seksuologen te hoop om het echtpaar op zijn propaganda-wereldreis te ontmoeten en noteerden ijverig hun gedurfde uitspraken. Het boek heeft er zeker toe bijgedragen, dat een schijnheilig-eerlijke kritiek de laatste jaren heel wat 'erotisch realisme' heeft aangeprezen, waar bitter weinig erotiek, even weinig literair talent, maar veel 'hard core sex' aan te pas was gekomen en waarnaar geen hond zou hebben omgekeken en waaraan geen jury een literaire prijs zou hebben toegewezen als het over een minder opwindend thema was gegaan.

Het fenomeen Kronhausen is een schoolvoorbeeld van een aan onze onzekere tijd gebonden gecompliceerde ontwikkeling die niet alleen op het terrein van de seksuele revolutie valt op te merken.

Ten eerste stuiten we hier pijnlijk op de nieuwe, waarschijnlijk wel altijd onvermijdelijke hypocrisie die zich moreel en literair veilig wil stellen door die wel erg slingerende scheidingslijn tussen 'erotisch realisme' en pornografie. Die schijnheiligheid ligt ook opgesloten in de haast waarmee (erotische en seks-) ervaringen al te direct op het papier geworpen worden. Want kon men in de vorige eeuw een vorm van schijnheiligheid ontdekken in de gesublimeerde wijze waarin de eigen belevenissen van de auteur literair vermomd werden, nu maken discussies als in de nasleep van *Turks fruit* tussen de verbeelder der 'werkelijkheid' en zijn zich als slachtoffer van laster en exhibitionisme voordoende modellen over 'echt' en 'onecht' ook een al te betrokken en dus *overtrokken* indruk.

Het geval Kronhausen is verder een van de meest sprekende voorbeelden van de commercialisering op wereldformaat van elk 'vernieuwings'-element van seks of welk ander artikel ook dat zich aan onze emotionele kauwzucht laat opdringen. De overkokende publicistiek, de handel in bedrukt papier, maakt er zich van meester en de hele machinerie van de commercialisering begint te draaien: seksbladen, -boeken, -films, -strips -mode, -boetieks, -objecten en -sauna's. Winzucht en nieuwe kunststoffen staan er borg voor dat letterlijk alles sexy geleverd kan worden.

In de boekjes over seksuele voorlichting is nog tot ver in onze eeuw met het vriendelijke schema: bloemetje-vlindertje-poesje-kindje gewerkt. We zijn nu – terecht – in een aanmerkelijk nuchterder toon overgegaan, en hier is zeker een stuk hypo-crisie weggesneden. En toch stuit ik bij het lezen van zo'n rede-lijk, eigentijds boekje als dat van Roegholt en Reeuwijk: *Seks in de jaren '60* op een anomalie waarmee ik niet goed raad weet. In een passage waarin – terecht alweer – zeer positief gerea-geerd wordt op de vinding van dé pil, wordt eerlijkheidshalve ook gewezen op een soms maar lichte, irrationele weerzin die bij sommige vrouwen daartegen bestaat en een fragment van de dichteres Judith Herzberg geciteerd:

> *zeer tegen mijn wil slik ik,*
> *zondag, maandag, enzovoorts*
> *dat roze rondje dat*
> *mijn innerlijk verstoort.*

De schrijvers van het boekje stappen luchtig over die bezwaren heen, waarvoor niet-dichterlijke vrouwen misschien niet een zo suggestieve verwoording vinden, en rangschikken dit lichte

verzet – misschien ook wel weer terecht – bij de achterhoede-
gevechten. Zij kunnen ook gelijk hebben, wanneer deze achter-
hoedegevechten voor hen in één lijn vallen met die van Stap-
horst tegen de inenting van mens en vee. Maar bij mij, waarschijnlijk omdat ik een vrouw ben, blijft er iets haken: het is
de vrouw die de pil inneemt, al of niet met medeweten van
haar man – dat laatste komt voor –, en 'haar innerlijk verstoort',
hoe ongevaarlijk dat dan ook mag zijn, en er blijft nog altijd
iets bij naklinken van Mensinga's omschrijving van het pessa-
rium: 'een wapen voor de weerloze vrouw tegen de ruwheid
van de man'. Wie zich moet wapenen is nog altijd niet bevrijd.
Maar er is nog een andere anomalie: het bagatelliseren van dit
stukje onredelijkheid past niet in een ander aspect van het jeugdverzet: de neiging tot irrationalisme, tot antirationalisme en
antiwetenschappelijkheid. Het hyperrationalisme van de pil
wordt gretig aanvaard. Ik las er tenminste nog nooit een woord
van bezwaar tegen van al onze irrationalisten, magiërs of zen-
adepten.

Het jeugdverzet krijgt pas het karakter van een tegencultuur,
wanneer de dragers ervan in de jaren zestig de oude cultuur
(misschien beter hier van het establishment te spreken, omdat
het hier meer om het leefpatroon van een overheersende groep
gaat) bewust en radicaal verwerpen en niet volstaan met pogingen er zelf een plaats in te veroveren of ertegenaan te schoppen: 'de straat' terroriseren en agentje pesten, waarin achteraf
hoogstens een aankondiging van de tegencultuur kan worden
gezien.

'De straat' is een uiting van ongericht verzet; aan de wortels
van de tegencultuur liggen, behalve de seksuele revolutie, de
verschuiving van het gezag naar de macht, waar we verder nog
op terug komen, en de omslag naar het anti-intellectualisme,
het irrationalisme, nauw gebonden aan een uiterst gecompliceerde ontwikkeling in de muziek. De beide laatste droegen er-

toe bij, dat de persoonlijke en massale generatiekloof nog groter werd: er valt een grote vervreemding tussen mensen die
niet langer naar dezelfde muziek kunnen luisteren, en dat met
name in een wereld waarin het mechanisch reproduktie-appa-
raat zulke enorme en letterlijk daverende afmetingen aanneemt. Er loopt een golvende, maar niettemin duidelijke scheidingslijn tussen een (oudere) generatie die ervoor gaat zitten
om naar muziek te luisteren en een jongere voor wie muziek
een noodzakelijke levensbegeleiding is geworden: bij het werk,
de studie, op straat, in de auto en voor wie de geluiden van de
natuur: de wind in de bomen, de golfslag op het strand om de
begeleiding van de transistor vraagt. Het is de generatie die,
doof geworden voor straat- en luchtrumoer, de stilte niet meer
verdraagt. Een bijkomstig, maar toch reëel aspect van deze ontwikkeling is een sterke uitbreiding van het verschijnsel buren-
gerucht, dat tot nerveuze stoornissen leidt of tot processen van
verbolgen buren tegen ouders die mistroostig geduldig het geweld van de drumband van hun kroost over zich heen laten
gaan tot ze zo murw zijn om zelf te geloven dat deze muziek
alleen hard, dat wil zeggen op de schaalvergroting van de loud-
speakers verteerbaar is.

Maar met 'lawaai' is de nieuwe muziek niet afgedaan. Alle
negentiende-eeuwse en latere verenigingen tot bevordering van
de volkszang en dergelijke hebben er weinig aan kunnen veranderen, dat het spontane volkslied en de volksmuziek in onze
westerse beschaving omkwam. In de negentiende eeuw was het
volkslied ('Ferme jongens, stoere knapen' en 'Het hutje bij de
zee') een produkt van goedwillende koordirigenten en school-
meesters geworden. Naarmate de muziek meer als kunst gewaardeerd werd, werd ze voornamer opgediend, niet meer in
biertuinen en zalen-met-bediening, maar in de tempelachtige
sfeer van het Concertgebouw – waar Willem Kes de tafeltjes
uitgeschopt had – niet meer door kapelmeesters in een uniform
vol met de tressen der dienstbaarheid, maar door kunstenaars-

dirigenten in rok en een orkest, niet van muzikanten, maar van musici, in hetzelfde statusgewaad. Kunst voor de massa was de operette-, later filmmuziek, strelende begeleiding van de wens-dromen die de kleinburger op een avond uit in zijn zondagse pak in de glamour van hofadel en Hollywood-weelde binnen-voerden. De deep deep river van de volksmuziek werd in onze eeuw teruggevonden in spirituals en jazz en kreeg een minder afgeleid, een eigen karakter in de popmuziek, hoe gecommer-cialiseerd, geconfectioneerd en hoe internationaal ook. De mu-ziek is de meest emotionele (en daardoor de meest verstaan-bare?) en tegelijk de meest geordende kunst (en daardoor de meest inspirerende?). Zeker lijkt wel, dat geen andere kunst zo positief aan de behoefte aan ver-volk-sing voldaan heeft: het populaire boek blijft in de burgerlijk-romantische en glamour-sfeer van Libelle en het succes van de bestseller is al te nauw verbonden aan zijn gehalte aan seks. Op de nieuwe generatie(s) geïnspireerde beeldende 'volks'-kunst speurt men hoogstens in 'posters' en prenten die gebruikskunst zijn geworden.

De publieke bandjirs die bij concerten van popsterren door-breken, zijn, ondanks alle reclame-pepmiddelen die eraan te pas komen, toch van een ander, spontaner karakter dan de ten-toonstellingen met duizelende bezoekerscijfers, waarin het ge-organiseerd schoolbezoek, de sensationele prijzen in de kunst-windhandel en ook wel het bizarre karakter van het tentoonge-stelde een rol spelen, te zamen met het cultuursnobisme van je-moet-er-geweest-zijn. Popmuziek stilt geen cultuurhonger en verleent geen cultuurstatus.

Al enige keren was er in de westerse cultuur begrip en een zekere nieuwsgierigheid ontwaakt voor verre, exotische, ver-fijnde of juist barbaars-animistische culturen. De achttiende eeuw had zijn Perzische mode gekend en zijn chinoiserie, de beeldende kunst van omstreeks 1900 en daarna had zich geïn-spireerd op Japanse prenten, op Egyptische en negerkunst, of die van Mexico en Peru, de muziek op oosterse en Arabische motieven. De westerse mens die al een paar eeuwen lang met ingehouden verbazing gelezen had over David die voor de ark danste, werd er zich via de resten van Afrikaanse cultuur die onder de Amerikaanse negerslaven waren blijven leven, van bewust, dat hij vervreemd was van de geweldige emotionele uitbarstingen die in muziek en dans konden vrijkomen, maar die bij ons teruggedrukt waren in de salondans, het carnavals-hossen en het ingetogen gebaar.

Langs diezelfde lijn en met de vergrotingstechnieken van de technocratie keerden de massale explosies van religieuze be-wogenheid terug die we in de middeleeuwen en bij Quakers en Shakers gekend hadden. Geleid door slimme jongens als Father Divine of Nixon's biechtvader Billy Graham trokken deze be-wegingen vele van de Kerk, van preek en goede werken ver-vreemde jongeren weer in de geloofswereld. Het wereldver-overend aspect van dit apostolaat bleef wel in de vuurwerk-sfeer: geruchtmakende, meer dan levensgrote massa-meetings als die van Graham in het Amsterdamse stadion in 1954 brach-ten wel duizenden juichende jongeren, waaronder een aantal door de schok bevangen dominees op de knieën, maar daarna gebeurde niet veel anders dan dat ze weer opstonden en zich het stof van de knieën sloegen.

In wezen waren de leiders van deze 'volkse' afwendingen naar het metafysische rattenvangers. Hun acties mochten zich op de jeugd richten, ze ontsprongen er niet uit, evenmin als het bedrijf van hun voorgangers van de Morele Herbewapening met hoeveel smiling boys ze hun manifestaties ook opsierden; ze ontmaskerden zich altijd weer in hun pogingen het maat-schappelijk verzet in een omhelzing te smoren. En teren ook de laatste zendelingen van het alles reddend geloof, de Jezus-kinderen die als de leliën des velds en de vogelen des hemels leven, niet op het manna dat door hetzelfde establishment wordt uitgestrooid?

Veel dieper dan de greep van deze efemere sekten reikt de

emotionerende invloed van de nieuwe volksmuziek. Volks niet in de zin van zigeunermuziek, klompendansjes, Wolgaslepers en getto-liederen: de hese, schelle, kreunende, orgelende, maar altijd ongeschoolde stemmen van de nieuwe sterren doken spontaan op – totdat de talentjagers het nieuwe jachtterrein ontdekt hadden – uit het *stedelijk proletariaat* en ze hielden, ook met inkomens ver boven die van wereldberoemde dirigenten en operazangeressen en als stamgasten van Hiltonhotels, vast aan de image die immers de bron van hun geestelijk en materieel bestaan was. Zij houden vast aan hun spijkerbroeken, en hoeveel blikkerende versiersels ze zich ook gaan omhangen, geen rok-en-witte-das. De pop(ulaire) muziek is meer dan welke activiteit of bevlogenheid ook het sjibboleth van de jeugd geworden. Het zal wel aan het emotioneel karakter van de muziekbeleving in het algemeen liggen, dat vele ouderen moeilijk loskomen uit het zich laten gaan op de Blauwe Donaugolven. Veel moeilijker te doorgronden is, waarom indertijd de Haagse Houtrusthallen door het jeugdig publiek werden 'afgebroken' bij een rock-'n-roll optreden van Bill Haley and his Comets en soortgelijke tonelen zich herhaalden bij de Beatles of zelfs bij filmvertoningen van *Rock around the clock*. De teksten met hun eindeloze herhalingen zijn vrij vlak en vertonen geen enkele verwantschap met de uitdagende en scherp ironische Duitse verzetsliederen à la Brecht van voor de oorlog. De protest-songs zijn in de minderheid, en merkwaardigerwijs is de meest verbreide het in tekst en melodie wat lijzig doordrammende 'We shall overcome'. Is het verschil met de Donauwellen misschien, dat dat muziek was waardoor je je liet meeslepen en dit muziek waar je in opgaat? Dat er-in-opgaan wordt voor een groot deel bepaald door twee dingen: het sterke, vaak dreunende ritme, waarin het hele lichaam van de speler meedoet en waar het massalichaam van zijn gehoor zich actief in kan storten en de door elektronische middelen bereikte geluidssterkte. Ik vraag me af of de voorkeur voor de ritmiek in deze wankele wereld niet zo iets is als het grijpen naar de steun van de (muzikale) ordening en die voor de geluidsterkte (of wel het lawaai) niet verwant is aan het wat machteloos machtsbesef dat de bromnozem doorstroomt vanuit het overdonderende geweld van het beest dat hij in toom houdt.

Het is een van de meest ironische paradoxen van ons tijdsbeeld, dat het verzet tegen de technocratie zijn wapens en emblemen dóór de technocratie krijgt toegeleverd; de brommer en het oude autootje, de loudspeaker, de band, de plaat, en dat de technocratie door het aanbod van deze wapenen der vrijheid zijn greep op de jeugd verstevigt.

Theodore Roszak leidt zijn diepgravende beschouwingen over de *Opkomst van een tegencultuur* in met een paar historische vergelijkingen: hij herinnert aan het relief in de Zeustempel van Olympia, waar de dronken centauren binnen stormen in de beschaafde festiviteiten onder leiding van de hoeder der orthodoxe cultuur Apollo, en aan het binnendringen van 'de primitieve christelijke gemeenschap uit het Judaïsme en de mysteriediensten, een slecht gestroomlijnde minderheidscultuur', in de officiële Grieks-Romeinse en citeert de 'pochende' uitspraak van Paulus: 'Want er staat geschreven: verderven zal ik de wijsheid der wijzen en ik zal het verstand der verstandigen verdoen ... Immers de Joden verlangen tekenen en de Grieken zoeken wijsheid ... Wat voor de wereld dwaas is, heeft God uitverkoren om de wijzen te beschamen.'

Met de inval van de barbaarse centauren in de geordende sfeer der apollinische cultuur, met de uitbarsting van hartstochtelijk geloof en opdringerige bekeringsdrift van een stelletje slonzige Hebreeuwse profeten in het randgebied van de Grieks-Romeinse beschaafde wereld, vergelijkt Roszak de doorbraak van de baardige spijkerbroekgeneratie in ons rationalistisch en technocratisch leefpatroon. Hij brengt het verschijnsel daarmee in een algemeen verband: in de spanning van emotie tegenover ratio, tussen Dionysus en Apollo. In het menselijk denken is altijd de neerslag van openbaring en rede, van magisch ervaren en intellectueel waarnemen, samengevloeid tot een onscheidbaar geheel waarin dan eens het een dan het ander de boventoon voerde of als contrapunt doorklonk. Maar in de achttiende eeuw, toen rationalisme en romantiek over elkaar heen schoven, werd men zich bewust van die tegenstelling. Of was Augustinus dat al, toen hij zijn 'Credo quia absurdum' neerschreef? Maar de achttiende-eeuwer zag het tegenstrijdig menselijk bewustzijn toch nog als één geheel, hoofd-en-hart, gevoel-en-verstand waren voor hem hendiadès. Ook in de inhoud van de kerkleer hadden beide altijd dooreen gelegen.

De achttiende-eeuwse rationalisten waren allerminst de 'dorre verstandsmensen' waartoe ze later zijn omgedicht. Ze hadden integendeel een sterk emotionele, zo niet sentimentele inslag. Ze waren slechts bij uitzondering atheïst, zij streefden naar een redelijk geloof tegenover de irrationele begoocheling waar de Kerk zijn gezag op gevestigd had. Het 'écrasez l'infâme' sloeg niet op het geloof maar op de Kerk die eeuwenlang de dubbele functie had gehad van middel tot onderdrukking en troost voor de onderdrukten.

In de negentiende eeuw neemt het rationalisme op een eigenaardige wijze een deel van die dubbele functie over: in het liberalisme wordt het de wereldbeschouwing en geloofkeus van de technocratie, in samenhang met het de wonderen verwerpend kerkelijk modernisme. In het strijdbare atheïsme wordt het de troost van de verdrukten, het 'bewuste, socialistische' proletariaat, een wat naïef, volks, platvloers, maar vurig beleden rationalisme.

Tekenend voor de geest der laat-negentiende eeuw is, dat in een nog bijna stationaire, overwegend kerkelijke bevolking, dit dubbele rationalisme de boventoon gaat voeren in de cultuur, met name in de literatuur. En dat als een polarisatie daartegenover zich een irrationele stroming voordoet, een toekering naar het geloof-om-het-geloof dat zich slechts bij uitzondering op de Kerk richt, maar overwegend op wat de Fransen de 'petites religions' noemen, alles wat op ondoorgrondelijke wijze een oplossing voor levensraadselen biedt, van vegetarisme, theosofie, spiritisme, astrologie en alle andere vormen van occultisme tot de zwarte magie toe, alles wat zich afwendt van wat dan het platte rationalisme gaat heten.

Opmerkelijk is, dat al deze metafysische stromingen géén vat op de massa krijgen; ze blijven in het intellectuele vlak of beter in het vlak van intellectuele dames en heren, voor wie het een innerlijke noodzaak is hun min of meer occulte, min of meer metafysische, voorstellingswereld door een inslag van 'studie' van het volkse bijgeloof te onderscheiden.

Maar hun elitiserende trekken keren zich vooral tegen het volkse rationalisme waarin ze, mét de democratie – in deze kringen kiemde de afkeer voor de 'vuile politiek' – de massaproduktie (de namaak) en de popularisering van de cultuur, de grote vervlakking, de ondergang in het 'grauw' vreesden, waartegen de onthutste cultuurdragers zich terugtrokken op een vluchtheuvel van esthetische vergeestelijking.

In onze eeuw hebben de petites religions zich wel gehandhaafd als toevlucht voor zoekende zielen, maar zonder ooit tot een grote spreiding, laat staan tot een doorbraak te voeren. Eén ding valt voor wie er van na zestig op terug kijkt sterk op: ze hebben aanhangers onder mensen van iedere leeftijd, vandaar vermoedelijk, dat ze een sektarisch karakter hebben gekregen en vooral dat het jeugdig elan erin ontbreekt. Dat elan en de spasmodische verspreiding via rumoerige massa-bijeenkomsten accentueert de voorstelling van irrationele stromingen in onze tijd als bij uitstek generatie-verschijnselen, en zo worden ze gewoonlijk ook geduid, hoewel het fenomeen allerminst generatie-dicht is.

Het irrationalisme van 1900 en van '60 zijn beide uit angst geboren, maar het eerste voerde tot vlucht, het laatste tot verzet, een vlucht in een wazige, maar open toekomst, een verzet met de rug tegen de muur om in een duistere en dreigende toekomst een leefbaar bestaan open te breken, een verzet tegen een onverdraaglijke toekomst. Het eerste keerde zich overwegend tegen het volkse rationalisme van de Dageraad, het laatste tegen het machtige rationalisme van de technocratie. Wanneer Margaret Mead de instelling van de jeugd prefiguratief noemt, dan zou ik daaronder niet, zoals zij kennelijk doet, willen verstaan: met een minder belemmerde blik op de toekomst, want ook voor een jeugd die heden en verleden afwijst en daarmee de mogelijkheid de toekomst als een verlengstuk daarvan te zien, kan de versnelling van het historisch tempo het uitzicht op de toekomst alleen maar warriger maken. Prefiguratief zou ik, ook om die versnelling, als meer op de toekomst – een duistere toekomst – *betrokken* willen lezen. En dat betrokken zijn moet in het groeiend bewustzijn van de eigen situatie, dat onze tijd kenmerkt, zich wel het duidelijkst aftekenen in de grote Angst. Angst is als zodanig altijd irrationeel geweest, hoe bekwaam we er ook in waren hem te rationaliseren. Het nieuwe in wat wij in onze eeuw existentiële angst hebben leren noemen is, dat we dat irrationele onderkend hebben en opgenomen in onze afweer tegen de grote dreiging.

In meningsverschillen tussen de generaties was het laatste beroep van de ouderen altijd op de redelijkheid en op de autoriteit van de 'waardenvrije wetenschap'. En nog altijd wordt de jeugd en de uitgeschakelde oudste generatie als redelijkheid ('in je eigen belang') aanpassing aan de bestaande situatie voorgehouden, en nog altijd leeft de meerderheid van de beoefenaars van die wetenschap van en in de zekerheid dat de formule 'het staat wetenschappelijk, dan wel statistisch-wetenschappelijk vast' het allerlaatste woord is; het bijgeloof in dat evangelie wordt door onderwijs en reclamewezen overvloedig gepredikt, ter wille van rust-en-orde en de verkoopbaarheid van een onbeperkt aantal produkten, waarvan nut en onschadelijkheid allerminst zeker zijn.

In een wereld die zo door zijn onzekerheden gekweld wordt, moet het beroep op de redelijkheid vooral op jonge mensen bijzonder irriterend werken. Wie zich een begrip tracht te vormen van het jeugdverzet, waarvan de irrationele trekken in ons geconfectioneerd leefpatroon zo duidelijk opvallen, komt wat onthutst telkens weer te staan tegenover een onbevangen, een bijna naïef, maar nooit onnozel beroep op . . . de redelijkheid.

Het huidige irrationalisme heeft namelijk een aantal hartveroverende en zeer redelijke trekken: het is bijzonder weinig agressief: zie de zingende bloemenkinderen, de happenings-met-krenten rondom het Lieverdje, de tuintjes aanleggende kabouters. Het is meer humoristisch dan dogmatisch en het heeft niet de intellectuele en beschavingspretenties van de 'kleine geloven' en daardoor vat op een veel bredere groepering.

Op een viaduct over de Utrechtseweg staat al sinds jaren in een analfabetisch letterschrift ZEN. Het suggereert geen kennis van welke esoterische geloofsleer ook, maar wél een standpunt, misschien een meer hartstochtelijk beleden dan een grondig, en zeker niet een in 'oosterse wijsheid' gefundeerd standpunt. Het suggereert een wil om te getuigen tegen de grote Agressie. 'Zo'n wit-hete onvrede,' zegt Roszak, 'loopt altijd risico te verdampen tot een wilde, amorfe stoom – zodat het moeilijk wordt de chiliastische openbaringen te onderscheiden van de loze kreten.' Het ontbreekt inderdaad niet aan loze kreten en aan een soms verbluffend dilettantisme. Er worden groepen gevormd en acties opgezet die in korte tijd weer instorten, met name wanneer ze voor een concrete taak worden gesteld die aanpassing aan bestaande verhoudingen vraagt (provo's en kabouters in de gemeenteraden); in slecht geschreven betogen wordt een lang niet altijd sluitend beroep op . . . de wetenschap gedaan, met name in het onverantwoordelijk gepraat, geschrijf, misbruik en geëxperimenteer op het terrein van psychedelica, dat veel slachtoffers heeft gemaakt – in samenwerking met veel evenmin deskundige bestrijding-door-verbod. Maar tot nog toe heeft dat alles meer produkten van warrige literaten opgeleverd dan van stralend verlichte geesten. De narcotica zijn bezig hun aandeel te verwerven in de even onuitroeibare als ongefundeerde faam van de alcoholica, de faam van stimulans tot geestelijke activiteit. Ook de meest onhistorische geesten tooien hun betoog graag bij gelegenheid met historische argumenten. Vandaar dat nu naar voren gebracht wordt dat grote geesten van onverdachte reputatie als Dickens, Tennyson of Barrett Browning drugs gebruikten; maar niemand zocht uit of ze hun geestelijke prestaties daarmee verruimd hebben of alleen maar hun leed trachtten te vergeten.

De vergelijking van veel jeugdbewegers met een kruistocht dringt zich op, meer nog met de kinderkruistocht: een tragische uitbarsting van dilettantisch elan, waarvan waarachtig ook toen al de anderen, het gezag van de Kerk, de handel, de veroveringszucht profiteerden, zoals nu de commercie van de handel in drugs tot die in de schapevachten en de spiegeltjes en kraaltjes waarmee de nieuwe barbaren zich tooien. Maar waar het om gaat is, dat deze ondeskundigheid bewust, ja bedoeld is door een jeugd die zich door de deskundigheid verkocht en verraden voelt. De deskundigheid die niet alleen de Bom en de bewapeningswedloop geleverd heeft, maar ook de propaganda-apparatuur voor de koude oorlog en de psychologische manipulatie-technieken waarmee men goede staatsburgers en soldaten voor Vietnam kan kneden en de reparatiewerkplaatsen waarin men deze soldaten, geestelijk en lichamelijk tot wrakken geworden, weer tot handzame staatsburgers ombouwt. En de wetenschappelijk doelmatige martelmethode om weerspannige getuigen tot spreken te dwingen.

Wie iets van de chaotische aspecten van het jeugdverzet wil begrijpen, stuit op de paradox, dat zijn aanhangers de redelijkheid van het irrationele, van het dwaze zoeken; toch dient hij er van uit te gaan dat die anti-redelijkheid, hoe ondoordacht, modieus

en franjeachtig ze zich ook voordoet, in die zin werkelijk revolutionair is, dat ze zich inderdaad richt op een omwenteling
van bestaande, maar uitgeholde onwrikbaarheden: het oog-
kleppen-rationalisme dat verstard is in de technocratie, het
dolgedraaide organisatiewezen van ambtenarij, politieke partijen, vakverenigingen en onderwijshiërarchie die, van hun
doelstelling vervreemd, een doel in zich zelf zijn geworden, en
de hele doelmatigheids- en efficiency-woeker die bij alles wat
speels, versiering en 'zo maar' is, naar de flitspuit doet grijpen
en daardoor het sluimerend verzet juist tot speelsheid provo-
ceert. Een speelsheid die zich uitleeft in het absurdistische.
Spel is antirationeel, doelloos en rendementloos en dus een lek-
kere uitdaging van het establishment dat als zodanig ernstig
moet zijn: vandaar de wilde haren en kleding, de krenten, de
koeiebellen, de spiegeltjes en kraaltjes. 'Gekke dingen doen' is
een nieuwe vorm geworden van zich in gunstige zin onderscheiden. De voor het establishment zo irritante speelsheid van
provo- en kabouteracties mikt – misschien niet eens altijd vol-
ledig bewust, daar is het speels voor – op een zeer essentieel stuk
menselijke leefbaarheid, zoals het hele zorgeloze karakter van
beatniks en 'werkschuw, langharig tuig' een vorm van verzet
is tegen de bedilzieke zorg van vadertje Staat en moedertje
Bedrijfsleven, zelfs wanneer – zo verwilderd en verwilderend
zit onze maatschappij nu eenmaal in elkaar – deze krekels door
de ironische efficiency die ook hen in het bloed zit, ertoe ver-
leid worden, tot ergernis van iedere welgeaarde v v d'er, op de
sociale voorzieningen te speculeren.

Zoals de achttiende-eeuwse rationalisten zich niet tegen het
geloof keerden, maar tegen institutionalisering daarvan in de
Kerk, zo keert het (irrationele) jeugdverzet zich niet tegen de
ratio, maar tegen zijn institutionalisering in de technocratie, tegen al wat zich als verstandig, redelijk, efficient, vanzelfsprekend voordoet, maar dat alleen ís in het anarchistisch en ver-
woestend winstbejag van Belangen die onze belangen niet zijn,

die niet alleen onze samenleving, maar ook onze kijk op die samenleving manipuleren. Het gaat niet alleen om 'het loutere feit van de bom, maar om het totale ethos van de bom, waarin onze politiek, onze publieke moraal, ons economisch leven en ons intellectuele streven nu vastzitten met een weelde van ingenieuze rationalisaties' (Th. Roszak).

Toen Hugo de Groot, gelijk bekend de grondlegger van het recht van oorlog en vrede, vernam dat een uitvinder zich bij de Franse koning had aangemeld om hem een nieuw wapen te demonstreren, dat volgens de beschrijving op een repeteer-geweer moet hebben geleken, wekte zo'n gemeen en oneerlijk wapen zijn oprechte verontwaardiging. Sindsdien is ons begrip omtrent toelaatbaarheid van – oneerlijke? – wapenen en middelen tot oorlogvoering zwaar geëscaleerd, met telkens een schok van verontwaardiging: bij de dum-dum-kogel, het bommenwerpen uit een vliegtuig, het uitvlakken van de lijn van combattanten en non-combattanten, het gifgas, de Bom, de napalm, de ontbladerings- en bodemvernielende tactieken, enzovoort. En telkens heeft onze ethiek de schok doorstaan door ... zich aan te passen aan de theorie van oorlogsnood-zaak en het grootste kwaad! 'Hoeveel van onze jongens zou-den niet het slachtoffer van sluipschutters zijn geworden zon-der ontbladering en het ausradieren van leefgemeenschappen?' Is het wonder dat tegen deze Redelijkheid van de Macht een kleine redelijkheid van de onmacht steeds nadrukkelij-ker begint te sputteren en daarbij zo irrationalistisch door-komt?

Het dolgedraaide rationalisme dat we technocratie noemen stuit op een (jeugd)verzet dat zeer uiteenlopende aspecten ver-toont. De meeste weerzin en ergernis bij het establishment wekt wel het zeer algemene speelse aspect. Dé jeugd, altijd maar weer generaliserend gesproken, heeft afgerekend met het na-volgen van grote voorbeelden en met het ernstig streven zo gauw mogelijk als een volwaardig lid van de maatschappij te worden aanvaard. Zij heeft naar het wapen der zelfbewuste zwakken gegrepen, naar ironie en humor waarvan het effect treffender is naarmate de ernst en de zelfverzekerdheid van de tegenstander groter – en daar ontbreekt het niet aan in de technocratie. Het doorprikken van opgeblazenheid van gezagsdragers is een bijzonder voldoening gevend bedrijf. En speelsheid is niet alleen het uitdagend tegenstuk van de doelmatige gerichtheid der technocratie, ze is ook inherent aan de wanhoop: de gein was het enige dat welig bloeide in de concentratiekampen. Maar spelen (in het donker) bevrijdt niet van de Grote Angst.

Omtrent een eeuw geleden (in 1883) schreef Marx' schoonzoon Paul Lafargue een boekje over 'het recht op luiheid'. Hij was een Westindische jongen en leefde mogelijk nog onder de bekoring van het tijdloos bestaan van zijn 'wilde' Indiaanse of negervoorouders. Genoeg in ieder geval om het vraagstuk van de menselijke arbeid dat zijn schoonvader levenslang zo dodelijk ernstig bestudeerd had, eens van de speelse kant te bezien. Het is geen toeval, dat dat vergeten boekje in onze tijd weer opduikt. Het recht op luiheid is immers in onze tijd nog veel meer dan in die van Lafargue een van die redelijk voor de hand liggende ideeën die in de technocratie naar het gebied van het absurde verbannen blijven, zolang men vasthoudt aan het geloof, dat het zin heeft te (laten) arbeiden, zolang het mogelijk is arbeid in winst om te zetten.

Maar wanneer de geuzen van nu die absurditeit tot hun adelsbrief maken? En dat is wat de jeugd op het ogenblik doet: ze kiest voor de absurditeit, omdat ze de ontmaskerde logica verwerpt van een bestel dat de luiheid veroordeelt, maar de werkeloosheid tot een instelling maakt, een bestel waarin te veel geproduceerd en te weinig gedaan wordt: te veel wapentuig, plastic speelgoed, weggooi-weelde, weggooi-verbruiks- en -voedingsartikelen, weggooi-boeken, -kunst, -toneel, -film, -muziek, weggooi-banken, -gevangenissen, -gekken- en -bejaardenhuizen, alles zoveel mogelijk in plastic verpakt. Te weinig gedaan aan al wat geen 'winst' oplevert, wat niet 'produktief' is, vanaf het bestrijden van de wereldhonger tot het redden van de kikkers.

Dit kiezen voor het absurde, dit afwijzen van de rationaliteit die synoniem geworden is met rendement, komt in twee aspecten van het jeugdverzet naar voren.

Het meest opvallende aspect is dat van het irrationalisme. Het is tevens een sprekend voorbeeld van het contrapunt-effect in de geschiedenis, het verschijnsel dat routines en (geestelijke) stromingen afwisselend in onze cultuur de overhand krijgen en weer onderduiken. Irrationele, magische voorstellingen overheersten oorspronkelijk het wereldbeeld in de tijd die Henri Frankfort 'before philosophy' heeft genoemd, de tijd toen de mens zich nog in de natuur opgenomen, door magische krachten bedreigd en beschermd voelde, zich nog niet in beginsel buiten de natuur stelde om die te doorgronden en waar mogelijk te gebruiken. Hier ligt de oorsprong van de tragische mythe van de homo sapiens, het verhaal van Prometheus die het vuur uit de hemel stal en naar de aarde bracht om er eeuwig in ondragelijke pijnen aan een rots geketend voor te boeten. Het vervolg op de mythe is een stuk geestesgeschiedenis van de worstelende mens: hoe Prometheus zich telkens weer losrukt en zelfbewust zijn ratio tegenover de natuur, het ondoorgrondelijke, God, stelt, om in tijden van persoonlijke of historische benauwenis en onzekerheid weer af te buigen van het willen weten naar het willen geloven en vertrouwen en naar de vaderhand te grijpen. Ook de langzame golfslag van deze wisselstroom heeft zich versneld met het driftig oplopen van het ritme van de geschiedenis: als terugslag op een periode waarin een wat al te zelfverzekerd rationalisme zo sterk de boventoon voerde als de negentiende eeuw, waarin de afbraak van het kerkelijk geloof niet meer te stuiten was, kent onze eeuw al twee irrationele golven: die van de 'petites religions', die uit de vorige eeuw overvloeide, en de nieuwe golf die na de oorlog omhoog kwam en die meer dan ooit antirationalistisch is, in strijdbaar verzet tegen wat het 'domme verstand' in zijn hoogmoed vernield heeft en dreigt te vernielen en met een neiging tot het absurde als volmaakt tegenstuk van het rationele.

Maar de mens zou geen mens zijn, wanneer hij niet onder alle omstandigheden bleef gehoorzamen aan de opdracht van de rede: achter ieder opgelost raadsel en achter iedere mislukking de uitdaging van een volgend raadsel te zien, wanneer hij verzaakte aan zijn Prometheus-taak. En in een zo grote Dreiging waarin de mens van deze eeuw geworpen is regelrecht uit het voor ons gevoel nu zo parmantig volstrekt Vooruitgangsgeloof van de vorige, bekruipt hem de neiging weg te duiken in een magische wereld waarin het geloof aan de uitredding het machteloos zoeken naar die uitredding vervangt.

Misschien wel het meest opmerkelijke van deze nieuwe irrationele golf is zijn bijzondere aantrekkingskracht voor de jeugd in al zijn sociale geledingen en niet meer zo uitsluitend voor een elite als de vorige. Het sociale aspect van het soms massaal en soms elitair karakter van irrationele stromingen moet een uiterst boeiend thema van onderzoek zijn, maar valt ver buiten ons bestek.

Zoals altijd konden de (irrationele) jongeren over de hoofden van de (rationele) ouders teruggrijpen op de grootvaders, maar dan wel op verre grootvaders: de christelijke kerk speelt een kleine en soms wat verdachte (Jezuskinderen!) rol in dit proces en de bekering van twijfelende intellectuelen die zo'n opvallend verschijnsel was in het begin van de eeuw, is geen trek van deze tijd. De gerationaliseerde, verambtelijkte en autoritaire Kerk, waarin juist de mystieke elementen in routine verdord of in overbluffingstactiek misbruikt waren (Fatima!), had zijn aantrekkingskracht verbeurd.

De religieuze verlangens speuren naar verdere en, naar graag wordt aangenomen, minder door de technocratie vergiftigde bronnen. Theodore Roszak ziet zo'n belangrijke bron van de irrationele elementen van de tegencultuur in de naspeuringen van onbevangen en niet westers-autoritaire antropologen in de magie van natuurvolken en in mediterende godsdiensten zonder God-de-Vader, zonder hiernamaals, met een stijlvolle kloosterlijke armoede en een tijdloze aanbidding van het ondoorgrondelijke.

Daar zijn zeker veel elementen in te vinden die een door de technocratie overschreeuwd, ingepend, gestroomlijnd en gemechaniseerd mens aanspreken en inspireren tot ingekeerde bezinning en verlokken tot de rust van de meditatie. Maar ook tot medicijnmankreten en derwisj-dansen, tot opneming van de Heilige Geest en uitstoting van duivelse bekoringen, en die vervoeringen kunnen in een tikje halfzachte hoofden vervloeien met flarden van de gedachtenwereld van Dante of van de visioenen van de Heilige Theresia of Sint-Jan van het Kruis, die overigens van alles waarmee ze daar op een hoop gegooid worden, gegruwd zouden hebben, en met de sterrenwichelarij uit de Enkhuizer Almanak, de tv.-gids of het damesblad.

Het is mogelijk dat de *studie* van oosterse culturen inspirerend en stimulerend heeft gewerkt op de irrationele stromingen van de Amerikaanse tegencultuur, maar dan toch wel langs een grote omweg. In wat wij er hier van te zien krijgen, is er evenzeer sprake van een mode en even weinig van een zich werkelijk toeëigenen van een zo ver afliggende cultuur als bij de achttiende-eeuwse chinoiserieën. Ook daar staken wel positieve elementen in: gelijk op met het intensiever worden van de koloniale exploitatie van Azië en Afrika voerde deze mode tot de grondige oriëntalia-studie van de negentiende eeuw. Nog daargelaten, dat er enige zelfkennis te beleven viel aan een, zij het dan maar oppervlakkige, vergelijking van onze sterk overschatte christelijke samenleving met die op andere levensbeschouwelijke grondslagen. Maar nu wij twee eeuwen verder zijn en inmiddels wel iets meer over het oosten weten, wordt het minder aanvaardbaar, wanneer op al te eclectische wijze een aantal bekoorlijke elementen uit 'oosterse' culturen geadapteerd worden, met name het tijdeloze en onwereldse, zonder aandacht voor de anomalie dat een dergelijke klooster- en kluizenaarscultuur alleen bestaanbaar is, wanneer zij wordt gesteund door een wereldse autocratie en bij een volstrekt ontbreken van aandacht voor ieder ander heil buiten dat van de eigen ziel, een zienswijze die zich niet laat inpassen in onze – hoe gebrekkig ook verwezenlijkte – democratische humaniteitsgedachte. En daarom doet zo'n ZEN-opschrift op het viaduct aan de Utrechtseweg aan als een loze kreet of voert het tot de vraag of de schrijver ervan niet een onnodig lange omweg gemaakt heeft om zich op te sieren met de attributen van een cultuur die hij niet kent en ook niet behoeft te kennen om overtuigd te zijn, dat de zegeningen der psychedelica hem dezelfde verheldering en verlichting kunnen brengen als tien jaar mediteren aan een boeddhistische monnik.

De moderne sociologie spreekt van een subcultuur en een tegencultuur. Het laatste is misschien passender, omdat het bij alle jeugdgebeuren in de eerste plaats om weerwerk gaat, om ruimte in een beklemmende wereld, en veel minder om een program, een leer, nauwelijks om spelregels, en waar het spel het karakter van esoterische inwijding aanneemt wordt het . . . een spelletje dat – en daar komen we nog op terug – onmiddellijk de organisatie- en exploitatiedrift van de technocratie wekt. Geen wonder dat de tegencultuur ook een terugkeer tot en een herwaardering van het door de sociaal-democratische ordening verdrongen anarchisme omvat.

De overheid heeft – begrijpelijk – sinds lang verschil gemaakt tussen geordend demonstreren door erkende verenigingen en het 'rellen schoppen' door de zogenaamde ongrijpbare jeugd. Dat werd moeilijker, toen veel demonstraties niet meer van erkende verenigingen uitgingen en beide groepen in uiterlijk en straatgedrag naar elkaar toe groeiden. Dat de ongrijpbaren zich bleven onttrekken aan iedere poging hen op te vangen in recreatieaanbod of scholingsinstituten-met-vooruitzicht, of die nu van de overheid of van de Kerk of de AJC uitgingen, werd een voorwerp van voortdurende zorg.

In '67 verzamelden zich wisselende groepjes van deze ongrijpbaren in rumoerig lanterfanten in het centrale trefpunt van heel Nederland: de Amsterdamse stationshal. De overheid, nou ja, de verkapte overheid in de gedaante van een groep gezagsgetrouwe mariniers, greep in en dreef het 'langharig werkschuw tuig' naar buiten.

Ze verzamelden zich in een clubhuis, waaruit op onachterhaalbare wijze Fantasio ontstaat, dat nog een tegenstuk krijgt in het door de gemeente gestichte Paradiso. Wat betekent dat? Dat niet alleen de ongrijpbaren, maar ook 'popcultuur' en psychedelisch bedrijf een onderdak vinden, dat Amsterdam het 'magisch centrum' van de wereld wordt en Paradiso een tempel van de (goddelijke?) verdwazing, een nieuw klooster van de eeuwige aanbidding? Niet van het kindeke Jezus, want de verlichte Kerk heeft juist geleerd, dat de traditionele eeuwige aanbidding tot versuffing leidt, maar van het verheven navelstaren en van de tovermiddelen die dat stimuleren. Nuchtere zielen die er nieuwsgierig binnenlopen, vinden het een melige boel. Maar er is ook nog iets anders: dat de ongrijpbaren zich voor het eerst laten opvangen en dat dat gebeurt in een onderdak waar geen prestatie en geen wedijver van ze verwacht wordt, dat geen leer of evangelie aan ze kwijt wil en hen niet beschermend inkapselt. Voor een fatsoenlijke overheid is dat alles van een onwaarschijnlijke tolerantie die verdacht, dat wil zeggen onzeker aandoet. Speculeert ze erop, dat deze opstand der bedwelmden wel doodloopt of is dit de befaamde repressieve tolerantie?

Niets toont zo duidelijk de mateloze onzekerheid aan van al de eigentijdse zoekers, bij de opstandige jeugd zo goed als bij de tolerante ouderen, als het gejuich waarmee dit soort 'oplossingen van het jeugdprobleem' worden ingehaald. Na een paar jaar kijken we verwezen aan tegen een uitspraak van een leider van Paradiso die de instelling 'een bruggehoofd voor naar nieuwe initiatieven zoekende jonge mensen' noemt. 'De nieuwe, in het oog lopende vorm van jeugdkultuur,' gaat hij voort, 'subkultuur of underground, met eigen taalgebruik, klederdracht, eigen vormen, popkultuur, protestsongs, shit, vond zijn grote kracht in de gezamenlijke hoop het Nu helemaal te maken en af te rekenen met het bestaande systeem. Deze beweging meende kracht te hebben voor een complete roll-over van de cleane kapitalistische en burgerlijke kultuur met zijn enge gedachten over leven, seks en uiterlijk gedrag.'

Inderdaad een eigen taalgebruik.

Vanouds had de overheid het irrationele alleen ruimte gelaten binnen de Kerk. In het staatsbestel had de ratio altijd de rol van de man in een 'goed' huwelijk gespeeld. De donkere kanten van ons bestaan, ons onderbewuste leven en alle manifestaties daarvan werden als tovenarij afgewezen, als zondig onderdrukt en verkommerden daardoor tot bijgeloof, kwakzalverij en hocus-pocus.

De magiërs van nu noemen Freud denigrerend een rationalist, maar hij nam het risico in zijn tijd denigrerend voor een kwakzalver te worden uitgekreten. De kennis van de donkere wereld die we dank zij het noeste werk van hem en zijn volgers gekregen hebben, is een wapen in de strijd tegen de technocratie, de strijd om die domme splitsing tussen gevoel-en-verstand uit te wissen. Maar niet de warwinkel van gemakzuchtig geloof in alles tot en met in het geloven zelf, dat pretendeert tot wijsheid te kunnen voeren zonder enig denkwerk en louter door wat wierook en hennep te branden en de inwijding in de eredienst van een 'oosterse', uit Amerika overgewaaide, of eventueel Dapperstraatse magiër, yogi of goeroe, in het kort een eredienst van een allesbehalve goddelijke dwaasheid die de

Amsterdamse agogen en hun collega's in andere landen menen te moeten tolereren om begrip voor de jeugd te tonen.

Het tweede aspect van wat we bij gebrek aan een andere deellijn nog altijd maar jeugdverzet noemen, laat zich het best als redelijk omschrijven, en daarmee grijpen ze terug op de houding van de 'grootvaders' in de achttiende eeuw. Zij komen terug op de nooit aflatende vraag naar het overleggen van geloofsbrieven, naar het fundament van alle gezag. Het gaat niet om een filosofie, om een leer of een levensbeschouwing, niet om de ratio van Descartes, Spinoza of Leibnitz en niet om de rede van het Humanistisch Verbond, maar om de kleine redelijkheid van de vraag naar het waarom van een uitgehold gezag. Waarom heeft de meester, de leraar, de professor, de baas, de dokter, de hoofdzuster, de kapitein, de politieagent en W. F. Hermans altijd gelijk? Waarom hebben de deskundigen altijd gelijk en waarom is de hoger geplaatste altijd de meer deskundige? Waarom zijn we bezig een nieuw gezag, dat van de deskundigen, op te bouwen die al uit de verte opvallen door hun oogkleppen? Heeft de keizer wel kleren aan en waarom niet? Hebben misschien veel te veel keizers veel te veel kleren aan? Is inspraak een gunst of een middel tot verdieping van inzicht en verbetering van menselijke relaties? Zou ons hoger onderwijs niet nog geheel op het middeleeuwse niveau staan van de 'viva vox' dat wil zeggen van de eeuwig herhaalde retorica, nu niet meer in slecht Latijn, maar vaak in levenloos Nederlands – afgezien van wat technisch-organisatorische ingrepen – zonder het verzet van de niet aan- en insprakelijken? Is het kraken van panden niet het antwoord van de kleine redelijkheid van jongeren-actiecomité's op het in gebreke blijven van de Grote Redelijkheid van Recht en Orde met betrekking tot de herziening van een bezitsrecht dat woonbuurten laat verkrotten om ze te saneren tot bedrijven, hotels en banken om weer nieuwe bedrijven en banken te financieren? Of wel op bedriegelijke verkiezingscampagnes, dan wel (neo)-koloniale oorlogen? Heeft de kleine redelijkheid van de jeugd het recht zijn schouders op te halen bij aanklachten over 'verwildering', wanneer de verwilderde overdaad van de welvaartsstaat tot een enorme aanwas van geregistreerde en ongeregistreerde vermogensdelicten leidt en onze ethiek ons niet meer toestaat daarop te antwoorden als nog tot in de vorige eeuw met radbraken voor een gestolen ringetje of hangen voor een gestroopt konijntje? Vertoont de ethiek van onze overdaad geen aspecten die erop wijzen dat we ongemerkt en onprogrammatisch bezig zijn van het 'lenen' van boeken, fietsen, jassen, et cetera over te gaan op gemeenschappelijk eigendom? Moet de jeugd zich zuinigheid en respect voor andermans bezit eigen maken in een wereld die dreigt te stikken in de afvalhopen van zijn bezit? De ouderen kunnen zich veroorloven al hun morele verontwaardiging daartegen in te zetten; moet de jeugd zich niet alvast instellen op de dreiging (of misschien de belofte) van zo'n gemeenmaking?

Niet uit de partijprogramma's, maar uit de kleine redelijkheid worden de protestacties geboren op het thema 'mag dat nou?' tegen onrecht van ver en van dichtbij, tegen natuurvernieling, milieuvervuiling, acties waarin men rechtvaardigheidshalve de vele grijze koppen niet over het hoofd moet zien, maar die als jeugdbedrijvigheid principiëler, tegendraadser, rumoeriger en desnoods ondoordachter kunnen zijn, omdat de jongeren geen gezicht te verliezen hebben en verdwaasd-hooghartig de compromissen kunnen afwijzen die altijd de uitwijk zijn voor gevestigde stichtingen met een eerbiedwekkend comité van aanbeveling tot bescherming van alles en iedereen. Zonder in conflict te komen met de Belangen waarin ze niet vertegenwoordigd zijn (en die, dat mag niet verzwegen, zich dan ook weinig aan hen gelegen laten liggen) kunnen ze tekeergaan tegen straaljagerrumoer, water- en luchtbederf en de verwoestingen van het verkeer en hun kleine 'waarom?-redelijkheid' in stelling brengen tegen de grote rationaliteit die per computer berekent, dat in het jaar 2000 zoveel duizend auto's zoveel duizend kilometer vierbaans, zesbaans, achtbaans beton zullen opeisen, of dat redding van de Waddenzee niet rendabel is. Waarom eigenlijk? En waarom is rendabel het laatste woord? Zij kunnen op steeds redelijker gronden de nieuwe Rechten van de Mens verdedigen, lang voordat die van nu twee eeuwen geleden zelfs in de voorlijke westerse wereld verwezenlijkt zijn: het recht op zinrijk werk, op meer vrije tijd, op luiheid en op een ludiek bestaan, en ze kunnen de wapens daartoe aan hun tegenstanders ontlenen, want dreigt de wereld niet aan vlijt ten onder te gaan?

De meest algemene trek van dit jeugdverzet is het protest tegen het absurde van de vlijt, de vlijt van het gewin, de vlijt van de Vooruitgang. En het grote misverstand daartegenover van het establishment is, dat die jeugd-van-tegenwoordig zo lui is en zo onmaatschappelijk, een misverstand, voortkomend uit een ander, dat namelijk het establishment de maatschappij is of althans vertegenwoordigt. Onmaatschappelijk toch is, naar de nog altijd overheersende, maar door het jeugdverzet ondergraven voorstelling, al wie het begrip van de Vooruitgang zo radicaal loochent, dat zijn streven er niet op gericht is vooruit-te-komen-in-de-wereld, anders gezegd carrière te maken, maar alleen maar zo plezierig mogelijk en in harmonie met anderen te leven. En die het schijnbaar zo evidente inzicht verwerpt, dat dat goede leven nu juist via het vooruitkomen, via het dringen om de beste plaats te bereiken zou zijn.

De afbraak van de maatschappelijke eerzucht, van de eerbied voor titels, rangen en onderscheidingen, uniformen en toga's is een van de meest verheugende tijdsverschijnselen onder een generatie die waarachtig niet uit speelsheid tegendraads is, maar voor welke die speelsheid als tegenstuk van de absurd geworden ijver een van zijn schaarse principes is. Wat de goede wil van een eeuw socialisme ook binnen de partijen nooit bereikt heeft, de werkelijke egalisering in het persoonlijk verkeer, lijkt nu moeiteloos door te breken in groepen actievoerders, demonstranten en krakers. Laten we het niet te mooi maken: bij alles wat achter een vaandel aanliep in de loop der eeuwen zijn altijd uitvallers geweest die langs de weg hun kans grepen en, geslaagd en gevestigd, graag met weemoed terugkeken op hun 'idealistische' jeugd, als ze al niet tot een zuur renegatendom vervielen. Die uitvallers zijn er nu ook. Zijn het er misschien minder, omdat de vaandels zoveel kleiner, de groepen zoveel beperkter, de ideologieën zoveel minder doortimmerd zijn? Omdat in het vechten tegen de bierkaai zoveel meer nuchterheid steekt dan in het juichend optrekken naar een nieuwe dageraad?

Het ontbreken van een algemene leer, het afwijzen van alle autoriteit en van de symbolen ervan stempelen de acties tot jeugdwerk, waarin, ook als er ouderen aan meewerken, niet automatisch een leeftijdshiërarchie ontstaat, en het werk van wetswinkels en huuradviescommissies, van acties tot behoud van en tot verweer tegen blijft in de spontane en dilettantische sfeer van jongens en meisjes onder elkaar, waarin ik niet zo gauw een overjarige AJC'er zie opduiken die leider wordt. En als er nog AJC'ers waren zouden ze niet meer zingen:

> *Waar ter wereld wordt gestreden,*
> *gaan de ouderen ons voor . . .*

Nu is de stroom gekeerd, en de laatste burchten van het ouderdomsgezag, de mythische burchten van de vrijeberoepsautoriteit krijgen de aanvallen te verduren van jonge, kritische artsen en juristen die dat kunnen doen, omdat ze zelf geen streepjespakken dragen en geen gewetenszorg hebben om het verraad dat ze aan het nobel ambt plegen, wanneer ze vragen naar de redenen van bestaan van gevangenissen en psychiatrische inrichtingen, wanneer ze pleiten voor een beperking van het magiërsloon der specialisten, voor betaalbaar recht of voor so-

cialisering van de gezondheidszorg, wanneer ze opgelucht de
zeldzame zekerheden van deze tijd ontdekken: dat welvaart
geen welzijn betekent, rijk worden en vooruit komen geen
verdienste en dat je de slavernij van de overdaad kunt afwijzen
zonder daarmee te kiezen voor de ton van Diogenes of het
vasten en kastijden van de heremiet.

Er is nog een trek waarin het tegenwoordige jeugdverzet
verschilt van, als ik goed zie, alle voorafgaande generatieconflicten: zij draven niet mee in de Vooruitgang zij verzinken
niet in een nostalgisch terugverlangen naar het verleden, zij
roepen stop! en luiden de noodklok. Een wat paniekerige houding misschien, maar ook paniek kan zin hebben, zolang ze
mensen ertoe brengt bij elkaar te gaan zitten tegenover de
naakte vraag: wat moeten we doen?

Heeft het iets te maken met het ontbreken van ideologieën
– godsdienstoorlogen zijn altijd van de bloedigste geweest! –
dat er aan dit alles zo weinig agressiviteit te pas komt? En waar
die optreedt richt ze zich minder op een tegenpartij dan op
dingen als het 'afbreken' van zalen, en dat dan nog niet uit gerichte vijandigheid, maar meer als uitbarstingen van gedeelde
exaltatie.

Socio-psychologen mogen zich erin verdiepen, hoe dat sa-
menhangt met de onbegrensde escalatie van het opgelegd geweld, de dwang en 'controle'-methoden van militaire macht en
politie en in hoeverre dat een gesloten kring vormt met de toename van het persoonlijk geweld. Een overheid die oorlogen
nog altijd als een natuurverschijnsel beschouwt en meer geld
besteedt aan de escalatie daarvan dan aan de bestrijding van werkelijke natuurrampen, zal voortgaan de jeugd op dit zinloos
bedrijf af te richten én zich veel zorgen te maken over zijn vernielzucht: het komt altijd in de krant en er is veel plezierige
verontwaardiging en nobele ethiek aan te beleven: voor zoveel
duizend gulden vernield aan schoolgebouwen, parken, natuur-
reservaten. En op de tv. verschijnt een verbolgen Bert Garthof,

hogepriester van onze natuurbescherming, te midden van die rotzooi, die rotzooi! (Wie zal het zijn enthousiasme verwijten, dat hij steeds weer de eigen-plekje-zoekers een laatste stukje ongerepte natuur, nog overgeschoten tussen de 'aantrekkelijke' gemeentelijke industrieterreinen, injaagt?)

Moeten wij de vernielzucht van de jeugd bestrijden met papierprik-acties en georganiseerde kerstboomverbrandingen in een wereld waarin natuurbehoud en monumentenzorg het vuur uit de sloffen lopen, terwijl de technocratie, waarin we onze kinderen 'een functie' hebben toegedacht door ze een goede scholing te geven, de natuur met de bulldozer en de flitspuit 'beteugelt', de Rijndelta tot het Rijnriool maakt en de Bom gereed houdt om de algehele vernieling te voltooien? Zijn we dan niet even schijnheilig aan het opvoeden als onze voorouders die hun knaapjes met kool en ooievaar 'rein' grootbrachten om hen als volwassen mannen op te nemen in de vrijmetselarij van bordeelklanten en schuine moppentappers?

In vroeger eeuwen kwam het herhaaldelijk voor dat de 'tomeloze massa van het grauw door volksmenners opgehitst' zich in haat en afgunst op het bezit der rijken wierp, meer om het te vertrappen en te verbranden dan om te plunderen. De slordige vernielzucht van onze tijd ligt in de lijn van de wegwerpcultuur en heeft een andere wortel: het is de vorm waarin bepaalde groepen van de jeugd-in-verzet, met name de balorige 'ongrijpbaren', zich de absurditeit van de overdaad bewust worden als een luxe waarin ook zij delen. De andere vorm van de overdaad verachten is die van de actievoerders, natuurbeschermers en vechters tegen de bierkaai van alle 'verloren zaken'. Hun subcultuur ligt vast in de spijkerbroek en gebloemde hemden, die ze overigens democratisch met alle jeugd delen, in de doe-het-zelvers-binnenhuisarchitectuur in alle wijken die hun ouders zorgvuldig als 'geen stand' meden, en in een meer instinctief dan principieel – er is heel weinig principieel in deze generatie – afwijzen van alle formaliteit, geen huwelijksplechtig-

heid of als het kan een 'gekke', waar ooms en tantes zich niet
bij thuis voelen – ouders moeten wel – geen ritueel nestje bouwen, nonchalant-vriendelijk en hulpvaardig, maar nooit beleefd en voorkomend, en met waardering van kameraadschap
boven privacy: allemaal op een rijtje op de grond in de slaap-
zakken.

Er was nog een opstandige groep, waartegenover de tolerantie, repressief of niet, zoveel moeilijker te hanteren viel, omdat
die al sinds eeuwen een uiterste tolerantie genoten had: de studenten. Een bevoorrechte groep die alles mocht, de troetelkinderen van de maatschappij, mits hun interregnum der vrijheid uitliep op een volledige aanpassing in de bourgeois-maat-
schappij, en het plaatsje dat daar voor hen warm gehouden
werd, werkte in het algemeen regulerend genoeg. Daar stond
wel tegenover, dat de uitvallers, ook wanneer zij verder een
fatsoenlijk en nuttig bestaan leidden, levenslang het merkteken
meedroegen van de gesjeesde student. In onze eeuw begon de
democratisering ook aan de universiteit binnen te sluipen, en na
de oorlog was het verschijnsel werkstudent dat in de vorige
eeuw nog als een deformatie was afgewezen, als normaal ge-
accepteerd. Er bleef lang een scheidslijn die zich in de Angelsaksische landen en met name in Engeland de afstand markeerde
tussen de oude, voorname tegenover de red brick-universiteiten
en in de status der verschillende 'colleges'; bij ons door wat in
het algemeen de bourgeois, geconcentreerd in 'het corps', van
de kleinburger onderscheidt, wat automatisch betekende dat,
zoals bij alle standsverschillen, die lijn van onderop zo goed
mogelijk werd uitgewist. De dooie boel van de jaren vijftig
was nergens zo tastbaar als in de studentenwereld, waar de normen van het establishment in het beschutte eiland der vrijheid
gingen doordringen: met name door politiek verdacht gedrag,
en daar viel veel onder, kon je je toen in je studententijd al
voorgoed compromitteren.

Nog langs een andere lijn werd de student in de maatschappij getrokken: de werkstudent stond er al met een been in, en een groeiend aantal zag zich genoodzaakt ook het andere bij te trekken en de studie op te geven, uit welke motieven dan ook: geldgebrek, vroeg huwelijk, teleurstelling in de studie om het verouderd universitair regime dan wel omdat de verwachting van persoonlijke voldoening hoger gespannen is bij wie meer voor het gestelde doel moet over hebben. De scherpe overgangsdrempel van het 'vrije' studentenleven naar de 'kille' maatschappij is vrijwel weggesleten. In de jaren zestig komt ook hier de overgang van landerige onvrede naar bewust verzet als een internationaal verschijnsel, dat wij hier als zodanig alleen maar kunnen aanstippen.

In de Verenigde Staten zijn de campusactivisten die door de Korea-crisis onberoerd waren gebleven, van den beginne af nauw betrokken in de ontmoediging over en het verzet tegen de koloniale oorlog in Vietnam met al zijn uitwassen, maar hun onvrede en verzet reikt veel wijder dan alleen maar een pacifistisch streven.

Karakteristiek voor het universitair verzet is, dat het feitelijk de laatste resten van het patriarchaal gezag bestormde. Immers bij die bestorming pas bleek op hoe weinig macht, hoe bijna uitsluitend op traditioneel gezag bestuur en ordening functioneerden van een universiteit, die zeker bij ons in Nederland altijd een republiek in de republiek was geweest. Die zelfstandigheid was, ook internationaal, in onze eeuw in zoverre onder controle gekomen, dat zelfs de door de eeuwen heen rijk gelegateerde en begiftigde Angelsaksische universiteiten een beroep moesten doen op de staatskas. En dat bracht automatisch mee dat zodra de studenten hun eisen door bezettingen kracht bijzetten, het falend gezag van de universiteit een beroep moest doen op de macht van de overheid. De opstandige studenten kwamen van het begin af aan tegenover twee machten te staan: die van de staat, die, zoals te verwachten, niet met zich liet spotten, en die van een sterke publieke opinie, gedragen door de ergernis van gesettelde oud-studenten ('in ónze tijd . . .') en de verontwaardiging van de (kleine) burgerij, altijd geneigd in de student een krekel, een parasiet op 'ons belastinggeld' te zien. Het Franse studentenverzet van '68 wilde – alweer – een revolutie zonder program zijn, waarin (ondogmatisch) communisme, anarchisme, recalcitrantie en speelsheid samengingen met de wens van reorganisatie van het hele universitaire establishment. De dragers ervan wisten wat ze weg wilden hebben: binnen de universiteit het verouderde, vermolmde bestel, maar daarachter de technocratie, de consumptiemaatschappij. Verder zouden ze morgen wel zien: 'De maatschappij van de vervreemding moet verdwijnen. Wij zijn bezig een nieuwe en oorspronkelijke wereld uit te vinden. De verbeelding aan de macht!' verklaarden ze in een manifest. Het klinkt heel verwant aan Margaret Meads prefiguratief model. Hoe ver reikt die verbeelding? In de praktijk blijkt het een revolutie met een vaag program, maar ook met een grote nuchterheid en zakelijkheid. Evenals een jaar later in Amsterdam in het Maagdenhuis functioneert een efficiënte brood-en-boter-voorziening voor de bezetters en, zoals we dat trouwens ook bij even zakelijke moderne fabrieksbezettingen zien, een bijna roerende zorg tegen vernieling en vervuiling. Nuchter is de schaarse leiders- en heldenverering. Posters en geschriften verbreiden het (voor)-beeld van verre helden uit een andere generatie: Che Guevara, Regis Debray en . . . Ho Tsji-minh. Nuchter ook is de afwijzing van alle revolutionaire dramatiek: 'une révolution à la papa'. Dat waren de papa's geweest die in de dertiger jaren in de Spaanse bevrijdingsstrijd als vlinders in de vlam waren gevlogen! Maar illusies zijn blijkbaar toch onmisbaar en . . . funest. In wezen strandde het verzet op de vergissing dat de Franse arbeiders zich solidair zouden verklaren met de studenten of beter dat zij hún solidariteitsverklaring zouden aanvaarden. Daarvoor was enerzijds het vertrouwen van de arbeiders in de recalcitrante bourgeois-kinderen te zwak en deelde anderzijds de kleinburger geworden arbeider te overtuigd in de voorstelling van de student als profiteur.

Niet minder verrassend dan de aspecten van het jeugdverzet zelf zijn de uiteenlopende reacties van de ouderen op de opstand der troetelkinderen. Vaderlijke rectoren die voorlopig aannemen, dat de zaak met wat inspraak toch nog wel in het redelijke te redden is, om achteraf meer vertrouwen te tonen in eigen verkruimeld gezag en ongeschoolde manipulatie-techniek, zwijgzaam geworden vooroorlogse nonconformisten die verheugd de oren spitsen op een vertrouwd geluid en door de jeugd minzaam aanvaard worden als vitale uitzonderingen, maar ook wel wat verbluft reageren op de rol van goeroe die hun wordt toegeschoven. Wat overweegt is het mokkend tegenverzet én, uit angst en om angst te kweken, het opblazen van het verzet tot wat het nu juist niet is: een revolutie met alle elementen van wetsverkrachting en verwildering die vanouds voor de burgerman aan dat begrip inherent zijn. Het duidelijkst is dat in het conservatieve Frankrijk. Wanneer de overheid daar de politie zo hardhandig laat toeslaan is dat zowel om rust en orde te herstellen als om aan ingewortelde sentimenten en paniekerige voorstellingen tegemoet te komen: revolutionairen zijn heethoofden wie het er om te doen is de orde te verstoren, het bezit aan te tasten en ... de goede zeden vooral. Was het niet in alle revoluties het geval geweest dat mannen én vrouwen die eraan deelnamen tot liederlijkheid vervielen? Men zag de grimmige Mariannes van de revolutie alweer met de rode vaan opmarcheren en de vrouwen van de barricades in 1871 die door de rechters van het Communards-proces stuk voor stuk als hoeren en zedeloze schepsels waren ontmaskerd. Zo kwam een niet meer jeugdig, maar wel beroemd socioloog ertoe de meisjes onder de Sorbonne-bezetters te karakteriseren als: 'jeunes filles folles de leur corps'.

In Nederland verliep de strijd tot nu toe minder fel, en zij werd dan ook niet in geweld gesmoord, maar vloeide uit in

een moeizaam proces van democratische onderhandelingen
waarbij onvermijdelijk telkens weer aan de dag komt, hoe formeel onze democratie is en hoe manipuleerbaar een jeugd die
dan wel de toekomst heeft, maar dat onzekere bezit in ruil voor
alle steunpunten in heden en verleden heeft verworven.

Toen ik aan dit boekje begon, meende ik het verloop van mijn
verhaal duidelijk voor me te zien: het ging over de aftakeling
van het patriarchaat en over de opkomst van wat ik het jeugdgezag had leren noemen. Het leek zo simpel. Ieder kan je,
klagerig of triomfantelijk, vertellen, dat ouders en ouderen niets
meer in te brengen hebben, ieder kan je met een overvloed van
voorbeelden bewijzen, dat de jeugd de ouderdom opzij schuift,
veracht en zijn eigen weg gaat.

Een vooruitziend sociologe rekende ons voor, dat in de era
van de Bom ouderen niet meer kunnen zeggen: 'Ik ben jong
geweest en jij bent nooit oud geweest, hou dus je mond en luister naar mij.' 'Vandaag,' gaat zij voort, 'kunnen de jongeren
antwoorden: "Luister jij eens, jij was nooit jong in de wereld
waarin ik jong ben."' (Margaret Mead)

Naarmate ik meer te weten kwam over het jeugdgezag, re-
zen bij mij meer bedenkingen tegen wat de *Sunday Times* in de
bovenaangehaalde uitspraak prees als 'good mind-bending
stuff'.

1. Wanneer wij moeten aannemen, dat de mensen van gisteren en vandaag niet meer enig begrip kunnen opbrengen voor
de wereld waarin de volgende generatie leeft – maar waarin
zij zelf ook leven! – wat moeten wij dan, gezien het oplopend
tempo van de technische en sociale ontwikkeling, verwachten
van communicatie en beïnvloeding tussen de jeugd van nu en
de steeds sneller opdringende volgende cohorten? Zijn we, bij
deze masochistische tendens van de 'ouderen' (hoe oud?) zichzelf het zwijgen op te leggen om naar de jeugd te luisteren,
niet op weg naar een wereld waarin bij een steeds lager dead-

line de mens niet alleen als werker wordt uitgeschakeld, maar ook als stemhebbend lid van de samenleving?

2. Zwaarder nog weegt mijns inziens het gezichtsbedrog dat altijd weer optreedt bij het waarnemen van jeugdgedrag, van alle gedrag eigenlijk: het blijft namelijk aanvechtbaar, wanneer we al de verschijningsvormen van het 'jeugdverzet' in de laatste decenniën: nozem, provo, hippie, kabouterwezen, studentenverzet en alle verzet tegen technocratie en establishment, als manifestaties van dé jongste generatie voorstellen. Of we nu een mierenhoop of een menselijke samenleving observeren: wat het meest beweegt valt het meest op. Misschien heeft het daarom zin – al wezen we al eerder op deze beperktheid van blik ook in ons eigen overzicht – hier eens een opzet tot een globale inventarisatie van de hedendaagse jeugd in te lassen. Daarbij komt om te beginnen een ruime plaats toe aan de miljoenen in Nederland, en mogelijk zijn het miljarden over de hele wereld, wier waarneming en emotionele leven uitsluitend gericht is op persoonlijk en gezinsbelang, op seks en passieve betrokkenheid bij sportwedstrijden. Er zijn genoeg sekswinkels, -films, -bladen (al of niet verkapte), -advertenties, enzovoort om van het eerste een beeld te krijgen, voor het tweede genoeg tv.-uitzendingen van actieve en passieve sportconsumptie of ter verduidelijking een als die van een reporter met een psychologisch-sociologische inslag die zich met zijn microfoon tussen een horde Ajax-verslaafden waagt en op al zijn vragen geen ander antwoord krijgt dan de monotone dreun 'Ajax – Ajax', totdat één uitschieter, een stoere jongeman, op zijn vraag of hij zich nergens anders voor interesseert, zijn T-shirt opstroopt, zodat een groot Ajax-embleem boven zijn hart vrijkomt, zijn wijsvinger in zijn navel steekt en daar wild in ronddraait onder de kreet: 'Nee mijnheer, nergens voor mijnheer, alleen Ajax – Ajax!'

'Al die duizenden te zamen, roept de Heer bij hunne namen,' want zij horen ook tot de jeugd die de toekomst heeft.

Er rollen jaarlijks in dit land, waar tegenwoordig de geëmancipeerde vrouw veel publiciteit krijgt, duizenden doktersromans van de pers – u kent het recept, een lekker verhaaltje, geen seks, geen bloed, hoogstens een zeer discrete dood van toch-al-heel-oude-mensen, zoveel mogelijk onuitgesproken en zo min mogelijk uitgesproken christendom. Er rollen tienduizenden jongemeisjesromans van de pers volgens een verwant recept en evenals de vorigen eindigend met: 'toen hij voorzichtig zijn krachtige arm om haar heen sloeg'. En ook met een scheut seks wordt dit narcoticum geleverd aan een millioenkoppig publiek dat onberoerd bleef door Locke's onrust. 'Al die duizenden te zamen' horen ook tot de jeugd die de toekomst heeft.

Er staan jaarlijks duizenden advertenties in de krant om sollicitanten op te roepen naar functies in overheidsdienst of bedrijfsleven. 'Onze gedachten gaan uit . . .' en dan komt er een hele lijst kwaliteiten. De winnaars van de 'rat race' weten wel waar ook de verzwegen gedachten naar uitgaan: een correct uiterlijk, een 'beschaafd' optreden, een beetje geconfectioneerde of beter helemaal geen politieke ideeën en onbekend bij de BVD, in een woord: het type van de 'square'.

'Al die duizenden te zamen . . .' en de jonge lezers van *De Telegraaf* en *Elsevier's Magazine*, van de damesbladen van *Libelle* tot *Avenue*, de leden van de Boerenpartij en de VVD, van de Evangelische Omroep en van de Bond tegen al wat Vies en Voos is vormen allemaal samen, met hippies, Zen-aanhangers, psychedelisten, Jezuskinderen en andere gelovers, met dat klein hoopke van milieubeschermers, pacifisten, dienstweigeraars, kritische dit en kritische dat, strijders voor vrouwenrechten en alle gediscrimineerde groepen, voor de gastarbeiders, Vietnam, de Derde Wereld en nog een half dozijn dingen waarzonder de wereld ten dode is opgeschreven, dat alles met elkaar en gedeeltelijk door elkaar vormt de jeugd – onze toekomst.

We geloven liever, dat het alleen de laatste groep is, en dat

laat zich nog wel een beetje rationaliseren: zijn het niet de kop-
lopers, de baanbrekers en bewust-iets-anders-willers. Maar een
zwaar blok aan het been hebben ze toch wel. En er is nog iets
dat ons uitzicht belemmert en ons beeld vertekent. Dat is wat
ik de verholen escalatie (met verontschuldiging voor het mode-
woord!) van het conformisme zou willen noemen. 'Vernieuwing' en 'originaliteit' zijn wachtwoorden, om niet te zeggen
wapenkreten, van deze 'dynamische' tijd waarin alles, van
wc.-papier tot architectuur, voorwerp van snel wisselende
mode, -isme of stijl wordt. Daarbij komt dat, dank zij de stimulering van de afzet, niets zo gedemocratiseerd is in onze
geconfectioneerde consumptiemaatschappij als de mode. Nog
geen anderhalve eeuw geleden was de mode iets voor een
(jeugdige) elite. De uiterlijke verschijning van 'het volk' verschoof zo uiterst traag en was zo traditioneel, dat de armoe zich
belachelijk maakte door de afleggertjes van de rijkdom te dragen. Nu heeft zelfs slordigheid en verwaarlozing zijn modieuze
aspecten: zie de spijkerbroeken met aangezette rafelranden. In
de kleinkunst woekert de inflatie van de oorspronkelijkheid, en
van een cabaretzangeres vermeldt de pers dat zij 'als volbloed
artieste steeds op zoek is naar nieuwe dimensies'. Bewijs: haar
laatste kapsel dat zo op de foto voor het nuchter oog niet te
onderscheiden valt van die van haar collega's. We moderniseren
alles, eventueel in antieke stijl, en zetten ons af tegen het conformisme van het voorgeslacht, dat kleding, meubilair en opvattingen met slechts kleine varianten van de ouders overnam.
Alleen een homo pro se als de Franse humanist Scaliger kwam
het in het hoofd voor zich het recht op een rode toga op te
eisen ter onderscheiding van zijn boerse, Leidse collega's. En
niemand dacht erover dat na te doen of een paarse te bestel-
len. Men was naar het woord van Margaret Mead postfigura-
tief. Met onze eeuw zijn we cofiguratief geworden. Wat betekent dat in de maalstroom der vernieuwing? Dat we doen
wat de buren in de voorstadvillaatjes, in de flats, op het dorp

doen. Och, u kent de reeks van de attributen der vernieuwing: wasmachine (waar is de tijd toen de vrije (huis)vrouw de wapenkreet aanhief: de was de deur uit en kant-en-klaar thuis! Nu de werkende vrouw eindelijk de mogelijkheid heeft haar kinderen naar de crèche te brengen kan ze zich als ze thuis komt van haar werk in de vraag verdiepen wat witter wast en hoe het met de kalkaanslag staat.), ja: de wasmachine, het nieuwe bankstel, het gezonde bed, de koelkast, de auto, het nog nieuwer en origineler bankstel, een nog gezonder bed, de diepvries, de openhaard, de barbecue (zo praktisch allemaal, zo eenvoudig te bedienen), de tweede auto (zo gemakkelijk als mijn man met de eerste weg is), het tweede huis, het eigen zwembad en al de accessoires bij al die aanwinsten van het goede leven die het onuitputtelijk verzinvermogen van een verkoopgrage industrie weet uit te denken, zodat je nooit verlegen hoeft te zijn om een verjaarcadeautje en trouwens altijd nog in sommige warenhuizen terecht kan bij de afdeling voor mensen-die-alles-al-hebben.

De Denen hebben een mooie term om de wet van het conformisme samen te vatten: je kan niet bekend wezen (dit of dat te doen of te laten). Omdat we niet bekend kunnen wezen iets af te wijzen van wat de mode-industrie in de ruimste zin ons in het tempo van steeds sneller wisselende seizoenen opdringt, zijn we tot een onbegrensde escalatie van een zich steeds op een ander doel richtend conformisme vervallen.

Kent ons cultuurleven met ook alweer zijn krampachtige jacht op oorspronkelijkheid niet dezelfde cofiguratieve escalatie? Het museumbezoek wordt geconcentreerd op toptentoonstellingen die je niet bekend kan wezen over te slaan, en we delen de literatuur in naar bestsellers die een 'must' zijn. De jonge leraar die niet bekend wil wezen geen onafhankelijk oordeel te hebben, kent in zijn onderwijspakket een wat onevenredige plaats toe aan het nieuwste erotisch realisme. Ouders zeggen na de eerste schrikreactie, dat alle kinderen het lezen en dús, en brengen in het gesprek te pas dat de laatste bestseller het lievelingsboek is van hun twaalfjarige en dat hun tienjarige al zo feilloos weet wat 'in' is.

Jonge mensen zijn vrij en onafhankelijk; conformistisch en conservatief zijn naar de standaardopvatting oude mensen. Maar is dat waar?

Het zou natuurlijk plezierig zijn te geloven, dat u en ik, maar vooral dat de vrijgevochten jeugd, de tegencultuur die de laatste overwinning behaald heeft op het patriarchaal gezag, de vernieuwers uit roeping en overtuiging, niet door de stroom werden meegesleept. Maar we weten wel beter. De student, eeuwenlang kenbaar aan een geconformeerd playboy-uiterlijk, heeft nu de keus tussen iets wild-sportiefs of iets zigeuner-achtigs, het geconformeerde type van de verproletariseerde intellectueel. De spijkerbroek met of zonder rafels is bon ton, zoals eertijds witte das of 'in het lang', en tegencultuur en underground kennen hun modes die als een heidebrand voortschuiven: hoge fietssturen, met bloemen of spreuken bedrukte hemden, leer hier en leer daar, kruisen en amuletten. En dat alles dan liefst in een wat verwaarloosde en tweedehandsstaat die we vooral niet voor armoede moeten verslijten. Want het markeert het verzet tegen de gestroomlijnde overdaad van de technocratie tegelijk met . . . de aanpassing aan de grote verleiding van die overdaad.

De vlooienmarkt levert veel wat nog geen tijd gehad heeft met de vlooien kennis te maken en het lijkt wel of men de schapenvachtborduursters in Afghanistan zover gekregen heeft haar traditionele patronen voor nieuwe te verwisselen. Zelfs de oude neiging ontbreekt niet tot zelfkwelling ter wille van de mode ('wie mooi wil zijn moet pijn lijden' zeiden de negentiende-eeuwse moeders die hun dochters in het corset regen): jongens en meisjes persen zich bij zomerhitte in overnauwe broekjes.

We zijn allen aangetast door het conformisme van de oorspronkelijkheid en we volgen allen, de een een beetje meer tegenstrevend dan de ander, de nieuwe STER.

3. Wij zeggen elkaar graag na: de jeugd heeft de toekomst, maar wat heeft ze dan eigenlijk. Gaat het niet om een leegte waarin ze bepaald niet triomfantelijk opmarcheert, maar waar ze in geworpen wordt? Wanneer hij niet in het occulte vlak vervalt, kan de futuroloog, dan wel de prefiguratieve jeugd, dan iets meer doen dan de lijnen van ons cofiguratief wereldbeeld zonder mogelijkheid van controle doortrekken in die lege ruimte? Wie nuchter terugblikt op een aantal uitgevoerde ontwerpen van vooruitziende plannenmakers van honderd, vijftig, dertig, tien jaar gelden, moet erkennen, dat toekomstpeilingen nauwelijks meer kansen bieden dan wichelroede of koffiedik: het Amsterdamse Centraalstation, de Zuiderzeepolders, het Deltaplan en de Amsterdamse metro zijn zodra de toekomst heden werd als even zoveel hele of halve vergissingen ontmaskerd, en wie garandeert, dat een volgende toekomst ... in deze ontmaskering niet weer een vergissing zal zien?

Een groep wetenschappelijke literatuuronderzoekers geeft als *Literair Lustrum* een vijfjaarlijkse stand-van-zaken uit, een soort vaarplan: welke kant gaat het uit met de literatuur? Het laatste behandelde lustrum, 1966–1971, krijgt als voornaamste stroomlijn een 'defictionalisering' (verwerpen van het verhaal) toegewezen. Maar nu het nummer met twee jaar vertraging verschijnt, kan de kritiek, met alle risico vandien, er bij opmerken dat inmiddels het echte ouderwetse verhalende proza weer met gejuich is ingehaald, precies als in de jaren, nadat Forum op meer intuïtieve gronden de roman dood verklaard had.

Margaret Mead heeft ongetwijfeld gelijk, wanneer zij zegt, dat de jeugd van nu minder wordt aangesproken door de lessen van het verleden dan die van welk voorafgaand tijdperk ook. En ook wanneer zij erop wijst hoe kritisch, afwijzend, ja minachtend door jongeren wordt gereageerd op het cofiguratieve wereldbeeld van eigentijdse ouderen die het immers allemaal verprutst hebben. Maar er steekt een flink stuk gezichtsbedrog in de voorstelling, dat er een niemandsland of in ieder geval een scherpe scheidingslijn tussen beide groepen tijdgenoten ligt en de jeugd zich gereedmaakt op een nieuw, braakliggend en maagdelijk terrein, waar het puin van oude ruïnes is ondergeploegd en geen kunstmest is gestrooid, het zaad van een nieuwe wereld uit te strooien.

Er is maar één generatielijn die in onze samenleving dieper ingegrift wordt: de vijfenzestig-lijn van de uitgeschakelden. Verder is het in een zo dynamische wereld als waarin wij leven onmogelijk de traditionele generatiegrenzen te handhaven, zoals die in een meer statische samenleving eeuwenlang onwrikbaar leken. Daarbij gaat het er niet om, dat er jeugdige grijsaards of grijze kinderen voorkomen. Die zijn er altijd wel geweest. Maar dat de generaties zijn opgesplitst in cohorten die vloeiend in elkaar overgaan. Dat een steeds jongere jeugd juist nu zo uitdrukkelijk zijn apartheid opeist, maar weigert die in de kinderkamer te beleven, bewijst dat des te duidelijker.

De jeugd van gisteren, van vandaag, van morgen en overmorgen groeit niet op in een neutrale ruimte, maar onder de voortdurende stimulering, besmetting, verleiding en dreiging van al het bestaande in een steeds sneller wisselend nu. Het laat zich gemakkelijk aantonen, dat een wereld waarin de zoon in de voren van zijn vader ploegt, waar gereedschap, voertuigen, meubelen, kleren, vererfd werden, eeuwenlang statisch kon blijven. Maar staat het even onomstotelijk vast, dat onze wegwerpmaatschappij die niets bewaart tenzij om het als antiek een nieuwe functie te geven, zich gedurig in ijltempo voortbeweegt? In hoeverre komt onze dynamiek overeen met die van de draaimolen, de mallemolen der vernieuwing?

Wij spreken verwonderd en soms schamper over vroegere generaties die zo onwrikbaar gebonden waren aan het postfiguratieve bestaan van omzien naar de grote voorbeelden, maar we weten ook, dat de westerse mens van nu, beveiligd door al zijn sociale voorzieningen, onzekerder leeft dan zijn overgrootouders. Niet toevallig solt onze tijd met de figuur van de goeroe waarvan dan onvermijdelijk weer een eigentijdse verschijning gemaakt moet worden naar instant-recept zo-uit-het-pakje. Met een daverende reclamecampagne wordt een jonge boeddha gepresenteerd, een soort onbeperkte-consumptie-afgod, aan wiens mollige voeten alle schatten van het moderne Ophir, van snoepgoed tot Mercedessen, worden opgestapeld en die verondersteld wordt langs magische weg in het erfelijk bezit van de belegen wijsheid van een oude navelstaarder te zijn gekomen. Of er trekt een Beatle op pelgrimstocht (retour BEA) naar 'het' Oosten om er een zesweekse spoedcursus goeroe te volgen. Het zijn de onvermijdelijke spotantwoorden op een al te begrijpelijk verlangen. Daarom is het gelukkig, dat een werkelijke wijze, oude vrouw als Margaret Mead niet uit de weg gaat voor de paradox van haar goeroerol tegenover de jeugd, met pelgrimsstaf en wijde mantel geaccentueerd, en hun komt vertellen, dat zij ook het configuratieve patroon van het heden zo gauw mogelijk moeten loslaten om 'de verbeelding aan de macht' te brengen die uit het niets een nieuwe wereld moet scheppen. Dat is vleiend voor de jeugd, maar is die opdracht gerechtvaardigd? Is het niet een wat al te idealistische delging van het schuldgevoel van de 'ouderen die alles verprutst hebben': ja, wíj hebben er een puinhoop van gemaakt, maar van jullie, de naar de toekomst gekeerde en door geen verleden of heden belaste jeugd verwachten we ...

Waar gronden we die verwachting op? Op de zekerheid dat we in de periode van het jeugdgezag leven? Zeker, het patriarchaat is onttakeld, de ouders zijn weifelende, vriendelijk mopperende begeleiders op een afstand geworden of tactisch meedoende kameraden. De jeugd wordt met de dag zelfstandiger, heeft steeds vroeger een eigen keuze, neemt eigen beslissingen: niet de vader maakt uit wat de zoon zal worden, het kind beslist zelf of het überhaupt iets zal worden. En we kijken al naar onze aard radeloos of vertederd toe en gaan conflicten uit de weg: ze zullen zelf wel zien, zodat er in de persoonlijke verhoudingen veel minder van botsingen sprake is en zeker niet van zulke tragische en verbitterde als we uit de literatuur van om de eeuwwisseling kennen. De opstandige jeugd is een jeugd geworden van gelijkhebbers, gelijk is de grond van het jeugdgezag, maar dat is een smalle basis, zolang gelijk hebben geen gelijk krijgen is. En de jeugd krijgt geen gelijk, omdat in een maatschappij waarin alles desintegreert, ook de samenhang tussen gezag en macht verdwenen is.

Niet zonder verbazing kijkt de oudere generatie van nu aan tegen de klachten over onderdrukking, de roep om vrijheid van een jeugd die blijft stormlopen tegen het gezag van een patriarchaat dat al lang onder de voet gelopen is, het gezag van ouders en school, dat in een puddingachtige toegeeflijkheid die stormloop ondergaat. Maar heel langzaam dringt én in het jeugdverzet én bij de onzekere, duldzame ex-gezagsdragers het besef door, dat die laatsten niet anders zijn dan een stootkussen tussen het grote onbehagen van het jeugdverzet en de naakte macht die het masker van het gezag niet meer nodig heeft, die met inbegrip van het ongebreideld geweld over alle machtsmiddelen van de technocratie beschikt en over iedere vorm van dwang of verleiding.

De macht in de samenleving was eertijds de staatsmacht die zich achter het gezagsmasker van de vorst, heerser en vader des vaderlands kenbaar maakte. Het gezag openbaarde zich in het pralend vertoon van koningsschatten, in traditionele attributen en rituelen, in magische vermogens en taboes. De dienaar die de vorst benaderde, wierp zich in het stof, omdat hij verondersteld werd zijn aanblik niet te verdragen, zijn onderdanen kropen hurkend langs zijn verblijven, zieken knielden neer om de geneeskrachtige zoom van zijn kleed te kussen en namen zijn badwater of uitwerpselen als medicijn tot zich. Zijn macht mocht de vorst aan vererving of verovering danken, zijn gezag was metafysisch en werd hem bij inwijding (kroning en zalving) bij de gratie Gods verleend. De macht van de vorsten, de patriarchale macht bij uitstek, is afgebrokkeld en tot wat emblemen en ceremonieel teruggebracht. Vorsten van nu zijn versierende symbolen van de eenheid van volk en vaderland of iets dergelijks geworden. Het meeste gezag handhaaft misschien nog, dank zij zijn bij uitstek magische functie, de patriarch der patriarchen, Gods stedehouder op aarde, maar ook dat gezag is uitgehold, sinds de grondvesten ervan meer en meer worden blootgelegd, sinds ook andere plaatsvervangers hun stem verheffen en sinds zijn vermanende stem in de ether door iedere kwajongen met een draai aan de knop gesmoord kan worden. Het is het simpelste bewijs dat hij, als alle vorsten, zich aan de technocratie onderwerpt door die in zijn dienst te nemen.

De middeleeuwse en latere vorsten die hun onderlinge oorlogen door geldmagnaten lieten financieren, deden de eerste stap in die richting. De grote geldschieters: de Medici, de Fuggers, Jacques Coeur, de bankier van de Franse koningen of Willem Snickerieme van de Hollandse graven, Louis de Geer en later de Rothschilds, mogen op het tweede plan blijven in de geschiedenis, zij hadden de kroon op het hoofd vervangen door de touwtjes in handen.

Onze zwart-getabberde regenten die geen bordes voor openbare plechtigheden voor hun Amsterdams stadhuis bouwden en het vertoon, en dan nog graag op een aanzienlijk lager niveau dan van regerende vorsten, graag aan de stadhouders overlieten, deden een volgende stap naar macht zonder gezag. In onze eeuw zijn we in een stroomversnelling geraakt, waarin staat en maatschappij elkaar steeds meer doordringen en het staatsgezag stap voor stap terugwijkt voor de naakte economische macht.

Met name voor zijn militaire apparaat is de staat afhankelijk geworden van wat we de Belangen zijn gaan noemen, de grote industriële en bankconcerns die er geen behoefte aan hebben door gezagsvertoon de aandacht te trekken. Dat laten ze liever aan de staat over die er zijn militair apparaat voor heeft. Die opmerkelijke persoonlijkheden: de patriarchale leider van het familiebedrijf, de deftige 'oude mijnheer' met wit vest en gouden horlogeketting van het advocaten- of bankierskantoor en achter hen aan de grote industriemagnaten met hun persoonlijke image: de Krupps, Fords, enzovoort zijn teruggeweken voor een economisch patriarchaat zonder gezicht, per procuratie uitgeoefend door de vlotte jongens in dure tweed, joviale bazen en sub-bazen, hardwerkende en te veel verantwoording dragende kandidaten voor een hartinfarct nog voor ze ooit de oude mijnheer hadden kunnen worden. De fabrikant uit de vorige eeuw kon, ook al was hij nauwelijks dertig, een vaderlijke toon aanslaan tegenover zijn oudste werknemers. De directeuren van nu hebben zelden meer te maken met de individuele werknemer die daartoe ontboden met de pet in de hand op kantoor kwam, maar met zijn vertegenwoordigers van de vakbond, die ze met 'u' aanspreken. Maar ze weten, dat er nog veel mogelijkheden bestaan om 'hun mensen' te manipuleren 'in het belang van de werkgelegenheid.'

Macht en gezag zijn van elkaar los geraakt, het gezag kennen we alleen nog als een hol masker, dat meer en meer wordt afgeworpen. We spreken naamloos van hét havenkapitaal, dé scheepsbouw, dit of dat multi-nationaal mammoetconcern, dé wapenindustrie of een combinatie van hoofdletters, lettersloten die niemand open breekt. De burchten van de macht zijn geen paleizen meer, maar kantoorstapeldozen, en we lopen er voorbij zonder een kruis te slaan of hurkend het hoofd te buigen. Generaals kleden zich in een veldtenue dat bedriegelijk op dat van de soldaat lijkt, professoren en dominees werpen hun toga's af, priesters hun soutanes en dokters hun witte jassen. Uniformen met veel goud zijn vooral in trek bij Afrikaanse presidenten die het charisma van het stamhoofd nog niet missen kunnen. Het typisch victoriaanse gezagsembleem (van de dokter en de schoolopziener!), de hoge hoed, beleeft zijn nadagen op de tribunes van de racebanen en bij nette begrafenissen en trouwplechtigheden. Voor de geschiedenis van het gezag is nog veel te putten uit het c&a-colbertje waarin we Lenin altijd zien afgebeeld, uit het standbeeld in geklede jas van 'de oude mijnheer' Philips of uit het verschijnsel, dat de machtige Verolme door zijn gedateerd verlangen een man van gezag te zijn een schertsfiguur is geworden.

Wij ondergaan de macht als dwang en als verleiding. Als dwang in het algemeen lijdzaam voor zolang ze zich niet als geweld aan ons opdringt en voor zover we ons er niet van bewust worden hoe de macht zonder gezicht onze democratie uitholt. Aan de macht als verleider onttrekt zich bijna niemand van ons. Wij voeren bij wijze van spreken onze kinderen, zodra ze lopen kunnen, dagelijks door de zelfbedieningsspeelgoedwinkels, en hun grijpgraagheid stuit op geen andere grens dan de bodem van ons inkomen en de uiteraard weifelende pedagogische inzichten van ouders die zelf ook dagelijks door soortgelijke kijk-en-grijp-paradijzen dwalen, op zoek naar nieuwe aanwinsten voor hún speelgoedkast, en die hun ethiek alleen nog overeind kunnen houden door een diepe verontrusting over het gestadig toenemen van bankovervallen en winkeldiefstallen. Iedere stap van ons leven worden we begeleid door de hidden persuaders die voortdurend onze begeerte naar bezit niet alleen, maar vooral naar gerief en status aanscherpen, nu bezit vrij wel de enige maatstaf van aanzien geworden is. Hun listen zijn een veelvoud geworden van die van de talloze kleine duiveltjes waartegen de pastoor zijn biechtelingen altijd weer waarschuwde. Wie als het winkelmeisje bij de banketbakker de overdaad tegengegeten heeft en ten minste in zijn vacanties de eenvoud van het natuurlijk bestaan zoekt, ontdekt dat ook iedere vorm van soberheid door het consumptiewezen is aangetast: zie de uitpuilende overdaad van de kampeeruitrustingen en de boetiekjes die alle vakantie-oorden overwoekeren. Sprekende over de grote verleiding zijn wij, patriarchaal belast als we nog altijd zijn, geneigd als een jeugdprobleem te zien wat een algemeen probleem is en een indeling te maken tussen de (bedreigde) jeugd en de (zorgelijke) volwassenen, een indeling die al lang overlapt is door die an-dere, waar we al aan raakten, toen we hier boven een poging deden dé jeugd te inventariseren. Wanneer wij – wie zijn wij? – de jeugd de opdracht geven de toekomst in handen te nemen, dan is daarvoor eigenlijk geen ander motief dan dat ze niet anders zullen kunnen, omdat ze vermoedelijk de langst leven-den zullen zijn. De inhoud en de uitvoering van die opdracht zullen ver uiteen lopen, al naar de duizendtallen waartoe zij niet als jeugd, maar als in deze wereldsituatie geplaatste en daarop reagerende groepen en individuen behoren. En daarbij weegt het vermeende gezag van de jeugd, hoe luidruchtig en zelf-bewust ook beleden, minder zwaar dan hun instelling tegen-over de Macht en zijn verleiding.

Er is een vaandel waarachter de jeugd zich nog als een geheel laat oproepen: het vaandel van de vrijheid, maar de wegen waarlangs die vrijheid gezocht wordt, doen de gesloten colonne onmiddellijk uiteenvallen. Als ik goed zie zijn er drie hoofd-wegen. De breedste is die van de aanpassing. 'Het zijn de vol-wassenen,' zegt Margaret Mead, 'die nog altijd geloven, dat er een veilige en maatschappelijk aanvaarde weg is naar een wijze van leven waarvan zij zelf geen ervaring hebben, en die met de grootste ergernis en verbittering reageren op de ontdekking dat wat zij gehoopt hadden voor hun kinderen niet langer be-staat.' Maar zien we niet voor onze ogen, dat een zeer groot deel van de jeugd zich nog verdringt op die weg, overtuigd, dat zij evenals hun ouders voor hen, de vrijheid of wat zij als zodanig ervaren, zullen bereiken door een zo groot mogelijk aandeel in de welvaart te verwerven die een aandeel in de

Macht waarborgt? Maar de Macht legt zware barricades op die weg naar de vrijheid, en hier stuiten we weer op die paradoxale dummy-rol die aan ouders en opvoeders in onze wereld wordt toegeschoven. Ons hele opvoedingsstelsel is, gelijk op met de afbraak van het patriarchaat, van een systeem van happen-en-slikken, van beloning en straf overgegaan op spelend leren, overreding, humanisering: weg met het rietje! Maar aan het einde van die zachtzinnige opvoeding rijst de muur van de 'eisen die de maatschappij stelt', dat wil zeggen de eisen die de maatschappijen, de concerns, de Macht, stellen aan hun middelbaar personeel en, 'nu ze toch immers zo goed betaald worden', aan hun geschoold lager. Pedagogen mogen zoveel ze willen in geleerde handboeken of in Libelle-artikelen stoeien met de ziel van het kind en zijn natuurlijke groei, ouders die die beschouwingen met instemming lezen, gaan, juist daarom, met de beste bedoelingen maar met weinig gezag, drammen dat ze zich toch moeten voorbereiden op een loopbaan die hun vrijheid zal waarborgen met de zekerheid zich tot in lengte van dagen alles te kunnen verschaffen wat ze al hebben, wat ze gewoon zijn gaan vinden en waarvan een groeiend aantal het gemis nooit gekend heeft. Er gaapt een diepe kloof tussen wat volgens de huidige stand van de pedagogische wetenschap en onze humane inzichten onze kinderen zouden moeten worden: vrije mensen waarbij gevoel-en-verstand, om nog eens dat goed-achttiende-eeuwse begrip te hanteren, onbelemmerd zijn uitgegroeid in doen en niet minder in nietdoen, in zwerven, dromen en maar-an-rommelen, tussen dat *worden* én wat nog altijd vele ouders hun kinderen, om hun welzijn natuurlijk, willen laten *verwerven* via de zevens en bovende-zevens van het eindexamen. Dat dan achteraf blijkt hen alleen nog maar 'in de startblokken van de carrière' te plaatsen.

Leraren die mét het gezag van Bint ook al diens verdere trekken hebben afgelegd, die theorieën ontwikkelen hoe de 'eigen creativiteit' van het kind te stimuleren, en zelfs zij die een 'maatschappij-kritische' school nastreven, bezwijken in het laatste schooljaar, ook alweer voor het heil van de kinderen zelf, voor de jacht op de eindexamencijfers die de computer zal uitwerpen, of verdwalen tussen de keuzepakketten die in het bestaande systeem geen wezenlijke oplossing kunnen brengen. Toegeeflijke – en welgestelde – ouders laten hun kinderen een paar jaar spelevaren op een van die aantrekkelijke vernieuwingsscholen, om ze dan in paniek naar een drilschool te sturen, 'omdat ze het niet halen.' Tussen twee haakjes: moeten we ons gelukkig prijzen, dat er nog geen drilscholen voor meisjes bestaan? Een ding is duidelijk: bij al deze inspanning van de ouders, en zeker van de school, wordt niet bereikt dat er meer kinderen 'normaal' de school aflopen, integendeel: het onbehagen in de school en de landerigheid, het vermoeden van een zekere hypocrisie bij het onderwijs en bij de ouders die het aanpraten en het daaruit voortvloeiende verzet neemt toe.

Dank zij de ontwikkeling van de menswetenschappen weten we steeds beter wat opgroeiende mensen voor hun welzijn toekomt, en als gevolg van onze angst dat ze de welvaartsboot zullen missen, drijven we hen steeds verder in de open armen van de Macht.

Het verzet van de laatste decenniën heeft zich voor een belangrijk deel geconcentreerd op de universiteiten en zich ook hier in de eerste plaats gericht tegen het uitgehold gezag. In de loop van onze eeuw was de reglementering van het universitair onderwijs zienderogen toegenomen, maar in de oude gezagstraditie leek het vanzelfsprekend, dat de studenten daar niet in gekend werden. Toen in 1920 een ouderejaars in een studentenblad een paar bescheiden wenselijkheden voor het toen ontworpen academisch statuut naar voren bracht, leverde hem dat een pinnige terechtwijzing van een van zijn hoogleraren op.

Maar, zoals al eerder gezegd, in zijn meer radicale en bewuste vormen reikte het verzet verder dan de afbraak van een verouderd universitair gezag, het ging ook tegen de Macht daar-achter. Al voor de laatste oorlog, en daarna in versneld tempo, was een groeiend deel van het steeds kostbaarder universitair onderzoek verschoven naar bedrijfslaboratoria, dan wel was aan vele universiteiten het wetenschappelijk onderzoek, met name waar het maar in de verte de 'defensie' zou kunnen die-nen, onder beheer gekomen van organen waarin de macht van staat en bedrijf in elkaar grepen, met alle kwalijke gevolgen van dien: opgelegde geheimhouding en diep in de menselijke ver-houdingen doordringende controle.

In het studentenverzet kwamen althans een aantal studenten, door thuis en de school de brede weg van de traditie op ge-dreven, voor een bewuste keuze te staan en groeide het besef van hun gebondenheid aan de Macht in hun verdere leven, voor zover ze niet in de vrije beroepen die niet voor niets zo heten, konden uitwijken.

Terecht werd in een pers-analyse over de Maagdenhuis-be-zetting in Amsterdam, opgesteld door het *Seminarium voor massapsychologie, openbare mening en propaganda*, in de inlei-ding gezegd, dat het hier ging om een uitingsvorm van een botsing waarbij de structuur van de maatschappij in het geding was. De bezetters, beleerd door de ervaring van hun Franse collega's een jaar eerder – bij wie overigens de tegenstellingen veel scherper, het geweld harder was en de emotionele golven hoger gingen –, toonden zich nuchter in hun verwachtingen, maar noteerden toch wel gretig enkele solidariteitsbetuigingen van arbeiderszijde. Als om te bewijzen, dat het hier niet minder om een sociaal dan om een generatieconflict ging, waren er ook minder vriendelijke publieke reacties, óf tegen de radicale ten-densen van het verzet, óf tegen de op het belastinggeld terende brooddronken herenzoontjes, en de uitlatingen van *De Tele-graaf* logen er niet om: daar rook men de revolutie. Waarmee overigens, zo goed als door de Franse conservatieve pers, op de feiten vooruitgelopen werd. Het wezenlijke punt van de strijd was de democratisering van de univeisiteit, en die is nog altijd aan de orde, omdat het hogerop om een maatschappelijk probleem gaat: achter de universitaire bureaucratie dreigt de Macht in te grijpen die ook de universiteit als zijn werktuig wil inschakelen.

Dat dat geen loos alarm is, bewijst alleen al de toch nog altijd beperkte omvang van het bewuste jeugdverzet. Nog altijd zijn de meeste jongeren geneigd, zoals gezegd, de brede weg naar de vrijheid te kiezen: de weg naar de vrijheid van het verzekerd bestaan, gedreven door de grote verleiding, met wat minder innerlijke onderworpenheid, wat meer ironie, een tikje cynisme, maar toch ... Die weg gaat steeds minder via goede relaties en familie. Het bedrijf doet via zijn psychotechnische en informatiebureaus een keuze uit de jonge academici en andere veelbelovende jonge mensen met een beetje gestroomlijnde kwaliteiten waar men wat in ziet. Wanneer die hun psychologische test waar gemaakt hebben, hun vaste aanstelling veroverd, aan trouwen gaan denken en zich een huis willen bouwen, doen ze geen beroep meer op de bankrekening van papa, maar krijgen een voorschot van vadertje Firma en worden daarmee enfant chéri, maar volgzaam *kind* van het Bedrijf.

Dat brengt onvermijdelijk mee, dat de wetenschappelijke, universitaire opleiding gaat overhellen naar de eisen die het Bedrijf aan het af te leveren materiaal gaat stellen. En om die kinderen heen schikt zich die nog veel grotere groep van stiefkinderen: al die nog jonge mensen die op de vraag 'ben je tevreden met je werk, met je bestaan?' antwoorden 'ik verdien goed,' of 'ik heb vast werk.'

Alles wat niet de brede weg kiest wordt door zijn 'onrust' voortgedreven naar het jeugdverzet, de tegencultuur, meer, naar het mij voorkomt, uit een diepe onvrede met het Nu dan vervuld van hoge verwachtingen voor de toekomst. Ik heb zelfs de indruk, dat in gesprekken met wat de prefiguratieve generatie is genoemd, de toekomst maar zelden aan bod komt, tenzij dan als de grote dreiging van het duistere gat van de laatste bominslag.

De tegencultuur heeft zijn voorlopers in die kleine groepen van gewild-onmaatschappelijken uit de vorige eeuw en eerder: de bohème die zich buiten de samenleving opstelde en de avonturiers die het elders zochten. Maar de bohème is een speelveld geworden en emigreren is niet avontuurlijk meer: aan de overkant van de oceaan kom je immers tegenover dezelfde maatschappij te staan, waartegen je hier met een wassende groep in verzet komt. De tegencultuur is de meest internationale beweging die we tot nu toe gekend hebben; dat past ook wel in het ongeorganiseerd karakter ervan, en hoe gemengd en tegenstrijdig in zijn doelstellingen en met heel zijn franje van incidentele meelopers het jeugdverzet ook mag zijn, het mist de domme ernst van alle nationale bewegingen.

Langs een zeer grove kartellijn laat het zich indelen naar twee vormen van obstructie tegen het dolgedraaide rationalisme van de technocratie, twee ongescheiden-gescheiden groepen die twee smalle wegen kiezen. We noemden ze al eerder: de irrationele, die op het eerste gezicht het meest beantwoordt aan die schallende leuze 'de verbeelding aan de macht' en die het meest onder de schijnwerpers van de publiciteit komt, maar die ook verwantschap vertoont met de eeuwenoude vormen van zich uit de maatschappij, uit wat men eertijds de wereld noemde, terugtrekken, van alles wat de wereld afwees of niet aankon: de kluizenarij en het klooster, de retraite of het hutje op de hei, en datzelfde nu doet in nieuwe schuilplaatsen: in de macrobiotische landbouwcommune (o, Frederik van Eeden!), in een eigen wereld van occult taalgebruik, irrationele versiering van doen en denken, in de verdoving van de muziek en van de narcotica en een dilettantisch spelen met psychedelica, in een voorkeur voor alles waarin je – veilig – geloven kan en waarmee je je kan afzetten tegen het verfoeide rationalisme – een with-drawal, om met Toynbee te spreken, die te veel van een vlucht heeft om niet al te vaak op de return van een mislukking uit te lopen.

De derde weg naar de vrijheid is die van de vertolkers van de kleine redelijkheid die we ook al noemden. Het zijn de – meest jonge – mensen die, met meer volharding dan met enthousiast vertrouwen op de toekomst, tegen de bierkaai vechten, de actievoerders die in een soort eeuwige guerrilla het establishment bestrijden, telkens als zich ergens een escalatie van economische of militaire macht voordoet, een gevaarlijke uitwas van industriële vervuiling of natuurvernieling, van neokolonialisme of een ander misbruik van de Macht. Zij werken in het algemeen onregelmatig en onhiërarchisch, maar wel doelmatig en met sobere middelen. Ze leven ook sober, maar het is de onprincipiële soberheid van wie aan de aanblik van de overdaad al oververzadigd is geraakt, niet de soberheid van de pilaarheilige. Ze weten trouwens wel, dat ook Diogenes in zijn ton de ware vrijheid niet zou beleven, nu hij zich daarvoor van een kampeerkaart en een standplaats zou moeten verzekeren. Ze stoeien wat met ideologieën, programma's en beginselen en bezwijken zonder schuldgevoelens voor de verleiding van het oude autootje dat zo goed te pas komt bij hun enthousiaste bestrijding van de natuurvervuiling en . . . waar je zoveel plezier aan kan beleven. En hun eerzucht richt zich, goddank, meer op het iets *doen* dan op het iets *verwerven*.

De aftakeling van het patriarchaat is op een ironisch, een bijna macaber spel uitgelopen. Dé jeugd schuift de grote schuld van, kort gezegd, de hele rotzooi af op de ouderen, een ononderscheiden, vage groep, waarvan het – vermeende – gezag van hun ouderdom de bron van alle kwaad zou zijn. De 'ouderen' foeteren tegen het gevaarlijk gezag dat die jeugd van tegenwoordig zou hebben: in onze publiciteitsmedia wordt studenten, scholieren, alle soorten jongeren en eventueel ook onze kleuters regelmatig naar hun inzichten over alles en nog wat gevraagd en worden zij – ook omdat iedereen tot op zeer rijpe leeftijd zich 'nog zo jong' voelt – automatisch het aangebeden troetelkind van de reclame. Maar vanwaar dan het onverminderd jeugdverzet? Omdat gezag zonder macht in deze wereld niet veel meer is dan een stuk speelgoed, een fopspeen. De wensen van de jeugd hebben het hoogste gezag in de mode-industrie (in de ruimste zin) voor zover de managers daarvan er een markt in zien. De *macht* ligt in de handen van het establishment zonder gezicht, in die doorstromende groep van de middelbaren. Let maar eens op, als de directeuren van Shell, Akzo, enzovoort voor de tv. komen: dat zijn niet meer de met een enkel knoopsgatlintje gesierde grijze eminenties van de technocratie, maar de vlotte jongens in de kracht van hun leven, en ze worden op de voet gevolgd door de veelbelovenden aan wie ze vaak al noodgedwongen een deel van hun macht gedelegeerd hebben. Door en voor hen worden de belangen van het volk, van de Derde Wereld, van de mensheid bepaald naar rato van de rentabiliteit en de groei van het Bedrijf of kortweg van de Belangen.

Oude en andere uitgeschakelde mensen hebben alle gezag verloren; ze zijn weggeborgen in die humane camouflage waarin de uitoefening van de Macht tot in het taalgebruik verhuld wordt: vijfenzestig-plussers, minder-validen, arbeidsreserve, ter wille van de werkgelegenheid.

Het gezag van de ouderdom is afgebrokkeld, het gezag van de jeugd is een dierbare fictie. En omdat het denkend riet dat de mens is, niet zonder hoop en uitzicht kan leven, zien wij in die fictie graag de kans op verwezenlijking die in iedere droom besloten ligt. Maar voor die verwezenlijking zullen we moeten uitgaan van de realiteit, dat we onder een nieuw 'patriarchaat' leven waarin de vader vervangen is door Big Brother van het establishment. Big Brother die, als God, alles ziet, en voor wie dat nog niet wist hebben Watergate en de onthullingen over de strategie van het neokolonialisme dat wel duidelijk gemaakt: niet alleen achter het IJzeren Gordijn. Big Brother heerst over groter heerscharen dan Beëlzebub tot zijn beschikking had, met allerlei wapentuig en ongewapend, in uniformen, witte jassen, colbertjes en overalls; meesterbreinen en organisatiemaniakken, dienstkloppers en vlijtige ambtenaartjes, verleiders en predikers van een of ander Heil en alles wat zich, wetend of onwetend, in de rat race stort. En wij maar praten over de schuld van de ouderdom en de verwildering van de jeugd.

In het oude patriarchale patroon, zoals dat in het Chinese keizerrijk het langst en het zuiverst in stand bleef, reikte de verantwoording van de mens, die de man was, niet verder dan het welzijn en de voortzetting van zijn familie, het handhaven van de tradities, gesymboliseerd in de voorouderverering, een statische plicht die van vader op zoon overging. Wij, die moeizaam tot het besef van onze maatschappelijke verantwoordelijkheid zijn gekomen, strekken die ook tot de toekomst van onze samenleving uit, maar weten daar steeds minder raad mee naar mate onze voorstelling van die toekomst, alle futurologen ten spijt, steeds duisterder wordt en de vóór die nu en morgen scheidt, steeds dieper. En ik vraag me af: komt er niet een stuk wishfull thinking aan te pas, wanneer we in deze benauwenis de kreet slaken 'aan de jeugd de toekomst!', 'de verbeelding aan de macht!' en wanneer de verbeeldingskracht van een wijze, oude goeroe het prefiguratieve denken van de jongste generatie openbaart?

Ik zie uit de duisternis twee schimmen opdoemen, en tot mijn verbazing concretiseren die zich tot de gestalten van Ollie B. Bommel, die grote Denker en Verbeelder, en Tom Poes, van wie het me nu plotseling duidelijk wordt, dat hij altijd al de verpersoonlijking van de kleine rede is geweest. En ik hoor Heer Bommel zeggen: 'Doe toch wat, Tom Poes! Bedenk een list!'

EEN KLEINE TOEGIFT:
EEUWIGE JEUGD,
EEUWIGE LUCHTSPIEGELING

Er steekt sinds mensenheugenis een blijvende, maar niettemin doorzichtige paradox in het tegen elkaar in lopen van twee verschijnselen: de eeuwenoude eerbied voor en de onderwerping aan de ouderdom én de felle begeerte om de aftakeling van de ouderdom tot op de onvermijdelijke dood te ontgaan. Wijkplaats voor die angst zijn en waren bij vrijwel alle volkeren der aarde en tot ver terug in het grauw verleden metafysische voorstellingen omtrent een hiernamaals, een eeuwig leven, dat zich in het Andere Land der Egyptenaren, het Walhalla der Germanen, de Elyzeese velden van de Grieken, de Eeuwige Jachtvelden van de Indianen, het Eden der Israëlieten of de Hemel der christenen afspeelde, waar de gestorvenen al naar de meer of minder primitieve denkwereld der gelovigen een voortzetting van alle aardse vreugden wachtte of het deel hebben aan een vager omlijnd opgaan in het mystiek bestaan der gelukzaligen.

Maar dit eeuwig leven der gestorvenen is iets wezenlijk anders dan de onsterfelijkheid en eeuwige jeugd die in de mythologie aan de goden wordt toegekend, een eeuwig leven waarbij zij zeer menselijk aan het aardse bestaan deel hebben en erin ingrijpen. De mythologie ook kent verhalen over gestorven en tot het leven terugkerende goddelijke wezens (Baldr, de vogel Phoenix die wel als zonnemythe of symbolen van de jaarlijkse herleving van de natuur geduid worden) of over nogal eens mislukte pogingen een geliefde uit het schimmenrijk terug te halen (Orpheus en Euridyce) of voor dood en aftakeling te bewaren (zoals de godin Eoos die aan Zeus vroeg haar geliefde

Tithonos de onsterfelijkheid te schenken, maar vergat daar de eeuwige jeugd bij te bedingen, zodat hij tot een volkomen verschrompeling verviel). De Griekse overlevering kent ook het verhaal van Medea die de dochters van Pelias een recept gaf om haar oude vader te verjongen: hem in stukken gesneden koken in een ketel met water en toverkruiden, maar omdat de kruiden vergeten werden of omdat de boosaardige tovenares niet de werkzame gaf, liep ook dit op een droevige mislukking uit en zullen we nooit weten of het wél gelukt was als het recept nauwkeurig was gevolgd.

De mythische mislukkingen hebben tovenaars en alchimisten door de eeuwen heen er niet vanaf gehouden het spoor te volgen. Sinds onheuglijke tijden streefde men overal ter wereld met alle middelen die op het deelgebied van magie, farmacie en kosmetica lagen, naar mogelijkheden zich de boze machten die met aftakeling en dood dreigden, letterlijk van de huid te houden – of althans de schijn daarvan te bereiken.

De nomadische voorouders van de Egyptenaren uit het mesoliticum kenden al tatoeage, huidsmeersels en -verven. Zalven en parfums, in de eerste plaats in de dodencultus gebruikt, werden in het historische Egypte door priesters onder magische bezweringen bereid en evenals de grondstoffen ervoor, geurige olieën en kleurstoffen, over grote afstand verhandeld. Vaak wijkt de nog achterhaalbare samenstelling van wat in potten en vaasjes van farao-graven wordt gevonden – Toet-Ank-Amon kreeg een hele beauty case mee – weinig af van wat ook nu nog als verjongend en vitaliserend verkocht wordt. De wierook in de christelijke kerken gaat vermoedelijk op het parfumeren van (graf)kamers bij de Egyptenaren terug. Vanuit Egypte verspreidden zich de priesterrecepten via de zwarte markt door Voor-Azië en langs de Middellandse Zee: omstreeks 5000 was in Ur (Mesopotamië) al de lipstick bekend, en Cleopatra (1ste eeuw v. Chr.) gold nog als symbool van letterlijk betoverde en betoverende schoonheid. Volgens de Griekse arts Galenus (2de eeuw) zou zij een handleiding over kosmetiek geschreven hebben. Bij haar heeft zich de ontwikkeling van de kosmetica van de dodenkamer naar de toilettafel van vrouwen én mannen voltrokken. Griekse courtisanes en liefdesknapen werden haar erfgenamen. De Griekse man, met zijn op algemeen lichaamsschoon en sportiviteit gerichte instelling, nam wel de badcultuur van Egypte over, inclusief de massage met etherische olieën, maar niet de kosmetica. In de Bijbel stuiten we herhaaldelijk op verhalen omtrent behandelingen met kosmetica (Esther voor haar bezoek bij Ahasveros); in het Indische handboek der erotiek *Kamasutra* (4de eeuw) is kennelijk een hele kosmetische traditie verwerkt en Ovidius bood in zijn *Ars Amandi* iets dergelijks aan zijn landgenoten in wat hun decadente periode wordt genoemd. Daarin werden de kunstgrepen van Grieken en Arabieren overgenomen. Martialis en andere spotters over die decadentie spreken honend over oude mensen die rimpels en grijze haren trachten te verdoezelen.

Galenus ergerde zich aan de onwetenschappelijkheid van de kosmetica, die hij als een kunst van het bedekken losmaakte van de heelkunde van de huid. En aangezien de hele middeleeuwse geneeskunde op hem terugging, herhaalden anderen dat na hem. Avicenna, de beroemde tiende-eeuwse Arabische arts in Spanje, wees erop, dat de kosmetiek moest berusten op een algehele gezondheidszorg, en in de veertiende eeuw ging de Franse arts Mondeville zover de kosmetiek af te wijzen als een uit overmoed geboren tegen God en de gerechtigheid gericht streven de menselijke lichaamsvorm willekeurig te veranderen. Wel voegt hij eraan toe met de gebruikelijke vaktrots van de gestudeerde arts tegenover de chirurgijn die tot het barbiersgilde hoorde, dat deze, gevestigd in een plaats waar veel rijke en voorname dames wonen, zich met die kunst veel geld kan verwerven en veel vrouwengunst, 'wat in onze tijd van meer nut is om vooruit te komen dan de liefde van Paus of God'.

Aan die raad hielden zich velen die de leer der toiletgeheimen

niet los konden maken van magisch ritueel en tovenarij: hand-
oplegging, toverspreuken en astrologische beïnvloeding (pluk-
ken van kruiden bij volle maan, hout-as van door de bliksem
getroffen bomen, e.d.) komen er steeds weer aan te pas, en de
doelstelling is ook veel ruimer dan die van wat wij nu onder
make-up verstaan: versterking van de persoonlijke (magische)
beïnvloeding van de omgeving en verhoging van de seksuele
potentie die van oudsher en nog altijd als typische graadmeter van jeugd beschouwd wordt. Meer nog dan aan kruiden
werd in de kosmetiek in deze ruime zin grote waarde toegekend
aan elementen van het dierlijk lichaam, en dan wel bij voorkeur van die dieren – slangen, padden, insekten en dergelijke –
die bij de mens een zekere weerzin en huiver wekken en aan
welke juist daarom bijzondere kracht wordt toegeschreven.
Aan de receptuur komen altijd weer lichaamsvochten en aftreksels van ingewanden van amfibieën en insekten te pas, en
nog groter invloed wordt toegeschreven aan de krachten die in
het menselijk lichaam steken en zich op dezelfde wijze laten
aanwenden. Bij primitieve volken is of was het niet ongebrui-
kelijk, dat de krijger zijn seksuele en gevechtspotentie ver-
grootte door zich op te sieren met de afgesneden en gedroog-
de geslachtsorganen van zijn vijanden, en menselijk haar, na-
gels en vooral uitwerpselen spelen een heel bijzondere rol in de
geschiedenis van de kosmetiek. De heilige Hiëronymus ging
te keer tegen vrouwen die hun gezicht daarmee besmeerden
of het in de luiers van een pasgeboren kind wikkelden; een
distillaat van koeieplakken werd lang als een soort millefleurs-
water in de handel gebracht. In Tibet werd – of wordt – op
een speciaal dieet geproduceerde poep van de Dalai Lama tot
keurige pilletjes met geneeskrachtige en kosmetische waarde
verwerkt. Men zegt, dat in de twaalfde eeuw de aanhangers van
de Vlaamse profeet Tanchelijn hetzelfde recept toepasten, en
nog in 1696 verscheen in Duitsland een *Heilsame Dreckapotheke*.
Dat het hierbij niet louter om magische invloeden ging bewijst

het feit, dat in moderne kosmetische preparaten vaak dierlijke stoffen verwerkt zijn – al vindt men dat niet in de advertenties vermeld – en dat de kosmetische industrie een niet te verwaarlozen, maar uiteraard nooit genoemd aandeel in de vivisectie te verantwoorden heeft. Verjongende en heilzame krachten werden ook toegekend aan edel- en halfedelstenen en natuurlijk aan wijwater, wijwatervaten en relieken.

De barbarisering van West-Europa na de Romeinse tijd deed zeker het streven naar magische beïnvloeding van het menselijk lichaam niet verdwijnen, maar wel de fijne knepen van de eeuwenoude kosmetische leer.

Via de kruisvaarders en het contact met de Arabieren in Spanje verspreidde zich in West-Europa de kennis van oosterse medicijnkunst, magie en kosmetische leer. En ook de badgewoonte won veld, zij het dan nog niet het bad-ritueel van Indië, Egypte, Griekenland en Rome. Onze ridders zullen onder hun blinkende harnassen vaak weinig aantrekkelijk ... gestonken hebben. Het zal tot in onze eeuw duren voor West-Europa weer een wezenlijke badcultuur kent die in de verte herinnert aan de baden in geurig water of ezelinnemelk, de gezalfde en zorgvuldig geparfumeerde vrouwen- en mannenlichamen uit de jaren van Cleopatra en Poppea. De Romeinen bouwden niet alleen hun weelderige thermen in hun eigen land, maar vestigden ook badplaatsen in de veroverde gebieden, waar ze maar een bron ontdekten die genezing, schoonheid of verjonging beloofde. In de dertiende eeuw verrijzen in onze steden badhuizen, veelzijdige instellingen die naast hun oorspronkelijke doel een functie krijgen als sociëteit, bordeel, als wat wij nu call-girl-agentschap zouden noemen en aborteerbedrijf. Geen wonder, dat ze onder de strengere ethiek van Reformatie en Contrareformatie verdwijnen of onder de grond duiken. De voorname burgerlijke woning kent voorlopig geen badkamer en ook in de 'weelderige' sfeer van de hoven van de Lodewijken of Karel II komt de inrichting ervan niet ver uit boven de eisen die men nu in een normale flatwoning zou stellen. De koning-stadhouder trekt in Engeland de aandacht door de badkamers die hij in zijn restauratie- en nieuwbouw laat aanbrengen. Alleen het haakje van de privacy ontbrak: badkamers met vier deuren waren niet ongewoon.

De Europese kosmetische kunst verwerft voorlopig niet de verfijning van de Oudheid en het Oosten, maar blijft wel gekoppeld aan de erotische en verjongingsmagie. Koningin Isabeau van Frankrijk streefde naar een jeugdig uiterlijk door als Cleopatra in ezelinnemelk te baden, paste zweetkuren toe om te vermageren en werkte met krokodillenklieren en wolvenbloed.

In de late middeleeuwen gaan joodse kooplieden uit Venetië kosmetica aanvoeren en ook een nieuwe vondst, de toiletzeep, waartegen boetpredikers hun vervloekingen richten als een produkt van duivelse oorsprong. In de vijftiende eeuw kwamen vals haar en wenkbrauwen – van muizevel – gelaatsverf en (eiwit-)maskers bij mannen en vrouwen in gebruik. De hygiënische kant van de lichaamsverzorging bleef achter: boven een vracht van bonte kleren was alleen het hoofd verzorgingsobject: het geblankette, gladde binnenskamerse gezicht met de geëpileerde wenkbrauwen en de in het keurs omhoog gedrukte borsten. Onuitputtelijk was de beeldspraak, waarin leliën en rozen de gelaatskleur symboliseerden, maar de realiteit was van minder onschuldige oorsprong: uit het Oosten aangevoerde reuk- en kleurstoffen, maar vooral het loodwit, dat een modieuze bleekheid moest geven en met het stijgen der jaren de rimpels moest overpleisteren, maar op de duur de huid verwoestte. Een algemeen aanvaarden van de kosmetica ten tijde van Elisabeth van Engeland laat zich aflezen uit haar portretten, waarop de 'kunst' niet meer als natuur wordt voorgesteld, maar duidelijk zichtbaar is hoe ze in het ouder worden het pleister steeds dikker over haar door schoonheidsmiddelen aangetaste huid legde. Hoewel er gevallen bekend zijn van vrou-

wen die aan loodwitvergiftiging wegteerden, bleef het gevaarlijk blanketsel in gebruik tot het in de achttiende eeuw door
rijstpoeder werd vervangen.

Niet minder gevaarlijk dan het loodwit was een magisch ver-
jongingsbrouwsel dat speciaal tegen sproeten, wratten en vlek-
ken werd aanbevolen onder het merk 'Soliman's Water' (toe-
speling op de grote zwarte kunstenaar Salomo?) dat kwik-
sulfaat bevatte. In de jaren van Elisabeth populariseerde de kosmetiek zich ook: marskramers trokken het land rond met naar
magische recepten bereide pijnstillende, mooimakende en
eeuwig verjongende preparaten. Gedempte verlichting van
kaarsen en oliepitten kwam aan de gebrekkigheid van schoon-
heids- en verjongingsmiddelen tegemoet; van een aantal beroemde schoonheden is bekend, dat zij in hun nadagen nog
alleen in halfduister ontvingen. In Londen en Parijs wedijver-
den sinds het einde van de zeventiende eeuw de beauty par-
lours en salons de beauté in luxueuze inrichting, kwakzalverige
reclame en soortgelijke diensten als in de middeleeuwen de
badhuizen geboden hadden, inclusief het aanbod van 'virility
pills'. Ingevallen wangen werden gecamoufleerd door er kur-
ken balletjes in te dragen. Op het gebruik van kunsttanden van
hard hout en metaal wijzen al Etruskische grafvondsten en ver-
melding in de Talmud, maar uitsluitend als kosmetisch middel;
van iets dat aan een functionerend kunstgebit doet denken is
niet voor de achttiende eeuw sprake.

In het hele complex van verjongings- en schoonheidsmiddelen speelt de alchemie een grote rol. In de alchemie (een
Arabisch woord) draaide alles om het zoeken van twee magische produkten: de Steen der Wijzen en het Levenselixer.
De steen moest de alchemisten en de vorsten en groten die
hen in dienst hadden, de hevig begeerde rijkdom door het om-
zetten van goedkopere metalen in goud aanbrengen. Van de
steen werd ook verteld dat hij het eeuwig leven kon verschaffen, of – misschien om het verhaal iets aanvaardbaarder te ma-

ken – een reeks zelfgekozen incarnaties. Zo zou de Engelse humanist en alchemist Francis Bacon een reïncarnatie zijn geweest van de Griekse filosoof Proclus (5e eeuw) en zou Bacon weer voortbestaan hebben in een begaafde achttiende-eeuwse avonturier, de graaf van St. Germain, wiens sterfdatum onzeker is en die de theosofen Blavatsky en Besant beweerden in levenden lijve ontmoet te hebben. De vloeibare vorm van de steen was het levenselixer, dat zoal geen onsterfelijkheid dan toch een lang leven en genezing van alle mogelijke ziekten en kwalen kon garanderen. De witte magie liep over in de zwarte, waarbij duivels en andere boze geesten betrokken waren die contracten afsloten waarbij de eeuwige ziel werd ingeruild voor een tijdperk van jeugdige schoonheid en geluk (Theophilus, Faust).

Als aan alle lichaamsvochten werd ook aan het bloed een sterke geneeskrachtige, verjongende en kosmetische werking toegekend. Plinius (1ste eeuw) vermeldt al, dat epileptici zich op het uitstromende bloed van stervende gladiatoren wierpen en Hans Christiaan Andersen vertelt in zijn levensverhaal, hoe hij als jongen tot zijn stichting en afgrijzen een gerechtelijke onthoofding moest meemaken, waarbij ook een vrouw met een epileptisch kind naar voren drong om iets van de bloedstroom op te vangen. Aan het bloed van vorstelijke personen werd, evenals aan dat van Christus, amuletwaarde toegeschreven; vandaar een gedrang rondom het schavot van Karel i en Lodewijk xvi, en het gold zelfs voor andere uitzonderlijke figuren: toen in 1934 de bankrover en moordenaar Dillinger in Chicago terechtgesteld werd, kwam er veel meer 'Dillingerbloed' in de handel dan een menselijk lichaam ooit had kunnen opleveren. Het gebruik van bloed als schoonheidsmiddel wordt onder andere vermeld van een zeventiende-eeuwse Hongaarse gravin, na wier arrestatie in de kelders van haar kasteel een soort Blauwbaard-erfenis werd aangetroffen. Ook aan het Hof van de Franse Lodewijken zijn kosmetische en tover-kunst hecht met elkaar verweven. Alchemisten die de bijgelovige vorsten wijsmaakten dat ze als goudmakers hun berooide schatkist konden vullen, leverden ook liefdes- en verjongingsdranken en kosmetica. Madame de Sévigné die voor een verstandige vrouw doorging, zag heil in het eten van adders. Het allerbontst maakte het de beruchte maîtresse van Lodewijk xiv madame de Montespan, die zwarte missen (een vorm van duivelsaanbidding), waarbij kinderen geofferd zouden zijn, toepaste om de koning aan zich te binden en haar medeminnaressen in het verderf te storten en die hem ten naaste bij vergiftigde met haar liefdesdranken.

Rousseau's 'terug tot de natuur' mocht een wat losser mode en haardracht brengen, de stroom van – altijd gecombineerde – verfraaiende en verjongende kosmetica werd er evenmin door afgedamd als door Cromwell's puriteins regime in de voorafgaande eeuw in Engeland. In geen eeuw waren vrouwen en mannen zo bestreken met pommade, bestrooid met poeder (nu tenminste het ongevaarlijke rijstpoeder, dat het loodwit had vervangen) tot in hun haren, met geuren besprenkeld als in de achttiende eeuw. Men zegt, dat de 'parfumbank' van madame de Pompadour een miljoen livres waard was en misschien niet eens de minste van de slimmelingen die op het eind van de achttiende eeuw naar middelen speurden om de permanente lege Franse staatskas te spekken, raadde een monopolie op kosmetica aan.

Toen in de Franse revolutie het jeugdig elan van twintigers en dertigers oude en wijze mannen opzij schoof, richtte de behaagzucht zich op een zekere zwierige nonchalance, waarin de kosmetica geen grote rol speelden, maar met de uitdagende en geaccentueerde jeugdigheid van de incroyables en merveilleuses van het directoire kwamen die weer haastig terug, en een opvallende trek van het wat protsig societyleven van de Restauratie was, dat ook de mannen zich weer zeer gevoelig toonden voor de belofte van aantrekkelijkheid en jeugd. Dandies als Beau Brummel worden historische persoonlijkheden. Haarverf zal zeker ook wel door vrouwen gebruikt zijn, maar er werd alleen voor mannen mee geadverteerd. Was het omdat in Engeland een vrouw op de troon zat, dat haar ministers zich zo verweerden tegen de merktekenen der ouderdom? Disraeli bleef tot in zijn nadagen een fat, en de deftige Palmerston gebruikte rouge. De vrouw, dat wil zeggen de fatsoenlijke vrouw, van de victorian age werd verondersteld alle kosmetica als ordinair te schuwen. Hoogstens kon ze zich een vleugje veroorloven van wat 'the sympathetic blush' heette, een wit smeerseltje dat alloxaan, een derivaat van urinezuur dat nu nog in lipsticks gebruikt wordt, bevatte en op de huid aangebracht langzaam naar zachtroze verkleurde. Het jeugdig schoonheidsideaal was bleekzuchtig door te nauwe kleren en tekort aan beweging in de buitenlucht, met een klein rozeknopmondje en onschuldig verbaasde ogen. Alleen toneelspeelsters en courtisanes werden verondersteld schoonheids- en verjongingsmiddelen te gebruiken, en bijgevolg vloeit de eeuw van de hypocrisie bij uitstek over van blijspel- en kluchtfiguren van bejaarde vrouwen (en ook wel mannen) met de traditionele, verheimelijkte uitrusting van 'vals' haar, 'valse' tanden, gekussende borsten en geknepen tailles en een hele batterij van potten en flesjes op de toilettafel, figuren die tot in onze eeuw voortleefden als onaantrekkelijke erftantes op 'komische' briefkaarten.

De golf die een eind maakte aan de victoriaanse ingetogenheid kwam uit Amerika. Daar was met de welvaartsgolf van na de burgeroorlog een nieuwe society opgeschoten, een beetje nouveau-riche, een beetje pronkerig en in ieder geval minder gereserveerd dan de uiterst deftige Pilgrim Fathers-aristocratie. Op die groep richtte zich het zakelijk instinct van Harriët Hubbard Ayer, een gescheiden vrouw die in het onderhoud van haar kinderen moest voorzien. Ze maakte zich in Parijs meester van een gezichtscrème-recept en lanceerde in de tachtiger jaren met geleend geld een indrukwekkende reclamecampagne voor dit kosmetisch produkt, waaraan madame Recamier haar befaamde 'eeuwige' schoonheid te danken gehad zou hebben. Tactisch legde ze de nadruk op de medische betekenis van haar artikel, niet op de mannen betoverende eigenschappen, want dat was toen nog niet toelaatbaar.

Andere zakenvrouwen volgden Harriëts voetspoor. Helena Rubinstein zou, volgens haar autobiografie, toen zij in de jaren negentig als arm emigrant haar geboorteland Polen verliet twaalf potten van haar moeders gezichtscrème volgens overoud familierecept in haar ouderwetse koffer hebben meegenomen, en ook dat verhaal deed het en werd de grondslag van een wereldfirma en een vermogen. Andere bekwame gelukzoekers volgden. Allen bouwen hun succes op twee hoekstenen: de magische oorsprong die al zes millennia lang indruk gemaakt had, én het medisch element: de inherente verjongende kracht van 'gaven der natuur', door uitgebreid en kostbaar laboratoriumonderzoek aan het licht gebracht. Een overdadige en psychologisch uitgekiende – ook al weer wetenschappelijke! – reclamecampagne moet het graag-gelovig lezerspubliek vatbaar maken voor beide aspecten.

Beide aspecten hebben om zo te zeggen in onze eeuw de wind mee – de woorden wetenschappelijk en magisch werken allebei even ... magisch – en het hoeft dan ook geen verbazing te wekken, dat de kosmetische industrie een vlucht genomen heeft als nooit tevoren. Om te beginnen heeft de stijgende welvaart een democratisering van de make-up gebracht die men heilzamer instellingen zou toewensen. De toenemende seksuele openheid veroorlooft en stimuleert meer of minder geraffineerde en ook zeer directe toespelingen op – altijd vrouwelijke – lichamelijke aantrekkelijkheid en vooral manlijke begeerte naar jeugdige viriliteit en potentie. Juist hier gaat de kwakzalverij grenzen aan de wetenschap, waarvan het gezag dat van de magie willens nillens overneemt. Om te beginnen wordt een groot deel van de kosmetica waaraan Nederland alleen al per jaar honderd miljoen besteedt – en juist de duurste – listig aangeprezen als (de huid) voedende crèmes en om hun oncontroleerbare of in ieder geval niet gecontroleerde inhoud aan vitaminen en hormonen. Dat dit spelletje niet helemaal ongevaarlijk is, mag de pret niet storen van al die vrouwen die zich zonder haar potjes en flaconnetjes niet alleen gehandicapt in de minnaarsjacht voelen, maar ook 'ongekleed', verslonsd, geknot in haar zelfbewustzijn, vroeg oud, falend tegenover een echtgenoot die in zijn carrière de steun van een stralende jonge vrouw verlangt en zelfs tegenover de firma die prijs stelt op 'verzorgd' vrouwelijk personeel.

Er is nog een terrein waarop de medische wetenschap zo gemakkelijk medeplichtig kan worden aan het bedrog waardoor de mens op jacht naar de eeuwige jeugd zich zo argeloos-gretig laat vangen: dat van de nu niet meer magische maar fysiologische verjongingskuren. We zijn er in betrekkelijk korte tijd in geslaagd de menselijke gemiddelde leeftijd aanzienlijk te verlengen (36–38,5 jaar in $\pm$ 1850 tegenover 69,5–71,5 jaar in $\pm$ 1950) door het bedwingen van epidemieën, het bestrijden van infecties, de ontdekking van sera et cetera. Maar oud worden is niet hetzelfde als jong blijven. Daarom is het al te begrijpelijk, dat in een tijd waarin euthanasie tegenover al te oude en vervallen mensen toelaatbaar wordt geacht, de medische wetenschap zich ook de vraag gaat stellen of er middelen zijn om de jeugd te verlengen, dat wil zeggen de slijtage van het menselijk lichaam af te remmen. Het is onvermijdelijk, dat dergelijke, vaak met voorbarige publikatie begeleide proefnemingen te gauw als successen worden gezien of dat – ook medici zijn maar mensen – er veel ophef gemaakt wordt over duur gehonoreerde schijnsuccessen. Het is mij niet bekend of de wetenschap bij verjongingspogingen ooit heeft aangeknoopt bij de traditionele huismiddelen, die altijd ergens heel ver weg resultaat hebben gehad: Bulgaarse boeren die Methusalems werden door het gebruik van yoghurt, de dame in Savoye die tot ver in haar tweede eeuw dagelijks veertig koppen koffie dronk en boeren – het zijn altijd boeren – in Ierland en in Siberië die hetzelfde resultaat bereikten door zich dagelijks onder de pekel te zetten.

Maar wel krijgt men de indruk, dat de huidige medische verjongers in het redelijke en wetenschappelijke vlak herhalen, wat verre voorgangers al in de magische sfeer deden: vitale – niet voor niets 'edel' genoemde – delen van dierlijk weefsel, of de aftreksels daarvan in het menselijk lichaam overbrengen. In de magische gedachtenwereld meende men zelfs te kunnen volstaan met het fluïdum dat het jong-en-gezonde lichaam uitstraalde. Overal ter wereld waar de vrouw een – levend – voorwerp in handen van de man was, hebben mannen zich 'verjongd' door een jonge vrouw in bed te nemen, zoals koning David dat al met zijn schone Sunamietische deed, en – dat moet er wel bij gezegd – vanouds is hier in puntdicht en klucht de gek mee gestoken:

> *Is iemand kaal en is hij grijs,*
> *indien hij vrijt, hij is niet wijs,*

zei vader Cats.

Maar ook ... Boerhaave gaf liedjes-van-verlangen-zingers nog de raad om met een jeugdig persoon, eventueel zelfs een jong dier in één bed te slapen. In dezelfde tijd trouwens waarin, naar men algemeen aannam, Willem III door hetzelfde middel van de pokken genas dank zij de offervaardigheid van zijn vriend Bentinck.

En ook in onze tijd kan een arts zonder behoefte aan nader bewijsmateriaal op veler instemming rekenen, wanneer hij zegt: 'Van verscheidene hoogbejaarde *mannen* die in de ouderdomsliteratuur bekend zijn geworden, *weet* men, dat zij ... op hoge leeftijd met veel jongere vrouwen zijn gehuwd en dat deze huwelijken *voor beide partijen* meestal *bevredigend en geluk-*

kig zijn geweest.'¹ (cursivering ingevoegd.) Maar het lijkt wel-
haast onmogelijk af te bakenen in hoeverre hier eerder sprake is
van een morele opkikker en betere verzorging. Pogingen om
langs medische weg de wens 'mogen zij lang en gelukkig leven'
te verwezenlijken, zijn in onze eeuw herhaaldelijk gedaan, en
daarbij ging men gewoonlijk, niet veel anders dan in de magische sfeer, uit van een identificatie van levenskracht en seksuele potentie. En terwijl de schijnverjonging van de kosmetica
zich overwegend op de vrouw richtte, hoort men in de gevallen van medische verjongingskuren die de publiciteit halen,
zelden anders dan van manlijke proefpersonen. Er is veel over
dit onderwerp geschreven en bij de gretigheid waarmee wordt
uitgezien naar resultaten, is het moeilijk buiten de sensationele
en commerciële sfeer te blijven. En dat te meer omdat de levensverlenging alsnog valt buiten de sfeer van wat men de
noodzakelijke geneeskunde zou kunnen noemen, zodat de moderne (pseudo-)wetenschappelijke jacht op het levenselixer
vooral beoefend wordt in modieuze badplaatsen en Kurorte die
gelijkelijk op levensverlenging en levensgenieten gericht zijn.
Veel gelezen boeken over dit onderwerp stammen dan ook van
Kur-artsen en bevatten om te beginnen vaak een reeks treffende gevallen van vitale grijsaards (vrijwel altijd mannen en
vrijwel altijd dezelfde, zoals de meer dan honderdvijftigjarige,
sober levende Engelse boer die al door de befaamde zeventiende-eeuwse arts Harvey als een wereldwonder bestudeerd
was en misschien nog zou leven, als hij niet als bezienswaardig-
heid naar het hof was gehaald en daar aan overvoeding be-
zweken). Verder een reeks voorschriften op het gebied van
hygiëne en voeding, seksualiteit, sport, enzovoort, en eventueel het bezoeken van Kurorte en verwijzingen naar het in-
wendig gebruik van dierlijke geslachtsklierpreparaten, hormonen, of de nu alweer bijna vergeten operatieve proeven van
Steinach met overplanting van apeklieren.

1. prof. dr. J. G. Sleeswijk: *Oud worden en jong blijven.* 1953.

De illusie van het jong blijven, het verlangen zonder ouderdom heel-lang-en-gelukkig te leven, is een van de gewilligste objecten geworden van de auri sacra fames, de vervloekte honger naar goud. Langs deze weg hebben veel alchemisten inderdaad het geheim van de steen en het elixer voor zichzelf opgelost. Maar niet dat van de eeuwige jeugd. Die zal, ook al zou er een tijdperk aanbreken waarin de kosmetica aan de bomen groeien, alleen als luchtspiegeling de eeuwigheid beerven.